KB060503

크리에이터 미디어 실전

김용순 · 송민정

박영사

"인생은 결코 공평하지 않다. 이 사실에 익숙해져라. 가난하게 태어난 건 내 잘못이 아니지만 가난하게 죽는 건 내 잘못이다." 마이크로소프트 창업자 빌게이츠가 한 말이다. 이 말은 후천적 노력으로 달라질 수 있는 인간의 가치에 중점을 둔다. 디지털 시대 정보의 차이가 곧 능력의 차이가 되었고, 정보를 내적 동기화하는 능력도 천차만별이다. 동 시대를 살면서 원시인으로 사는 사람이 있는가 하면, 화성에 로켓을 발사하는 사람도 있다. 이러한 세상에서 대학원에서 만난 교수와 제자가 서로의 정보력과 개인 자산의 가치를 공유하기로 하고 이 저서를 출간하게 되었다. 이론가와 실전가의 만남이다.

두 저자가 공유하는 바는 이것이다. 한때 TV를 '바보상자'라고 폄하하던 시대가 있었다. 그러나 많은 시청자들은 TV라는 매체를 통해 이미 다양한 세상과 만나고 소통하고 있다. 현재는 다양한 앱과 스트리밍 서비스를 통해 정보와 오락, 교육, 쇼핑이 함께 어우러지는 디지털 세상으로 변모 중이다. 그 중심에 유튜브가 있다. 콘텐츠를 소비하는 디바이스는 TV, PC, 모바일로 이동한 지 오래고, TV마저도 스마트해지면서 유튜브는 또 하나의 세상으로 자리잡아 우리 생활 깊숙이 들어왔다. 두 저자는 절대 권력으로 존재하던 전통 미디어와 대비되는, 누구나 뛰어들 수 있는 열린 바다, 크리에이터 미디어 세상에서 개인이나 중소기업, 대기업의 홍보 담당, 지방자치단체 공무원 모두를 크리에이터 도전에 초대하며, 힘을 보태 줄 페이스 메이커(Pacemaker)가 되고자 펜을 들게 되었다.

국내에서는 이미 크리에이터 미디어가 트렌드로 자리 잡고 있으며, 취미를 넘어 직업으로 바뀌고 있음은 주지하는 바다. 대표적인 콘텐츠 유통 채널이자 플랫폼인 유튜브를 중심으로 한 동영상의 인기는 크리에이터의 성장과 함께 이제 기존의 미디어 시장과 콘텐츠 산업을 위협하고 있다. 크리에이터 미디어 시장이 커지면서 '크리에이터 미디어 산업'이라 부르게 되었다. 그 주된 이유는 바로 수익 모델이 생겼기 때문이다. 돈을 벌려는 많은 크리에이터들이 크리에이터 미디어 산업에 뛰어들면서 콘텐츠의 양질화는 물론, 지리적, 문화적, 언어적 한계를 뛰어넘어 글로벌 시청자들에게 사랑받기 시작했다.

본 저서인 『크리에이터 미디어 실전』은 6부로 꾸며져 있다. 1~3부는 이론에 능한 저자를 통해 크리에이터 미디어 산업 전반에 대한 통찰과 이해를 돕고자 하며, 4~6부에서는 유튜브가 제시하는 표준 매뉴얼에 충실해 실전에 능한 저자의 경험과 수많은 크리에이터들의 성공과 실패담을 분석해 놓쳐선 안 될 에센스이자 최적화된 크리에이터 체크 리스트를 하나하나 추적하고 있다. 또한 시청자 또는 구독자에게 전하는 정보의 가치를 보다 높이고 자신의 브랜드 자산을 쌓아 셀피노믹스(Selfinomics) 삶을 추구하고자 하는 크리에이터들을 위해 저자의 경험을 아낌없이 기술한다.

1부 '크리에이터 미디어 산업 개관'에서는 1장에서 크리에이터 미디어 산업을 개관하고, 2~4장에서 크리에이터 미디어의 진화와 특성, 산업 가치 사슬, 그리고 조력자인 MCN을 개관하게 된다. 2부 '크리에이터 미디어의 ICT 활용'에서는 3장에서 크리에이터 미디어 인공지능과 메타버스를, 4장에서 크리에이터 미디어 블록체인과 NFT를 각각 살펴봄으로써 크리에이터 미디어 산업과 기술에 대한 통찰력을 주고자 하였다. 또한, 3부 '크리에이터 경영 개관'에서는 크리에이터 실무에 들어가기 전의 워밍업(Warming—up) 단계로 5장에서는 크리에이터의 제작 경영을, 6장에서 크리에이터의 유통 경영을 살펴본다.

4부 '크리에이터의 기본 업무'에서는 7장에서 크리에이터 자신에 대해 먼저 이해하는 내용으로 개관하고, 크리에이터 활동의 장·단점을 함께 돌아보며, 크리에이터 미디어에 대한 기본 지식과 용어 등의 정보를 다루고 있다. 8장에서는 크리에이터의 채널 최적화에 대한 이해를 돕는다. 데이터 수집 및 분석을 통해 채널 최적화를 달성하는 데 필요한 사이트를 추천하고 채널 개설에 대해 간략한 안내를 하고 있다.

5부 '크리에이터의 실전 업무'에서는 9장에서 크리에이터의 콘텐츠 기획 및 제작을 위한 환경 구축 전반에 걸쳐 갖춰야 할 요소들, 그리고 촬영 노하우를 담고 있다. 10장에서는 편집과 업로드 최적화에 대해 살펴본다. 편집과 섬네일 제작, 제목 뽑기 업로드 방법 등 각 프로세스별 최적화를 위해 인기 영상 레퍼런스 분석 따라하기, 편집, 상위 노출 등 노하우를 공개하고 있다.

마지막 6부 '크리에이터의 마케팅과 수익 다각화'는 잘 만든 영상이 활성화될 수 있도록 하기 위해 참고할 내용이다. 11장에서는 크리에이터의 마케팅 활동을, 12장에서는 커머스 등 다양한 수익 다각화 방법을 실무적으로 살펴본다. 마지막으로 13장에서는 부록 차원에서 유튜브 커뮤니티 참여 가이드를 제시한다. 등잔 밑이 어둡다고 한다. 답을 멀리서 찾고 헤매는 크리에이터들을 위해, 기본으로 돌아가 보자는 의미로 유튜브 사용 설명서인 유튜브 고객센터의 메뉴 구성별 상세 설명과 체크 포인트들을 언급한다. 참고로 언급하고 싶은 것은 본문에서 다루고 있는 데이터 및 알고리즘, 크리에이터들의 구독자 현황 등이 이 순간에도 마치 활어처럼 살아 움직이고 변화하고 있다는 점이다. 안타깝게도 출판되는 순간에도 하루하루가 다르게 변모하고 있다. 따라서 세세한 본문 내용에 너무 연연하지 말고 크리에이터가 되는 길목에서 큰 흐름으로 이해하고 가이드 삼아 주기를 기대한다.

본 저서가 그동안 출간된 여타 크리에이터 입문서와 특히 차별되는 점은 크리에이터 미디어를 산업으로 보았다는 점과 콘텐츠 유형을 보다 세분화하고 있다는 점, 그리고 경영 차원에서 수익 모델을 찾아가는 과정이다. 또한, 실무자인 저자의 경험을 통해 치열한 콘텐츠 경쟁 속에서 자신만의 개성을 보여주기 위한 크리에이터들만을 위한 팁들을 아낌없이, 숨김없이 보여주고 있다는 점이 이 책의 특장점이라 하겠다.

현재 활동하고 있는 크리에이터이든, 입문을 계획하고 있는 크리에이터이든, 모두의 관심사는 빠르게 변화하는 크리에이터 미디어 유통 플랫폼들의 정책에 대해 재빨리 정보를 습득하는 것과 크리에이터들이 안고 있는 다양한 한계점들을 공유하고 함께 극복해 나가는 것이라 생각한다. 크리에이터로 활동 중인 저자들도 같은 경험을 하고 있다. 가볍고 승인 없이 누구나 업로드할 수 있는 유튜브 플랫폼에 매료되어 사전 지식 없이 시작했다가 어려움을 겪을 수도 있고, 페이스북 같은 SNS 플랫폼을 먼저 이용하다가 올라온 영상에 매료되어 유튜브에 하나씩 올리기 시작했을 수도 있는 등 동기는 매우 다양할 것이다. 하지만 모두 동의하고 있을 가장 어려운 점은 콘텐츠 저작권 문제와 수익 문제가 아닐까 싶다. 또는 본업을 하면서 유튜브 영상을 제작하기 시작한 사람이라면 촬영, 편집에 대해서도 어려움을 갖게 되어 좌절할 수도 있을 것이다.

본 저서는 이러한 어려움에 길을 비춰주려고 노력한다. 크리에이터의 길이 이제 하나의 산업 분야에서 자신의 콘텐츠로 경쟁에 뛰어드는 일이기에 결코 쉽지 않다. 간단히 생각하면, 크리에이터는 사실 누구든지 될 수 있고, 시작할 수 있는 직업이자 취미이지만 무턱대고 도전하기에는 수많은 리스크가 존재한다. 누구나 시작할 수 있지만 아무나 버티기 힘든 곳이 바로 크리에이터의 여정일 것이다. 열정과 욕심이 넘쳐 초반에 에너지를 너무 많이 쏟으면 지칠 수도 있다.

본 저서는 특히 이러한 사람들에게 초점을 둔다. 본서의 우선적인 대상은 일반인으로서 크리에이터 미디어에 도전하는 크리에이터들에게 맞추어져 있다. 또한, 미디어 산업 전반의 실무자와 학계에 있는 관련 전공자들을 위해서도 도움이 될 것이다. 그 외에도, 크리에이터 미디어 산업 변화 추세를 재빨리 이해하여 전략을 수립하고 싶어하는 일선에서 일하는 다양한 분야의 미디어 기획자들과 크리에이터 비즈니스 성공 사례들을 알고 싶어하는 기업 마케터들에게도 시기적으로 매우 도움이 될 것으로 기대한다.

PREFACE

본 교재를 잘 출판할 수 있도록 아낌없는 지원과 배려를 해주신 박영사의 안종만 사장님과 마케팅에 힘써 주신 김한유 님과 꼼꼼한 편집을 해주신 배규호 님 등 여러분께 먼저 심심한 감사의 인사를 드린다. 또한, 함께 공저함에 있어 시너지를 내고자 열정을 불태운 저자들 서로에게 자축하며 감사한다. 특히 실전에 있어서 세세한 사항까지도 꼼꼼하게 챙길 수 있게 도와준 저자들의 MZ 세대 자녀들인 제마, 제니, 기혜에게도 감사의 뜻을 전한다. 또한, 냉정과 열정 커뮤니케이션의 객관성을 일깨워준 히어로 화림동호, 책의 시작과 마무리까지 곁에서 지지하고 도움을 준 수진 PD, 그리고 지금 이 순간에도 유튜브란 거친 바다에서 크리에이터 로드맵을 제시하며 꿋꿋이 항해하는 크리에이터들과 수많은 PD님들에게 진심으로 존경과 감사의 마음을 전한다.

Contents

Contents

크리에이터 미디어
산업 개관

Chapter 1

크리에이터 미디어 산업 개관

제1절 크리에이터 미디어 배경 및 개념

2022년 11월 18일, 우리나라의 비상경제장관회의에서 과학기술정보통신부는 관계 부처와 '디지털 미디어·콘텐츠 산업혁신 및 글로벌 전략'을 발표하며 집중 육성할 3대 디지털 미디어로 온라인 동영상 서비스(OTT), 메타버스 그리고 크리에이터 미디어를 지목하였다. 이에 본서는 기존의 1인 미디어를 크리에이터 미디어로 통일하고자 한다.

크리에이터 미디어의 확산을 가능하게 한 배경 1위는 인터넷이다. 일반 개인이 인터넷 공간에서 자신의 이야기를 자유롭게 전달할 수 있는 환경이 되었고, 인터넷에 연결된 스마트폰 등장이 다양한 콘텐츠를 보다 손쉽게 언제 어디서나 소비할 수 있는 환경을 만드는 데 기여했다. 고품질 수요도 함께 증가했고 바쁜 현대인들에게 보다 빠르고 편하게 소비할 수 있는 동영상이 크리에이터 미디어 트렌드의 중심에 서게 된다. 두 번째 배경은 구글이 인수한 유튜브(YouTube)이다. 인터넷을 통해 손쉽게 동영상을 업로드하고 이를 타인과 공유할 수 있게 한 유튜브 덕분에 크리에이터는 스마트폰에 장착된 고해상도 카메라를 이용해 저비용으로 기존 장비들을 대체할 수준의 영상 콘텐츠를 제작하고 무료로 제공되는 편집 프로그램과 모바일 앱을 통해 아주 쉽게 영상 편집을 할 수 있다.

크리에이터 미디어 확산에 도움을 준 세 번째 배경은 크리에이터에게 이익을 주는 수익 모델이다. 광고로 시작한 유튜브는 슈퍼챗(Superchat)과 구독제 등을 도입한다. '유튜브 파트너 프로그램(YouTube Partner Program; YPP)'에 가입한 크리에이터는 유튜브에 로그인해 '크리에이터 스튜디오(Creator studio)'로 들어가서 '수익 창출 사용'을 클릭하고 애드센스(Adsense) 연결 페이지에서 구글 계정 비밀번호와 연락처 등을 입력한 후에 애드센스 신청서를 제출한다. 대개 2일 정도 소요되는 승인만 완료되면 유튜브 홈페이지에서 애드센스 계정을 설정해 '동영상 광고 사용' 설정을 선택함으로써 크리에이터는 유튜브로부터 광고 수익을 배분받는다.

2018년부터 크리에이터 미디어를 본격적으로 '크리에이터(Creator)'로 부르기 시작한다. 크리에이터는 콘텐츠를 기획 제작하고 유튜브 등 인터넷 플랫폼에 올리는 일반 개인이다. 텍스트, 오디오, 동영상에 이르기까지 1인이 제작할 수 있는 콘텐츠 포맷이 확장되면서 콘텐츠를 제작하는 일반인 개인을 크리에이터로 부르기 시작한 것이다. 초기 크리에이터들은 기존 콘텐츠를 편집, 가공, 유통하는 정도에 그쳤지만, 콘텐츠 기획부터 제작, 유통, 소비에 이르기까지 모든 단계를 담당하고 관리하기 시작한 크리에이터는 '콘텐츠의 주체로서 자신만의 콘텐츠를 만들어내는 일반인'이지만 전문 콘텐츠 제작자로 부르지는 않는다. 크리에이터가 인기를 얻고 영향력을 가지면 '인플루언서(Influencer)'라고 부르는데, '영향을 끼치다'라는 라틴어인 '인플루엔자(Influenza)'에서 비롯된 단어로 '영향력이 있는 사람'을 뜻한다.

한편, 2019년 국내 부처 합동으로 정의한 '1인 미디어'는 인터넷 동영상, SNS 등을 기반으로 개인이 이용자의 취향에 맞춘 차별화된 콘텐츠를 생산하고, 이용자와의 소통, 공유, 참여 등 상호작용을 통해 경제, 사회, 문화적 가치를 창출하는 신개념 미디어로 재정의된다. 이는 다시 서두에 언급한 '크리에이터 미디어'로 개명되었고, 국내에서만 통용되며, 해외에서는 소셜미디어나 비디오 공유 서비스 범주에서 관찰된다. 즉, '크리에이터 미디어'는 공급 측면에서 개인 제작이 가능한지 여부에 중점을 두기 때문에 이용자 개인이 콘텐츠를 기획, 제작, 제공할 수 있는 미디어를 의미한다. 하지만 글로벌 시각에서 보는 소셜미디어는 소비 측면에서 논의되기 때문에 개인의 소셜미디어 소비를 위해 제작된 콘텐츠 유통 채널인 소셜미디어나 비디오 공유 서비스 미디어이다.

앞서 언급했듯이, 2022년 11월 변경된 '크리에이터 미디어'는 '콘텐츠 크리에이터(Content creator)'로서 블로그, 비디오, 사진 및 릴을 포함하지만 이에 국한되지 않는 어떤 형태의 콘텐츠를 제작하는 사람을 뜻하는 광의적 용어가 되었고, 소셜미디어를 통해 해당 콘텐츠가 유통된다.

▌제2절 크리에이터 미디어 진화와 특성

시나 소설, 그림을 인터넷에 제공한 2000년대 초반에는 블로그(Blog)가 크리에이터 미디어로 관심을 모았다. 사회 사건들에 대한 자신의 관점과 목소리를 전달하는 블로거가 대거 등장했고, 카카오가 인수한 포털 '다음'의 2006년 블로거 뉴스 서비스는 네티즌의 이야기가 뉴스가 되는 사회를 보여주었다. 그 이후 등장한 '팟캐스트(Podcast)'는 아이팟(iPod)과 방송을 결합해 만든 신조어로 개인 채널을 운영하며 음성 메시지를 전달한다. '나는 꼼수다'처럼 팟캐스트는 개인 커뮤니케이션 공간으로 개인 의견을 필터링 없이 제시하고 TV 등 미디어가 전하지 못한 정치적 이슈들을 가감 없이 소비자들에게 전달한다. 텍스트 중심 홈피와 블로그, 팟캐스트 등 주도에서 페이스북, 트위터, 인스타그램, 유튜브 등 소셜네트워크서비스(Social Network Service; SNS)를 통한 동영상 중심 크리에이터 미디어로 점차 진화하기 시작한다.

이러한 크리에이터 미디어는 유튜브의 광고 수익 배분을 계기로 산업으로 발전한다. 크리에이터들이 다양한 방식으로 돈을 벌 수 있다는 인식이 확산되면서 일부 크리에이터들이 엄청난 수익 규모를 자랑하기 시작했고, 유튜브, 아프리카TV 등 이용자 창작 콘텐츠(User Generated Content; UGC) 크리에이터가 개인의 신변잡기식 동영상만을 공유하는 단계에서 벗어나 전 세계 대상으로 콘텐츠를 제공하기 시작한다. 유튜브에서 자신이 직접 제작한 동영상 콘텐츠를 적극 유통하는 이용자들은 유튜버(Youtuber)라 불리게 되고, 크리에이터의 유통과 저작권 관리, 광고 유치 등을 지원해주는 다중채널사업자(Multi Channel Network; MCN)가 등장하면서 인기 크리에이터의 위상은 더욱 확고해진다. 다음 [표 1-1]은 2013~2017년 톱(Top) 유튜버의 수입과 제작 유형을 나열한 것이다.

[표 1-1] 2013~2017년의 Top 10 유튜버의 수입과 제작 유형

(단위: 만 달러)

연도	순위	이름	수입	유형	연도	순위	이름	수입	유형
2013	1	PewDiePie	1,200	게임	2016	1	PewDiePie	1,500	게임
	2	Fun toys Collector	800	엔터(토이)		2	Roman Atwood	800	코미디
	3	The YOGSCAST	670	게임		3	IISuperwomanII	750	코미디
	4	BLUTOYS	650	엔터(키즈/토이)		4	Smosh	700	코미디
	5	Smosh	450	코미디		5	Tyler Oakley	600	엔터
	6	JennaMarbies	430	코미디(여성)		5	Rosanna Pansino	600	HOW TO
	7	TobyGames	420	게임		7	Markiplier	550	게임
	8	RayWilliamjohnson	400	코미디		7	HolasoyGerman	550	엔터
	9	UberHaxorNova	350	게임		9	Colleen Ballinger	500	엔터
	10	RealAnnayingOrange	340	엔터		9	Rhett and Ling	500	엔터
2014	1	PewDiePie	700	게임	2017	1	DanTDM	1,650	게임
	2	The YOGSCAST	670	게임		2	VanossGaming	1,550	게임
	3	Smosh	570	코미디		3	Dude Perfect	1,400	스포츠
	4	Fun toys Collector	500	엔터(토이)		4	Markiplier	1,250	게임
	5	BLUTOYS	480	엔터(토이)		4	Logan Paul Vlog	1,250	엔터
	6	JennaMarbies	430	코미디		6	PewDiePie	1,200	게임
	7	TobyGames	420	게임		7	Jake Paul	1,150	사람
	8	RayWilliamjohnson	400	코미디		8	Smosh	1,100	코미디
	9	UberHaxorNova	350	게임		8	Ryan ToysReview	1,100	엔터
	10	RealAnnayingOrange	340	엔터		10	IISuperwomanII	1,050	코미디
2015	1	PewDiePie	1,200	게임					
	2	Smosh	850	코미디					
	2	Fun toys Collector	850	엔터					
	4	Lindsey Stirling	600	뮤직					
	5	Rhett & Link	450	엔터					
	5	KSI	450	엔터					
	7	Michelle Phan	300	뷰티					
	8	IISuperwomanII	250	코미디					
	8	Roman Atwood	250	코미디					
	8	Rosanna Pansino	250	HOW to					

출처: 언론진흥재단(2018)

2013~2014년 게임, 엔터테인먼트, 코미디에 집중되었던 상위 채널 분포는 2015년부터 분산된다. 2015년 인기 있던 음악, 뷰티(Beauty), 하우투(How-to) 분야가 2017년에 순위에서 밀리고 스포츠나 사람 분야가 새롭게 순위에 진입한다. 비슷한 주제를 다루는 크리에이터들이 대거 등장하면서 개별 주제에서 시작한 크리에이터들은 새로운 주제로 확장해나간다. 예를 들면, 뷰티 크리에이터가 먹방 콘텐츠를 제작하거나 전혀 다루지 않은 게임 소재를 활용하기도 한다. 본래 운영하던 채널 이외에 새롭게 별도 계정들을 만들어 기존 주제와는 다른 주제를 다루는 채널을 동시에 운영하기도 한다.

이러한 진화 과정을 겪은 크리에이터 미디어의 중심에 동영상이 있다. 기존 크리에이터 미디어에 청각 및 시각적 요소를 입히고 영상 형태가 더해져 시청자들로 하여금 더욱 생동감과 현실감을 느끼게 하고 접근성을 높인다. 2016년, 라이브 스트리밍(Live streaming) 기술이 대중화되어 촛불집회 등 현장에서 수많은 이들이 스마트폰으로 실시간 중계를 시작한다. 페이스북 라이브(Facebook Live) 외에 트위치(Twitch), 인스타그램 라이브(Instagram Live), 유튜브 라이브, 아프리카TV 등이 가세하면서 실시간 시청자는 장소는 다르지만 같은 시간 속에서 소통하면서 영상에 대해 현장감을 느끼며 더 원활하게 소통한다.

매스 미디어와 차별화된 크리에이터 미디어 특성은 다음 [표 1-2]와 같이 세 가지로 구분된다. 크리에이터 미디어에서는 다양성, 현장성, 상호작용성이 크게 증대되었고, 특히 실시간 소통이 가능해져 정보의 공유와 확산 속도가 매우 빠르다.

[표 1-2] 매스 미디어와 차별화되는 크리에이터 미디어의 3대 특성	
소재의 다양성	• 소수의 시청자를 대상으로 다양한 콘텐츠가 제공 • 10~20대의 주 시청층에 맞는 폭넓은 스펙트럼의 주제
현장성 · 상호작용성	• 생산자인 BJ(Broadcasting Jackey)와 수용자(참여자) 사이의 정서적 유대감 형성 • 콘텐츠와 콘텐츠 제작자에 대한 높은 충성심과 결속력 생성
생산주체의 다양성	전통적인 미디어 콘텐츠 제작주체와 달리 견고한 생산프로세스가 없는 '비조직 생산자' 또는 '준조직 생산자' 특성

출처: 미디어미래연구소(2019)

소재의 다양성을 보면, 개인별로 제공 동기가 매우 다양해 사실상 전 세계 모든 유형이 제공된다 해도 과언이 아니다. 어떤 사람들은 자신이 재능을 가지고 있는데 나만 알고 있기 아깝고 알리기 위해 자기만족, 자기 홍보 또는 정치인이나 시민단체가 대안 언론으로 시도하거나 비즈니스 연계 등도 이루어진다. 크리에이터는 자신이 좋아하는 취미를 지인에게 알리고 타인과 공유할 목적으로 제작하여 개인적인 만족감을 느낀다. 사례들을 보면, 무명 배우나 가수, 연주자 등 신인들이 자신을 알리기 위한 콘텐츠를 통해 구직 활동을 한다. 일례로 벨기에의 이안 토마스(Ian Thomas)는 자신이 올린 유튜브의 연습 영상이 주목을 받으면서 유니버셜 레코드와 계약을 맺었고 이를 통해 발표한 곡이 유럽 차트 상위권에 오른다. 호주에서 와인 비즈니스를 하는 그래이 바이너추크(Gray Vaynerchuk)는 유튜브에서 와인 관련 정보를 제공하는 채널을 운영한다. 자신의 와인 비즈니스를 홍보하거나 매출을 높이기 위해 이 채널을 활용한 그는 유튜브에서의 인기를 바탕으로 다른 기업들에게 컨설팅을 제공하는 등 활동 영역을 확대하게 된다.

라이브 스트리밍 기반의 현장성 및 상호작용성을 보면, 크리에이터는 댓글이나 채팅 등을 통해 시공간 제약을 받지 않고 정보 전달자와 이용자 간 관계를 허물고 그대로 가감 없이 보여주는 형식으로 시청자들의 공감을 이끌어낸다. 대표 사례로 국내 TV 프로그램 '마이 리틀 텔레비전'의 경우 연예인들의 솔직한 모습을 보여주고 댓글을 통해 시청자와 실시간 소통하는 모습을 방송에 내보내면서 멀게만 느껴졌던 방송인들과 대화를 주고받게 된다. 실시간 스트리밍으로 사고 현장이나 페스티벌 등 현장에서 일어나는 일들을 빠르고 생생하게 전달할 수도 있다. 크리에이터 미디어가 전통 미디어에 진출하거나 연예인이 크리에이터 미디어에 진출하는 등 상호 보완재 및 대체재가 되고 있다.

마지막으로 생산 주체의 다양성을 보면, 크리에이터 미디어는 생산 과정이 없다는 '비(非)조직 생산자' 특성을 갖는다. 이 구조 속에서 크리에이터 간 협업을 통한 제작이나 크리에이터를 관리하는 MCN이 등장한다. 이에 대해서는 4절에서 자세히 다룰 것이다.

제3절 크리에이터 미디어 산업 가치사슬

다음 [그림 1−1]은 크리에이터 미디어 및 콘텐츠 산업의 가치사슬을 도식화한 것이다.

크리에이터 미디어 산업에는 크리에이터, MCN, 비디오공유플랫폼(Video Sharing Platform; VSP), 광고 및 커머스 등 다양한 주체들이 포함되며, VSP 중심으로 다면 시장을 갖는다. 즉, VSP 중심으로 콘텐츠 제작자와 시청자 간, 광고 및 커머스 부문과 시청자 간 관계가 성립된다. 플랫폼을 중간에 두고 콘텐츠 크리에이터와 시청자 간 관계를 보면, 저작권 제공자이기도 한 콘텐츠 제공자는 VSP에 콘텐츠를 제공하고, 시청자가 VSP에서 해당 콘텐츠를 이용하며, VSP는 시청자로부터 얻은 수익을 크리에이터와 나누어 갖는다. 그 사이에 MCN이 있

[그림 1-1] 크리에이터 미디어 및 콘텐츠 산업의 가치사슬

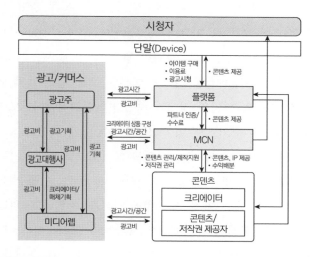

출처: 미디어미래연구소(2019)

을 수도 있다. 한편, 광고 및 커머스 부문과 시청자 간 관계를 보면, VSP를 사이에 두고 광고나 브랜디드 콘텐츠(Branded content), 미디어 커머스(Media commerce)를 제공하는 광고주와 이를 시청하는 시청자 가 존재하며, VSP가 벌어들이는 광고 수익은 MCN을 통하거나 직접 콘텐츠 크리에이터에게 배분된다.

제4절 크리에이터 미디어 조력자, MCN

크리에이터가 제작하는 콘텐츠 관리, 마케팅, 제작 지원, 크리에이 터 교육, 지식재산권(Intellectual Property; IP) 관리 등을 담당하면서 출발한 MCN은 크리에이터와 VSP, 광고주와 시청자 간 관계를 연결해주

는 조력자이다. MCN 비즈니스 모델은 사실상 유튜브에 의해 고안되었다. 2006년 구글에 인수된 유튜브는 애드센스를 통해 광고 서비스를 시작했고 2007년 '유튜브 파트너 프로그램(YouTube Partner Program; YPP)'을 통해 대형 콘텐츠 제작사와의 광고 수익 배분을 시작했고 크리에이터 대상의 수익 배분을 하기에 이른다. 2011년 구글의 오리지널 채널 투자를 통한 창작 지원 정책이 시행되면서 크리에이터도 광고 게재를 통해 클릭 수 근거로 수익을 창출할 수 있게 되었다.

유튜브의 이러한 수익 배분 정책을 계기로 전문적으로 동영상 콘텐츠를 제작하는 1인 및 소규모 제작사들이 본격적으로 등장하게 되었으며, 이들을 연결하고 제작 및 기반 시설을 지원하고 관리해주는 MCN이 함께 등장하게 된다. MCN은 유튜브와 크리에이터 간에 만들어진 용어이다. 유튜브에 따르면, MCN은 여러 유튜브 채널과 제휴한 제3의 서비스 제공업체로서 시청자 확보, 콘텐츠 편성, 크리에이터와의 공동 작업, 디지털 권한 관리, 수익 창출 또는 판매 등의 서비스를 제공한다고 명시되어 있다.

미국에서는 유튜브가 크리에이터에게 수익 배분을 시작한 2007년 5월을 기점으로 9월 게임 MCN인 머시니마(Machinima), 2008년 6월 어썸니스TV(Awesomeness TV), 메이커 스튜디오(Maker Studio), 풀스크린(Fullscreen) 등의 MCN이 등장한다. 이들 대부분은 전통 미디어 사업자들의 인수 대상이 되었다. 가장 먼저 어썸니스TV가 2013년 드림웍스 애니메이션(DreamWorks Animation)에 의해 51% 투자되고 버라이즌(Verizon)의 나머지 투자 이후에, 최대 주주는 드림웍스를 인수한 NBC 유니버설(NBC Universal)로 바뀐다. 어썸니스TV는 종합 미디어 기업으로 변신하면서 10대를 타깃으로 하는 차별성을 갖는다. 메이커스튜디오는 2015년 디즈니(Disney)의 인수 이후 구조조정을 단행했던 것으로

유명하며, 이어 2016년 말에는 워너브라더스(Warner Brothers)가 머시
니마를 인수했다.

　　미국 AT&T와 체르닉그룹의 합작사, 오터미디어로부터 투자받은
풀스크린(Fullscreen)은 2015년 구독형 서비스를 출시할 것이라고 비드
콘(VidCon)에서 발표한 후 2017년 실패를 시인했고, 10·20대를 겨냥
한 코미디나 게임, 음악 채널 등으로 특화했으며, 2022년 영화제작부
서 '풀스크린필름'을 설립한 후 영화를 제작하기 시작한다.

　　미국에서 대표급 MCN들이 인수되거나 투자를 받으면서 독립된
MCN들은 수익 모델 부재로 어려움을 겪다가 2018년 비드콘에서 다시
고개를 들기 시작한다. 2017년 상반기까지만 해도 미국 MCN 사업자
들은 크리에이터 비즈니스를 대폭 축소하며 '탈(脫) MCN', '탈(脫) 크
리에이터'를 시도하는 분위기였다. MCN 1위 기업이었던 메이커 스튜
디오가 디즈니의 디지털콘텐츠사업부로 축소 및 편입되었고, 풀스크린
은 유료 플랫폼 및 오리지널 콘텐츠 비즈니스를 시도했다. 이들은 스
스로를 MCN으로 포지셔닝하는 것에 반대하는 입장이었다가 2017년
후반부터 바뀌기 시작해 11월, 풀스크린이 구독제 플랫폼 종료를 발표
하고 크리에이터 굿즈를 만들어 판매하는 커머스 비즈니스에 관심 가
지더니 2018년 풀스크린 소속 크리에이터 굿즈를 선보이기 시작하였
다. 어썸니스TV는 아마존에 크리에이터 굿즈를 파는 머천다이즈 공간
을 별도로 운영한다.

　　이처럼 MCN의 역할은 변형 확장되어 크리에이터를 지원하는 조
력자 역할에만 한정하지 않고 기술과 브랜드, 콘텐츠가 결합한 융복합
형 미디어 비즈니스를 추구하거나, 유튜브 등의 VSP 내 채널을 직접
운영하거나, 온/오프라인 콘텐츠 마케팅 및 커머스 비즈니스 등으로
확장한다. 콘텐츠 관점에서 보면, 종합 편성 개념의 종합 MCN과 전문

편성 개념의 전문 MCN으로 구분된다. 국내에서는 전자에 다이아TV(Digital Influencer & Artist TV), 트레져헌터(Treasure Hunter), 샌드박스네트워크(Sandbox Network), 비디오빌리지(VideoVillage)가, 후자에 레페리(Leferi)와 우먼스톡(Womanstalk), 크리커스(Crekers), 캐리소프트(Carrie Soft)가 속한다. 2013년 CJENM이 '크리에이터 그룹(Creator Group)'을 시작해 2015년 '다이아TV'로 개명하면서 아프리카TV에서 활동하는 대도서관 같은 주요 크리에이터들을 지원하기 시작하였고, CJENM의 MCN 사업팀장이 퇴사해 크리에이터인 양띵 등과 함께 트레져헌터를 설립한다.

2019년, 국내 활동 중인 3,200여 팀의 크리에이터들이 MCN에 가입해 활동했고, 100여 개 미만의 MCN이 존재하는 것으로 추정되었다. 초기 MCN은 크리에이터와의 공동 작업, 디지털 권한 관리, 수익 창출, 콘텐츠 제작 및 관리 등 크리에이터 매니지먼트에서 시작한다. 하지만 연예 매니지먼트처럼 연습생을 훈련시키고 철저하게 관리하는 것과는 달리 MCN은 크리에이터와 느슨한 협력 관계를 유지한다. MCN과 크리에이터 간 계약은 2~3년 단위로 이루어지며, 계약금은 없지만 일부 경우엔 계약금을 통해 파트너십을 맺기도 한다. 기본적인 지원은 제작, 수익화, 해외 진출 그리고 법적 지원이다. 제작 지원은 영상 제작 교육에서 시작되며, MCN 보유 장비나 스튜디오를 활용해 제작하는 방법을 교육한다. 일부 MCN들은 크리에이터의 영상들을 누가 어디서 어떻게 소비하는지에 대해 이용 데이터를 분석해 크리에이터에게 제공해준다.

MCN의 성장은 크리에이터의 성장과 함께 이루어지므로 초기 광고 및 브랜디드 콘텐츠 수익화에서 시작해 수익 다변화가 꾀해진다. MCN에 따라 비즈니스 모델과 추진 전략은 상이하지만, 주로 광고 수익과 브랜디드 콘텐츠 수익을 토대로 부가 사업으로 확대된다. 즉,

MCN은 크리에이터의 특성과 맞는 광고주와 연결하는 일을 가장 염두에 두며 크리에이터를 활용한 OSMU(One Source Multi Use) 전략으로 팬미팅 등을 지원해 부가 수익을 모색하는 동시에 크리에이터와 콘텐츠 인지도를 제고한다.

해외 진출의 경우, 유튜브 조회 수가 억 단위를 달성할 만큼 시장 규모가 커 영향력이 있는 미국 MCN과 달리, 국내에서는 비교적 언어 장벽이 낮은 뷰티, 키즈 장르 등의 해외 진출 가능성이 기대되며, 외국 문화와 유사하고 공감을 이끌어낼 콘텐츠 경우 자막과 더빙 등을 잘 활용하면 해외 진출 가능성이 열리는 데 도움이 된다. 법무적이고 행정적인 지원도 가능해, MCN은 교육을 통해 저작권, 세금 문제 등을 크리에이터들에게 인지시키고 이에 대처하는 역량을 키우는 데 주력한다. 다이아TV처럼 음원을 자체 보유한 경우에는 소속 크리에이터들로 하여금 자체 음원을 무료 이용하게 함으로써 저작권 문제를 최소화하기도 한다. 저작권 문제가 발생하면 MCN 소속의 법무팀을 통해 해결하거나 MCN과 파트너십을 맺은 변호사 등을 통해 지원을 받게 된다.

크리에이터와 전통 미디어와의 협업, 전통 미디어 콘텐츠의 지식재산권(IP) 활용을 통한 콘텐츠 제작, 오리지널 콘텐츠 제작 및 유통 등이 진행되면서, 크리에이터 외에 전문 콘텐츠 및 저작권 제공자의 IP 관리까지도 포괄하는 시장으로 MCN 비즈니스 범위가 지속 확장하고 있다. MCN의 이러한 노력의 결과로 소속 크리에이터들의 콘텐츠 제작이 보다 체계화되고 전문화되고 있는 추세이다.

MCN은 크리에이터와 플랫폼, 시청자, 광고 및 커머스와 연결되어 중간자 역할을 수행하기 때문에 인플루언서가 된 크리에이터들은 MCN을 통해 더욱 다양한 콘텐츠를 제작할 수 있다. MCN의 역할 중 하나가 광고나 커머스 부문에서 크리에이터 지식재산권(IP) 기반의 상품 구성을 통해 광고 시간과 공간을 판매하는 것이며, 인플루언서가 된 크리에이터가 제작한 콘텐츠가 브랜디드 콘텐츠로 제공되면서 주 수익원으로 부상한다. 이외에도 MCN은 판촉, 마케팅을 통해 시청자와 크리에이터를 연결하고 크리에이터 IP를 통한 굿즈(Goods) 사업, 페스티벌 등으로 부가 수익을 창출한다. 2019년 국내 유튜브 채널 중 MCN 운영 채널의 비중은 40%를 조금 넘는 것으로 파악되었다. 다음 [표 1-3]은 다이아TV, 샌드박스네트워크, 트레져헌터, 아프리카TV의 2019년 활동을 요약한 것이다.

[표 1-3] 국내 주요 MCN 개요(2019)

MCN	설립연도	Key Point	주요 크리에이터
샌드박스 네트워크	2015	• 약 400팀의 크리에이터 • 초기: 게임 위주의 크리에이터 • 현재: 다양한 분야의 크리에이터 충원 • 방송인 유병재 영입 등 라인업 다각화	도티, 슈카월드, 짱삐쭈
트레져 헌터	2015	• 약 660팀 이상의 크리에이터 • 총 구독자 1억 5,000만 명 이상 • 누적 유튜브 조회 수 165억 뷰 이상 • 왕홍 아카데미 사업 진행	양띵, 악어, 꾹 TV
DIA TV	2013	• CJ ENM의 MCN 부문 사업 브랜드 • 1,400개팀 이상의 크리에이터, 국내 1위 MCN • 월간 콘텐츠 조회 수 20억 회 이상 기록 • 자체 광고 플랫폼 '유픽' 보유	허팝, 서은이야기, 1 Million
아프리카 TV	2005	• 국내 인터넷 방송의 시초 • 파트너 BJ 시스템 • 별풍선 등 다양한 수익원	강은비, 감스트, JD_이제동

출처: DB금융투자(2019.11.26)

다음 [그림 1-2]에서 보면, 2019년 구독자 수 기준으로 국내 상위 250개 유튜브 채널 중 방송국, 기획사 등 전문 콘텐츠 제작사를 제외한 크리에이터 채널은 137개로 파악되었다. 이 중 MCN별로 관찰된 구독자 톱(Top) 250 내 보유 채널 수는 다이아TV 25개, 샌드박스네트웍스 14개, 아프리카TV 7개, 트레져헌터 3개 등으로 파악되었다.

[그림 1-2] 2019년 국내 유튜브 채널 사업자별 비중 및 구독자 톱 250 내 보유 채널 수

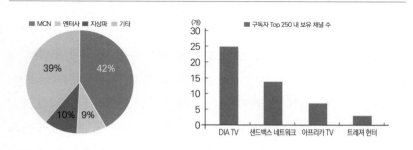

출처: DB금융투자(2019.11.26)

다음 [그림 1-3]에서 보면, 30일 조회 수를 연간화해 추정한 구독자 톱 250개 내 회사별 크리에이터의 합산 유튜브 광고 수익은 다이아TV 205억 원, 샌드박스네트워크 202억 원, 아프리카TV 66억 원, 트레져헌터 9억 원순이었고, 누적 조회 수로 다이아TV가 20억 회 이상으로 가장 높고, 구독자 수로도 다이아TV가 약 6,000만 명으로 가장 높다.

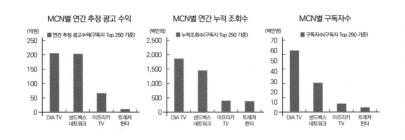

[그림 1-3] 2019년 MCN별 연간 추정 유튜브 광고 수익, 연간 누적 조회 수, 구독자 수

출처: Socialblade, DB금융투자(2019.11.26.) 재인용

　　MCN의 주요 수익원은 플랫폼 광고 수익 정산, 기업과 협업해 제작한 콘텐츠형 광고인 브랜디드 콘텐츠, 크리에이터의 지식재산권(IP)을 사용하도록 계약하는 라이선싱, 자체 제작한 콘텐츠를 다양한 VSP에 유통시켜 발생하는 플랫폼 유통 수익, MCN 자체 콘텐츠 제작인 오리지널 콘텐츠, 소속 크리에이터의 제품 홍보 및 TV 출연 등의 지원 수익 그리고 크리에이터 모델료 및 출연료 등이며 지속적으로 확장되고 있다.

　　MCN의 초기 수익원은 인플루언서가 된 상위 크리에이터의 유튜브 채널 광고 수익이었다. 점차 유튜브를 통한 영상 소비 급증과 특정 분야별 크리에이터의 인플러언서로서의 영향력 확대 등에 힘입어 브랜디드 콘텐츠, 콘텐츠 내 광고 삽입인 간접광고(Product Placement; PPL), 크리에이터 상품 제작, 기획, 판매 등 다양한 방식을 통해 수익이 다각화된다. 특히 분야별로 특화된 크리에이터들이 소속된 MCN들이 광고주들과의 협업을 적극 기획하면서 이들을 통한 광고 집행이 광고 산업의 새로운 트렌드로 부각된다. 인플루언서의 팬덤이나 콘텐츠 시청자들을 타기팅(Targeting)한 광고는 시청자 층을 세분화해 타기팅이 가능하다는 장점이 있다. 게다가 인플루언서가 된 크리에이터를 통한 광고

는 시청자들이 느끼는 피로도나 거부감이 낮고 구매의사 결정에도 영
향력이 크다. 크리에이터 미디어 산업의 수익 모델에 대해서는 2장에
서 다루기로 한다.

참고문헌

과학기술정보통신부(2019). 크리에이터 미디어 산업 활성화 방안.

디비(DB)금융투자(2019.11.26) 디지털 광고.

디엠씨(DMC)(2017.10). 2017년 1인 방송시청행태.

문화체육관광부(2018.5). 개인 미디어 콘텐츠 육성 방안 연구.

미디어미래연구소(2017.2). 1인방송미디어의 사업화를 위한 전통미디어와
  협업 방안 연구, 미래창조과학부, 방통융합기반정책연구.

미디어미래연구소(2019). 미디어 생태계 변화에 따른 크리에이터 미디어 산
  업 실태조사 체계화 연구, 과학기술정보통신부, 방송통신정책연구.

미디어미래연구소(2020). 국내 크리에이터 미디어 산업 현황.

송민정(2016). 글로벌 5대 MCN 미디어 기업들의 비즈니스 모델 연구 : 파괴
  적 혁신 이론을 토대로, 방송통신연구, No.96, pp.38－67.

에스케이(SK)증권(2019.4.24). 고속 성장 중인 크리에이터 미디어산업.

한국전파진흥협회(2016.3.19). 국내외 MCN 산업 동향 및 기업 실태 조사
  보고서.

한국전파진흥협회(2021.12). 크리에이터 미디어 산업 실태조사 보고서, 과학
  기술정보통신부.

한국전파진흥협회(2022.12). 미디어 산업 보고서 시즌 6, 크리에이터 미디어
  글로벌 산업동향 Vol.2, 과학기술정보통신부.

Chapter 2

크리에이터 미디어 산업의 수익 모델

제1절   크리에이터 미디어의 플랫폼 배분 수익

크리에이터 미디어에게 주는 플랫폼 배분 수익 유형은 크게 세 가지이다. 먼저 플랫폼 광고 수익이 크리에이터와 배분된다. 광고주가 대행사와 미디어렙(Media Representative)을 거쳐 플랫폼에 광고를 집행하며, 플랫폼을 통해 노출된 광고 수익은 독립 크리에이터나 소속 크리에이터를 가진 MCN에게 제공된다. 광고는 동영상 재생 전후나 중간에 삽입되는 동영상 및 이미지, 텍스트 광고로, 그 유형에 따라 광고 단가와 수익이 결정된다. 크리에이터 채널이나 MCN 자체 채널 구독자가 많아져 광고 노출이 많을수록 수익은 증가한다. 다음 [표 2-1]은 유튜브 동영상 광고 유형 사례이다.

[표 2-1] 유튜브 동영상 광고의 유형

광고 유형	설명
건너뛸 수 있는 광고	시청자가 원하는 경우 5초 후에 건너뛸 수 있는 광고로, 기본 동영상 전후 또는 중간에 삽입됨
건너뛸 수 없는 광고	프리롤, 미드롤 또는 포스트롤 광고 형식으로, 시청자는 광고를 먼저 시청해야 동영상을 볼 수 있으며, 다른 광고 형식보다 더 많은 CPM을 발생함
범퍼 광고	최대 6초 길이의 건너뛸 수 없는 광고로, 광고를 시청해야 동영상을 볼 수 있고 건너뛸 수 있는 광고와 연달아 재생할 수 있음
디스플레이 광고	추천 동영상은 오른쪽과 동영상 추천 목록 상단에 게재되는 광고
오버레이 광고	동영상 재생 화면 하단 20% 부분에 게재되는 반투명 오버레이 광고로, 이미지 또는 텍스트로 이루어짐
트루뷰 디스커버리	'추천 영상' 형태로 동영상 검색 결과 화면과 시청자의 영상 시청 페이지에 광고 영상이 노출됨. 광고 클릭 시, 영상 광고 시청 페이지뿐만 아니라 광고주 채널로 이동 가능
스폰서 카드	동영상에 포함된 제품 등 동영상과 관련 있는 콘텐츠가 카드 형태로 몇 초간 표시되며, 카드 크기는 다양함

출처: 유튜브 고객센터 페이지(2019); 미디어미래연구소(2019) 재인용

간단히 순서대로 설명하면, 건너뛸 수 있는 동영상 광고(Skippable video ads)는 콘텐츠 앞뒤나 중간에 삽입되는 인스트림(In-stream) 광고로 5초 후에 건너뛸 수 있다. 건너뛸 수 없는 동영상 광고(Non-skippable video ads)는 콘텐츠 앞뒤나 중간에 삽입되며 5~30초 광고를 끝까지 보아야만 콘텐츠 시청이 가능한 데 데스크톱과 모바일 디바이스에서 재생된다. 콘텐츠가 나오기 전 5초 동안 강제 노출되는 프리롤(Pre-roll) 광고는 동영상 조회 수가 아닌 생성된 클릭 수에 대해 광고비가 책정되며 클릭당 비용 청구이므로 링크를 클릭해 사이트를 전환시키고자 할 때 효과적이며 구독자를 늘리고자 할 때도 비용 대비 효

율적인 광고이다.

2016년 등장한 범퍼 광고(Bumper ads)는 6초 내의 건너뛸 수 없는 광고로, 광고 시청 후에만 기본 콘텐츠를 볼 수 있으며, 데스크톱과 모바일 디바이스에서 연속 재생할 수 있다. 범퍼 광고는 거부감이 적으며 광고 제작도 쉬워 같은 광고비로 노출을 많이 할 수 있다는 장점을 가진다. 원작 광고를 6초로 재편집해 활용하거나 아예 6초로 제작해 티저 광고로 활용해도 되는데, 노출 1,000회당 광고비를 매기는 CPM(Cost Per Millennium) 방식이라 광고비가 저렴한 편이다.

디스플레이 광고(Display ads)는 추천 동영상의 오른쪽과 동영상 추천 목록 상단에 게재되는 광고로 데스크톱 컴퓨터에서만 구동되며, 플레이어가 더 크면 광고가 플레이어 하단에 게재된다. 이용자가 링크를 클릭하면 조회 수에 따라 광고비가 청구된다. 이용자 화면 오른쪽에 표시되는 디스플레이 광고는 눈에 띄는 광고는 아니다. 이용자가 광고를 건너뛸 수 있지만, 전환율(Conversion rate; 웹사이트 트래픽 중 목표 행동을 달성한 트래픽 비율)을 높이는 데 효과적이다. 디스플레이 광고를 클릭한 이용자는 자기 뜻에 의해 선택했기 때문에 목표 행동을 더 쉽게 할 가능성이 높다.

오버레이 광고(Overlay ads)는 동영상을 시청할 때 영상 하단 20% 정도가 노출되는 가로형 배너 이미지의 반투명 광고로 데스크톱 컴퓨터에서만 구동된다. 동영상을 시청하는 동안 그 위에 오버레이 광고가 노출되며, 광고주는 이용자의 클릭 수에 따라 광고비를 책정한다. 선택한 이미지의 크기가 차지하는 전체 공간을 광고물로 반드시 채워야 하는데, 광고 메시지를 90도 회전하거나 거꾸로 표시해서는 안 되고, 여러 부분으로 나눠서 게재할 수도 없으며, 똑같이 복사한 여러 개의 광고를 같은 광고 안에 넣는 것도 안 되고, 광고가 2개 이상인 것처럼 나타나게 해서도 안 된다.

유튜브는 동영상 시청 전 5초 동안 강제 노출되는 프리롤(Pre-roll) 광고를 보완하기 위해 5초 후 광고 시청 여부를 선택할 수 있는 트루뷰(TrueView) 디스커버리를 도입했다. 5초 간 트루뷰 디스커버리를 보다가 건너뛰기 할 수 있지만, 끝까지 보지 않으면 광고비는 청구되지 않는다. 또한 30초 이내 광고에서는 광고 전체를 보거나 30초까지 보거나 이용자가 상호작용했을 때에만 광고비가 청구된다. 이용자가 관심 갖는 동영상을 선택할 수 있고, 광고주가 노출 횟수에 따라 광고비를 지불하지 않아도 되므로 트루뷰 디스커버리가 선호된다. 또한 디바이스에서 연이어 재생되게 설정되는 맞춤 설정이 가능하고 도달 범위가 넓다는 점이 트루뷰 디스커버리의 최장점이다.

마지막으로 스폰서드 카드(Sponsored cards)는 동영상에 포함된 제품 등 동영상 관련 콘텐츠가 스폰서드 카드에 표시됨으로써 광고 효과를 발휘한다. 동영상의 오른쪽 상단 아이콘을 클릭해 다양한 크기의 카드를 탐색할 수 있고, 데스크톱과 모바일 기기에서 모두 재생 가능하다. 카드 크기는 다양하며 PNG, GIF, JPG 파일로 세팅할 수 있는 스폰서드 카드에서 다른 동영상과의 교차 참여를 이용자에게 유도할 수도 있다. 이 광고는 눈에 잘 띄기 때문에 이용자의 행동 유발에 효과적이고, 광고가 아닌 일반 동영상에도 삽입 가능하고 별도 추가 비용이 없다는 점이 장점이다.

다음 [표 2-2]는 유튜브의 광고 입찰 유형을 위의 광고 형식과 대입한 것이다. 먼저 광고가 1,000번 재생될 때 광고주가 유튜브에 지불하는 광고비 입찰 유형인 CPM(Cost Per Mille)의 경우, 광고주 집행 금액에서 크리에이터와 유튜브가 각각 55 : 45의 비율로 나눠 가지며, MCN에 소속된 크리에이터는 유튜브 배분 광고 수익 중에 MCN에게 보통 11~16%를 배분한다. MCN과의 배분 비율은 MCN 정책에 따라 달라, 구독자가 적은 유튜브 채널에서는 광고 수익을 배분하지 않는 경우도 있다. 또한 신생 MCN은 크리에이터 확보를 위해 수익 배분율을 낮추어 소속 크리에이터들을 모으기 시작한다.

[표 2-2] 유튜브의 광고 입찰 유형과 사용 가능 형식

입찰 유형	사용 가능한 형식
최대 CPM(CPM)	범퍼
최대 CPV(CPV)	트루뷰 인스트림 광고
타깃 CPM(tCPM)	인스트림, 범퍼 또는 둘 다

출처: 미디어미래연구소(2019: 17쪽)

유튜브 광고 수익은 국가별로 다르다. 국내에서는 2019년 기준으로 영상 조회 수 1회당 약 1원으로 알려져 있었는데, 코비드(COVID)19 팬데믹을 겪으면서 올라간 것으로 추정된다. 즉, 2019년 유튜브가 제공한 한국 CPM 광고 단가(단위 광고 비용/노출 횟수×1,000)는 1.5달러 정도였으나 펜데믹을 맞은 2020년에 두 배인 3달러 정도로 알려진다. 유튜브의 총 광고비에 대한 계약은 CPCV(Cost−Per−Completed−View) 방식으로 주로 결정된다. 이는 진행되는 광고를 끝까지 건너뛰기 하지 않고 시청한 경우(Completed) 또는 완전 시청 비율에 따라 과금하고 수익을 배분하는 입찰 유형이다.

유튜브 경우에 다양한 광고 단가 및 유동적인 단가 책정 기준을 가지고 있기 때문에 크리에이터의 광고 수익이 조회 수에 따라 정률적으로 나타나지 않는다. 실제로 대표적인 광고 단가 책정의 변수는 구독자 분포와 조회 수, 시청 시간, 영상 메타데이터 정보, 시청 지역 등이라고 한다. 또한 시청 지역에 따라 다른 광고 단가가 매겨져 있으며,

한국보다는 미주 지역 CPM이 더 높게 나타난다. 즉 시청 지역에 따라 다른 광고가 집행되고, 이에 따른 CPM이 다르기 때문에 미주 지역을 중심으로 하는 해외 시청자들이 많을수록 같은 뷰(View) 수에도 더 높은 광고 수익을 얻을 수 있다. 또한 영상의 길이보다 평균 지속 시청 시간이 더 중요하며, 시청자들이 '좋아요' 버튼을 누른 비율에 따라 높은 단가의 광고들이 붙는다고 한다. 더 자세한 실무적인 내용은 13장에서 다루기로 한다.

한편, 숏폼(Short form) 콘텐츠로 급부상한 틱톡(TikTok)에 맞서 2020년 시작된 '유튜브 쇼츠(Shorts)'는 3년이 채 되기도 전에 15억 명을 돌파하게 된다. 이에 유튜브의 광고 수익 배분 정책에 변화가 일어나는데, 2022년 말, 유튜브는 2023년부터 '유튜브 쇼츠' 크리에이터들과 광고 수익을 공유하겠다고 선언했다. 그동안 유튜브는 틱톡 같은 숏폼은 아닌 미드폼(Mid form) 콘텐츠나 라이브 콘텐츠로 성장해왔지만, 15초짜리 숏폼 콘텐츠로 표현하려는 크리에이터들의 시도가 보편화되면서, 유튜브도 이에 뒤따르는 전략과 정책을 내놓게 된 것이다. 구독자가 1,000명 이상이면서 90일 간 쇼츠 조회 수 1,000만 건을 넘긴 크리에이터라면 광고 수익을 나눠 받을 수 있게 되었으며, 물론 여기서도 '유튜브 파트너 프로그램(YPP)'에 가입해야 한다.

다음 [표 2−3]은 네이버의 동영상 광고 판매 유형과 판매가를 나타낸다. 네이버는 유튜브보다 관대한 광고 수익 배분 정책을 가지고 크리에이터 유입을 유도한다. 정산 금액이 20만 원 미만일 경우에 크리에이터가 모두 가져가고, 그 이상부터 네이버와 회원 크리에이터 간 수익을 3 : 7로 분배한다. 2019년 기준 조회 수 1회당 최대 3.5원 수익으로 추정된다. 네이버 동영상 광고의 경우에는 데스크톱 컴퓨터 또는 모바일 기기와 광고 유형별로 CPM 가격이 매겨지며, CPV는 유튜브와 마찬가지로 입찰 형식이다. 타깃 설정이나 재생 방식에 따라 광고 단가에 20~30%의 할증이 적용된다.

[표 2-3] 네이버 동영상 광고 판매 유형 및 판매가						
광고 유형	판매 단위	2019년 3월	2019년 4월	2019년 5월	2019년 6월	2019년 7월
PM_네이버 동영상_5초 SKIP(신)	CPM	–	–	9,000	9,000	9,000
P_네이버 동영상_5초 SKIP(신)	CPM	–	–	10,800	10,800	10,800
M_네이버 동영상_5초 SKIP(신)	CPM	–	–	10,800	10,800	10,800
PM_네이버 동영상_5초 SKIP_CPV(신)	CPV	–	–	10원-입찰	10원-입찰	10원-입찰
P_통합_동영상	CPM	4,000	4,000	4,000	4,000	4,000
M_통합_동영상	CPM	7,000	7,000	7,000	7,000	7,000

출처: 미디어미래연구소(2019: 18쪽)

두 번째 플랫폼 배분 수익은 시청자가 크리에이터를 후원하면 발생하는 플랫폼 수익을 배분하는 것이다. 이는 플랫폼이 시청자로 하여금 크리에이터에게 직접 후원할 수 있도록 하는 상품으로 '별풍선' 같은 아이템이나 채널 멤버십이 있는데, 플랫폼과 크리에이터가 일정한 비율로 수익을 배분한다. 둘 다 크리에이터가 70%를 가져간다. 다음 [표 2-4]는 주요 플랫폼별로 본 시청자의 크리에이터 후원 수익 유형을 보여준다. 아프리카TV 이후에 유튜브와 카카오TV, 트위치TV 등도 실시간 방송 진행자를 위한 후원 수익 모델을 도입했으며, 카카오의 쿠키는 2021년에 폐지된다.

[표 2-4] 각 플랫폼별 시청자의 크리에이터 후원 수익 유형

구분	내용
아프리카TV	별풍선: 시청자가 BJ에게 선물하는 아이템으로. 1개당 약 110원. 아프리카TV에서 수수료를 제한 나머지가 BJ의 수익으로 산정
유튜브	초콜릿, 스티커: 시청자가 BJ에게 선물할 수 있으며. BJ는 이를 시청 인원 증원 등 다양한 기능에 이용할 수 있음
	슈퍼챗: 구독자 수 1,000명 이상인 채널에 한해 유튜브 라이브 방송에서 시청자가 개발적으로 후원하는 시스템. 최소 1,000원부터 가능하며 유튜브가 가져가는 수수료는 30%로 추정됨
카카오TV	쿠키: 1회 10개(1,000원)~20,000(200만 원)의 쿠키 구매 가능하며, PD의 등급에 따라 쿠키 수익 배분율이 70~90%로 차등 적용됨
네이버TV	후원: 시청자가 창작자에게 직접 후원하는 방식으로, 2019년 3월 28일 베타서비스를 시작하였으며 100원부터 후원 가능. 창작자는 후원 금액에 따라 후원자를 위한 리워드를 설정하거나 감사 인사 콘텐츠 제작 등을 설정할 수 있음

출처: 각사 홈페이지; 미디어미래연구소(2019); 카카오TV의 쿠키는 2021년 폐지됨

아프리카TV의 경우에는 세계에서 가장 먼저 시작한 별풍선 외에, 스티커, 초콜릿이 있다. 디지털 아이템을 시청자들이 자발적으로 후원함으로써 기부금 일부가 방송 진행자(Broadcasting Jockey; BJ)에게 제공된다. 일반 BJ의 경우 별풍선 1개당 60원, 베스트 BJ의 경우 별풍선 1개당 70원으로 현금화가 가능하며, 파트너 BJ는 별풍선 1개당 80원으로 현금화가 가능하다. 시청자들은 별 1개당 100원을 주고 구입할 수 있다.

유튜브는 아프리카TV를 본보기 삼아 2017년 2월부터 실시간 방송 진행자에게 가상 아이템을 후원할 수 있는 슈퍼챗을 도입했다. 슈

퍼챗에서 후원 가능한 최소 금액은 1,000원이다. 2018년 6월, 유튜브
는 팬이 구독하고 있는 채널에 정기 후원자가 될 수 있는 VIP(Very
Important Person) 서비스를 잇따라 출시했다. 이는 보통 매월 4,990원
으로 특정 채널 VIP가 되어 해당 크리에이터를 후원하는 서비스로, 실
시간 채팅 시 닉네임 옆에 전용 배지(badge)가 부여되며 맞춤 그림의
이모티콘이 추가된다. 크리에이터는 이 후원 수익의 70%를 배분받는다.

그 외에도 유튜브는 2021년 7월 새로운 후원 기능인 '슈퍼 땡스
(Super Thanks)'를 일부 국가에 공개했다. 시청자는 후원하고 싶은 영상
에 미국 기준 2달러, 5달러, 10달러, 50달러 중 하나를 선택해 '슈퍼
땡스'를 보내고 댓글을 달 수 있다. 후원하는 시청자가 작성한 댓글은
댓글 창에서 하이라이트로 표시된다. 이 경우에도 유튜브는 후원 금액
의 30%를 수수료로 가져간다. 이미 있는 크리에이터 후원 기능인 '슈
퍼챗' '슈퍼 스티커' 기능은 라이브 스트리밍에서만 가능하다는 점에서
'슈퍼 땡스'와는 차이가 있다. 2021년 7월, '슈퍼 땡스' 기능은 68개 국
의 크리에이터 수천 명에게 우선 적용되었다.

마지막 플랫폼 배분 수익은 플랫폼 자체에 가입하여 매월 월정료
로 내는 구독료 수익 배분이며, 앞서 언급한 유튜브의 시청자 후원 채
널 멤버십과는 다른 개념이다. 유튜브의 경우에는 '유튜브 프리미엄'
구독을 기반으로 시청자가 월 정기 이용료를 지불하게 되고, 플랫폼은
크리에이터에게 관련 수익을 배분하여 지불한다. 다음 [표 2−5]는
2020년 유튜브와 아프리카TV 가입료 기반 요금과 부가 혜택을 비교한
것이다.

[표 2-5] 2020년 기준 유튜브와 아프리카TV 가입료 기반 비교

구분	요금*	부가 혜택
유튜브 프리미엄	월 7,900원	유튜브 오리지널 콘텐츠 시청 가능
아프리카TV 퀵뷰	결제형태와 기간에 따라 2,500원~38,000원	시청 가능 인원과 상관없이 채널 입장 가능. 미리보기 등

출처: 미디어미래연구소(2019) *부가세 별도

　'유튜브 프리미엄'의 경우를 보면 유료 회원은 2020년 기준으로 1개월 무료 체험 후에 국내 7,900원, 미국 11.99달러, 일본 1,180엔이었다. 2022년 8월 기준, 국내 요금은 인상되어 PC와 안드로이드는 10,450원(부과세 포함), 아이폰은 14,000원(부가세 포함)이다. 아이폰이 비싼 이유는 결제 수수료를 이중으로 부과하기 때문이다. 이의 수익 배분은 시청 시간 기준으로 크리에이터에게 지급되는 구조라서 크리에이터는 플랫폼 배분 광고 수익보다 유료 회원을 통해 더 많은 수익을 얻는다. 구독한 이용자의 부가 혜택으로 유튜브 오리지널 콘텐츠 시청도 가능하다. 2020년 '방탄소년단: 번 더 스테이지', 슈퍼주니어와 동방신기의 '아날로그 트립' 등 신규 오리지널 콘텐츠가 오픈되었다.

　아프리카TV의 퀵뷰는 실시간 공식 방송 시청 시 놓친 장면이나 다시 보고 싶은 장면을 플레이 바를 통해 이용 가능하게 하며, VOD 광고를 보지 않고 바로 영상을 볼 수 있고 멀티 뷰 기능도 지원한다. 이는 메인 방송과 다른 방송을 동시 시청하는 기능으로 퀵뷰 사용 중 채팅 창에 Q 마크가 표시되어 관심을 끌 수 있게 하며 방송 목록 이미지를 길게 누르면 10초간 실시간 방송 미리보기를 지원한다.

크리에이터가 제작한 광고 수익은 광고 브랜드와의 제휴 광고에서 나오는 직접 수익이다. MCN이 중간에 있다면 MCN과 수익을 배분한다. 크게 둘로 나뉘어 간접광고(PPL) 수익과 크리에이터가 직접 제작한 광고 콘텐츠인 브랜디드 콘텐츠(Branded content) 수익이 있다. 광고주가 MCN이나 광고대행사를 거쳐 MCN에 의뢰하게 되는 경우, MCN이 크리에이터를 연결해 광고 제작 과정을 거친다. 이는 콘텐츠 내에서 특정 광고 상품을 배치해 상품을 노출시키거나 소품으로 사용하는 등 간접광고 형식이라 플랫폼과는 수익을 나누지 않기 때문에 크리에이터와 MCN에게 유리한 수익 모델이다. 통상 플랫폼이나 기존 미디어 광고 편성 및 운영 등은 MCN이 보유한 미디어랩을 통해 진행되곤 한다. 이때 광고 수익은 수수료율, 단가 기준 등에 따라 다양하며 MCN과 크리에이터는 2 : 8이나 5 : 5 비율로 나눠 갖는다.

먼저 PPL을 소개한다. 이는 전통 미디어의 PPL같이 크리에이터가 자신의 콘텐츠 내에서 브랜드 제품을 배치하거나 활용하는 형태로, 광고주가 독립 크리에이터나 MCN 소속 크리에이터에게 브랜드 제품을 협찬하게 된다. MCN 소속 크리에이터는 50~80% 수익을 배분받는다. PPL은 콘텐츠에 대한 형식, 소재, 표현과 언어 사용에 있어 전통 미디어 PPL에 비해 매우 자유롭다. 이는 인플루언서 마케팅 효과를 기대하는 광고 방식과 같은 맥락이다. 전달하고자 하는 메시지를 자연스럽게 전달하여 소비자 호감도와 바이럴 가능성이 높아 인플루언서로 시작하지 않은 크리에이터들의 수익 모델로 자리잡았다.

인플루언서와 크리에이터는 사실상 다른 개념이지만, 점차 그 차별점이 모호해지고 있다. 하지만, 다음 [표 2-6]에서 보듯이 크리에이터와 인플루언서는 개념상에 있어서는 차이점을 갖는다. 가장 크게 차별되는 것은 평가 기준이다. 크리에이터는 콘텐츠 제작에서, 인플루언서는 영향력과 파급력에서 평가를 받는다. 모든 크리에이터가 인플루언서는 아니며, 모든 인플루언서가 콘텐츠를 만드는 크리에이터가 아닌 것이다.

[표 2-6] 크리에이터와 인플루언서의 개념 비교

	크리에이터	인플루언서
정의	소셜네트워크서비스에서 콘텐츠를 창작하고 제작하는 사람	소셜네트워크서비스에서 일정 수준 이상의 독자(팔로워)를 보유해 사람들에게 영향을 미치는 SNS 유명인
핵심 (평가 기준)	콘텐츠 제작	영향력, 파급력
플랫폼	제작한 콘텐츠를 업로드하기에 적합한 곳(트위터, 트위치 등)	구독자들과 소통하기 적합한 곳 (페이스북, 인스타그램, 스냅챗 등)
	크리에이터와 구독자 간 계정 구분 있음	인플루언서와 구독자 간 계정 구분 없음
비교	일정 수준의 구독자가 있어야 인플루언서로 간주됨	인플루언서라 해도 모두 콘텐츠를 만드는 크리에이터로 볼 수 없음

출처: 한국언론진흥재단(2018)

국내 모바일 빅데이터 분석 기업인 아이지에이웍스가 2020년 9월에 일평균 4,000만 모바일 기기(안드로이드·iOS 통합 데이터 기준)에서 발생한 20억 건 데이터를 분석한 결과, 국내 총 인구(5,178만 명)의 83%가 유튜브를 시청했다고 한다. 이러한 상황에서 점점 더 크리에이터와 인플루언서를 구분하는 것이 의미 없어 보이기도 한다. 크리에이터 미디어의 등장 배경과 개념, 특성에 대해서는 1장에서 다루었다. 소셜네트워크서비스(SNS)에서 등장한 인플루언서는 타인에게 영향력을 끼치는 사람으로 콘텐츠를 제작하지만, '제작'보다는 '소비'나 '영향'에 더 중점을 둔다.

한편, 크리에이터라면 누구나 인플루언서가 될 수 있는 것은 아니다. 크리에이터와 인플루언서는 겹치는 영역을 분명히 갖지만, 한쪽에 종속되거나 100% 일치하지는 않는다는 말이다. 결국 크리에이터에 대해서는 '콘텐츠에 대한 평가', 인플루언서에 대해서는 '영향력 정도'를 그 기준으로 삼는 것이 바람직하며, 크리에이터는 자신의 콘텐츠를 업로드하기에 적합한 유튜브나 트위치 등을 선호하며, 인플루언서는 자신의 팬이나 구독자들과 소통하기에 적합한 페이스북, 인스타그램, 스냅챗 등을 선호한다.

여하튼 SNS가 활발해진 시점에 인플루언서는 자신의 경험과 일상생활, 구독자 간의 소통을 바탕으로 신뢰를 쌓고 사람들에게 영향을 끼치게 되었고, 이러한 영향력을 바탕으로 광고주인 기업들은 자신들의 상품을 광고하게 되면서, 이를 '인플루언서 마케팅'이라 부르게 된 것이다. 이의 장점은 연예인보다 친근감을 느끼며 공감을 잘 얻어낼 수 있다는 것이다. 연예인이 TV에서 광고하는 제품은 소비자들 입장에서는 광고라는 인식이 강하나, 이용자 자신이 호감을 느끼는 인플루언서가 SNS에서 제품을 사용하면서 추천하는 형식으로 광고를 하면 광고보다는 추천이라 여겨지기 때문에 더 많은 수의 소비자를 사로잡을 수 있게 된 것이다.

인플루언서는 타기팅하기도 유리한데, 크리에이터가 인플루언서로 발전하면 더욱 그렇다. 인플루언서가 된 뷰티 유튜버가 화장품을 광고한다면 그 구독자들은 이미 화장품에 관심이 있던 사람들이므로 인플루언서는 화장품 광고의 효과를 극대화할 수 있다. 그리고 인플루언서가 특정 해시태그를 이용해 제품을 홍보한다면 그 제품을 쓴 소비자들이 자신의 SNS에 동일한 해시태그를 달면서 소비자를 또 다른 마케터로 이용할 수 있다. 점차적으로 광고주들은 유튜버로 활동하는 크리에이터가 영상을 제작해 올린 채널의 매력과 기업이 제공하는 제품이나 서비스가 합쳐진 결과물을 만들어낼 수 있다는 점에 주목하게 된다. 연예인처럼 외모나 퍼포먼스로 인기를 얻지 않음에도 불구하고 특유의 친밀감을 형성해 자신들만의 콘텐츠를 좋아하고 공감해주는 팬들에게 큰 영향력을 행사하는 크리에이터가 자연히 인플루언서가 되는 것이다.

인플루언서와 크리에이터가 다른 출발점에서 시작했지만 모두 팔로워나 구독자 혹은 그들에 영향을 받는 많은 사람들이 있기에 활동을 이어 나갈 수 있다. 팔로워와 게시글, 댓글 등으로 직접 소통하며 서로의 일상을 공유하고 장기적 관계를 구축하는 과정에서 팔로워는 인플루언서에게 높은 친밀감과 신뢰감을 형성하며, 인플루언서도 팔로워와의 신뢰감을 잃지 않기 위해 무분별한 마케팅을 하지 않는다. 또한 인플루언서도 자신의 일상을 담은 유튜브를 후속으로 개설하여 팔로워들과 친밀한 소통을 이끌어낼 수 있다.

한편, 유튜브 채널을 가진 사람들을 크리에이터라고 부르지만, 이들도 팬덤을 가지게 되고 결국에는 구독자들이나 이용자들에게 영향력을 행사할 수 있는 인플루언서가 될 수 있다. 이러한 크리에이터들도 SNS 계정 하나쯤은 이미 가지고 있거나 후속으로 가지게 될 것이며, SNS에서만 활동하는 인플루언서보다 더 인플루언서의 면모를 갖출 수 있게 될 것이다. 또한 크리에이터는 콘텐츠 유형에 따라 인플루언서보다 더 전문성을 갖추고 있다고 평가되기 때문에 유튜브 콘텐츠뿐만 아니라 SNS를 통해서도 자신의 콘텐츠 유형과 부합하는 기업과의 콜라보를 진행하기에 더 유리할 수도 있다.

이제 영향력을 미칠 수 있는 단계까지 성장한 크리에이터를 인플루언서로 보고, 기업이 플랫폼을 활용해 마케팅하는 것을 이전에 사용하던 용어대로 크리에이터 기반의 '인플루언서 마케팅'이라고 부르자. 예로, 국내 화장품 기업인 아모레퍼시픽은 2018년 6월 자사 브랜드인 마몽드에서 신제품으로 출시된 쿠션을 홍보하기 위해 당시 36만 명이 넘는 유튜브 채널 구독자를 보유 중이었던 뷰티 크리에이터인 홀리(Holy)와 제휴했다. 홀리는 자신의 유튜브 채널에 신제품 소개 영상을 게재했고, 해당 영상은 2일 만에 조회 수 10만 건을 돌파했다. 아모레퍼시픽과 홀리의 협업은 곧 매출 효과로 이어졌으며, 홀리가 소개한 컨실러와 쿠션 세트는 사내의 소셜마켓 사례 중 최단 시간 내 완판 기록을 세웠다고 아모레퍼시픽은 발표하였다. '인플루언서 마케팅'인 것이다.

이상에서는 크리에이터가 인플루언서로 발전한다는 전제하에 크리에이터 제작의 PPL 내지는 '인플루언서 마케팅'에 대해 설명하였다. 다음에서는 이와는 구분되는 '브랜디드 콘텐츠'에 대해 살펴보자. 이는 브랜드와 크리에이터가 협업(Collaboration; 콜라보)하여 브랜드 제품을 활용해 홍보 영상을 함께 제작하여 만들어진 콘텐츠를 말한다. 이 또한 크리에이터의 제작을 통한 광고 영상이다.

브랜디드 콘텐츠는 소비자의 거부감이 낮고, 시청자 스스로의 공유를 일으키면서 각광받기 시작한다. 브랜드에게서 제작 지원을 받지만, 콘텐츠 제작에 있어서는 통상 크리에이터에게 자유로운 권한이 주어지며, 객관적 리뷰로 게이트키퍼 역할을 하기 때문에 시청자에게도 상당한 신뢰를 구축하게 된다. 크리에이터도 구독자와의 신뢰를 잃지 않기 위해 유용하고 객관적인 정보를 담으려 노력하는 모습도 나타난다. 이러한 브랜디드 콘텐츠는 기업이 자사 브랜드를 콘텐츠화한 것으로서 소비자도 이 콘텐츠를 광고가 아닌 제작된 콘텐츠로 인식하며, 보다 스토리 중심으로 재미를 추구하므로 일반 광고에 비해 시청자들의 거부감이 적다.

브랜디드 콘텐츠는 2018년 디지털마케팅연구회 조사 결과에서 가장 주목할 만한 광고로 선정되었다. 이유는 콘텐츠 안에 자연스럽게 브랜드 메시지를 담는다는 것이다. 코카콜라나 현대카드처럼 기업 홈페이지(홈피)를 웹진 형태로 만드는 경우가 보편화되었는데, 아티스트와 브랜드가 협업해 콘텐츠를 만드는 등 다양한 형태로 진화하게 된다. 13장에서도 실무적 사례들을 소개할 것이지만, 여기서는 이해를 돕기 위해 몇 가지 대표 사례들을 간단히 소개한다. 먼저 MCN인 메이크어스(Makeus)가 운영하는 유튜브 '딩고(Dingo)' 채널에서 하이트 브랜드와 협업해 제작한 '이슬라이브×참이슬' 시리즈는 평균 조회 수 8,500만 건 이상을 보이며 시청자의 호응을 얻었다.

'빙그레우스×빙그레' 협업의 경우, 마블 세계관 부럽지 않은 빙그레 세계관 '빙그레우스'가 빙그레 로고를 시작으로 바나나맛 우유 왕관, 메로나 의전 봉, 빵또아 바지 등 모두 빙그레 제품으로 구성됐으나 거부감을 주지 않는다. 달라스튜디오 제작 웹 예능으로 출연자가 프랜차이즈 기업 상대로 가격을 흥정하는 '네고왕'에서는 출연자가 소비자 불만 사항과 질문을 조사해 기업에 전달하고, 기업은 답변 과정을 통해 해당 제품 가격 결정 과정을 설명하며 스토리를 풀어낸다. 그 외에도 '콜롬비아나×장쁴쭈' 협업, 'AHC×트위티' 협업 등이 성공 사례로 회자되고 있다.

출처: DB투자증권(2019.11.26)

제3절 크리에이터 미디어의 상품 판매 수익

크리에이터 미디어의 상품 판매 수익은 미디어 커머스 수익이라고 불린다. 광의로 보는 미디어 커머스는 크리에이터 콘텐츠와 커머스를 연결한 새로운 비즈니스 모델로 특히 MCN의 새로운 비즈니스 및 수익 모델로 급부상하고 있다. 미디어 커머스는 크리에이터 미디어의 인기를 이용해 상품 소개와 설명 등이 추가되는 형태를 띠는데, 크리에이터 중심으로 공동 구매를 진행하는 형태로도 진행되고 있다. 미디어 커머스의 진입 장벽이 낮아서, 판매자의 의지만 있으면 시작이 용이하며, 누구나 참여 가능한 오픈 마켓이기 때문에 그 확장성이 크고, 콘텐츠 유형도 자유롭기 때문에 다양한 포맷으로 제작 가능하다. SNS 내에서 직접 결제까지 가능한 기능들이 생겨나면서 SNS상에서의 커머스를 소셜 커머스라 부른다.

미디어 커머스는 크리에이터 미디어와 방송 미디어 모두를 아우르는 다양한 콘텐츠를 통해 상품을 판매하는 서비스이다. 따라서 기업은 자체 브랜드 상품 혹은 타 브랜드 상품을 확보하고 관련 콘텐츠를 생산해 다양한 플랫폼에 확산시키면서 판매를 견인한다. 즉, 콘텐츠 유통과 실질 상품 유통을 동시에 병행하는 것이다. 다음 [표 2−7]에서 보듯이 미디어 커머스는 기존의 이커머스와는 다른 개념이다. 핵심 요소로 이커머스 경우에는 배송 및 가격 경쟁력인 데 비해 미디어 커머스에서는 콘텐츠 제작 및 편성 능력이다.

[표 2-7] 이커머스와 구분되는 미디어 커머스

	이커머스	미디어 커머스	
구성	커머스		
커머스 제품 형태	주로 NB	PB	NB
역할	상품 유통	콘텐츠 유통+ 자체 상품 유통	콘텐츠 유통+ 상품 유통
콘텐츠 형태	<u>하드 셀(hard sell)</u> : 제품의 기능이나 특징을 강조 : 사진과 텍스트 중심의 상세설명서, 튜토리얼 콘텐츠, 사용팁, 상품 기획전 등	<u>소프트 셀(soft sell)</u> : 제품이나 브랜드를 직접적으로 떠올리지 않고 간접적 혹은 감성적인 이미지로 소비자에게 소구하는 광고 전략 : 영상(라이브, VOD), 소셜미디어 등	
소비자 유형	구매 목적형	콘텐츠/커머스 발견형 소비자	
목적	제품 판매	콘텐츠로 고객을 유인 후 고객이 예상하지 못한 쇼핑 욕구를 자극해 제품 판매	
핵심 요소	배송/가격 경쟁력	1) 콘텐츠 제작 능력: 재미와 즉각적이고 정확한 정보 공유 필요 2) 콘텐츠 플랫폼 선정 및 편성 능력: 소비자 타기팅 능력 1),2)↑ ⇒ PB 판매량/경쟁력 있는 NB 입점↑ ⇒ 배송/가격/플랫폼 경쟁력	
전파력	느림	빠름	
광고 수익률 (ROAS)	낮음	높음	

NB(Natural Brand)는 제조업체 브랜드, PB(Private B.)는 유통업체 브랜드
출처: DB투자증권(2019.11.26)

미디어 커머스 플랫폼의 종류와 사례는 다음 [표 2-8]과 같다. 대분류로는 TV프로그램, SNS, 온라인, 오프라인으로 구분되며, 크리에이터 미디어 경우에는 SNS가 먼저 해당되나, 점차 전 영역에 걸쳐 활동하기 시작한다.

[표 2-8] 미디어 커머스 플랫폼 종류와 사례

대분류	중분류	연관 기업	사례
TV 프로그램	영화, 드라마, 예능, TV홈쇼핑 등	CJ오쇼핑, 신세계TV쇼핑, 현대홈쇼핑, 스튜디오드래곤 등	1) 코미디빅리그+CJ오쇼핑 '코빅마켓' : 코미디빅리그 코미디언들이 CJ오쇼핑 '코빅마켓' 홈쇼핑에 출연해 코빅에서 활용한 소재와 연관된 제품을 판매(PB) 2) 미스터 션샤인+CJ오쇼핑 PB '오덴세' : tvN의 '미스터 션샤인' 콘텐츠 스토리에 녹아든 CJ오쇼핑 단독상품 개발('오덴세' 식기류), '오덴세 미스터 션샤인 리미티드 에디션'도 출시(PB) 3) 현대홈쇼핑 '심야책방'+교보문고 : 현대홈쇼핑 채널에서 인문학 강사, 연예인 게스트를 초대해 '4차 산업혁명' 주제의 1시간 강의를 진행하며 관련 서적 판매(PB)
SNS 채널	유튜브, 인스타그램, 페이스북 등	블랭크, 메이크어스(딩고), APR Corporation (에이프릴스킨) 등	1) 유튜브+메이크어스 '딩고'+하이트진로 : 모바일 방송국 '메이크어스'의 딩고 TV '이슬라이브'에 '하이트진로' 참이슬 제품 노출(NB) 2) 페이스북+블랭크+블랙몬스터 : 페이스북상에서 '블랙몬스터'라는 이름의 다운펌 제품 콘텐츠 게재(PB) 3) 메이파이(중국)/페이스북+APR Corporation : 화장품 브랜드 에이프릴 스킨은 중국의 브이앱이라 불리는 메이파이에서 리뷰 영상 등 콘텐츠 운영하며 상품 판매(PB)

온라인 (앱/웹)	온라인몰, 모바일, 홈쇼핑, 웹드라마/ 예능 등	무신사, 29CM, 티온(TVON), 피키캐스트, 카카오(톡딜라이브), GS샵(페이스북 방송, K쇼핑(쇼핑극장 SHOW-K) 등	1) 자체 제작 콘텐츠＋온라인 편집숍 무신사/29CM : 상품 페이지/매거진 탭 등에 브랜드 특색에 맞춰 자체 제작한 콘텐츠를 선보이면서 콜라보 한 브랜드 홍보(NB) 2) 피키캐스트 모바일 홈쇼핑 콘텐츠 '라이브 커머스'＋기업 : 홈쇼핑에 상황극을 더한 제품 소개 및 홍보 를 통해 제품 판매(NB) 3) 크리에이터 콘텐츠＋모바일 뷰티 홈쇼핑 '우먼스톡' : 화장품, 패션 브랜드들을 확보, 자체 제작 내 지 크리에이터와 협업한 콘텐츠를 유통해 어플 리케이션으로 쇼핑 유도(NB)
오프라인 플랫폼	디지털 사이니지 등	글랜스TV 등	1) 글랜스TV 콘텐츠＋오프라인 디지털 사이니지 : 버스, 카페 등 디지털 사이니지를 확보해 브 랜드 노출(NB)

출처: DB투자증권(2019.11.26)

　　오프라인 플랫폼은 디지털 사이니지(Digital Signage)를 말하며, 국내 MCN인 글랜스TV가 대표적이다. 글랜스TV의 독자적 영상 브랜드인 '바디 뷰티'는 상품 판매와 연동된 미디어 커머스이다. 뷰티에 초점을 둔 우먼스톡의 소속 크리에이터는 동영상 콘텐츠를 통해 직접 상품을 추천하고 메이크업 노하우나 뷰티 팁 등을 소개하며 상품을 판매하는 미디어 커머스를 진행한다. 다다스튜디오는 '1분 홈쇼핑'이라는 미디어 커머스 채널을 운영해 페이스북 기반으로 10만 명 이상 팔로워를 확보하였고 1분 이내 콘텐츠로 제품을 소개하며 콘텐츠 안에서 제품을 구매할 수 있도록 하고 있다.

　　SNS 기반의 미디어 커머스 장점은 콘텐츠가 판매 촉진과 플랫폼 경쟁력 강화로 이어진다는 점, 일반인 후기 영상이 SNS 피드에 노출되면서 자연스러운 고객 유도가 가능하다는 점, 일반인들의 리뷰 영상이나 광고 영상을 활용해 소비자와의 친밀한 유대감을 형성할 수 있는 점 그리고 거부감이 적다는 점 등이다. SNS 피드 사이에 노출되거나 인플루언서를 활용한 광고가 많아 거부감 없이 제품을 광고할 수 있다. 블랭크코퍼레이션(블랭크)은 남성 화장품 브랜드 '블랙몬스터'로 시작해 '바디럽', '닥터원더', '공백0100' 등 자체 브랜드를 보유하기 시작한다. 일반인의 제품 체험 평가 등을 촬영한 동영상을 페이스북 등 SNS에 게재하는 데서 시작한 블랭크는 동영상을 보고 자연스럽게 구매 페이지로 넘어가면서 급속도로 성장하게 되었다. 일반인들의 사용 후기를 담은 동영상의 인기가 상품 구매로 이어지면서 대표 제품으로 '악어발 팩'과 '마약베개'는 블랭크의 대표 미디어 커머스 상품으로 자리잡았다.

다음 [표 2-9]는 2018~2019년 동안 미디어 커머스 업체들에 대한 투자 유치 현황이다. 블랭크는 2017년 첫 투자 유치에 성공했을 당시 기업 가치가 약 700억 원이었고, 무신사가 2천억 원 투자를 받으면서 기업 가치 2.2조 원을 달성한다. 어댑트(Adapt)도 2019년 11월, 120억 원 투자 유치에 성공했다. 2019년에는 레페리(Leperi), 아우어(Auur), 하우스오브리벨스(House of Rebels), 스팟라이틀리(Spotlight.ly) 등이 투자 유치에 성공하게 된다. 트레져헌터의 자회사인 레페리의 브랜드 제휴를 통한 미디어 커머스 대표 상품은 '슈레피 X AHC' 협업의 '고밤비'라는 인샤워 페이스 마스크이다. 레페리는 뷰티 크리에이터 겸 인플루언서 200여 명을 보유 중이라 이들을 기반으로 한 미디어 커머스 사업이 순조롭게 진행된다.

[표 2-9] 2018~19년 미디어 커머스 업체들의 투자 유치 현황

(단위: 억 원)

회사명	최근 펀딩 일자	최근 펀딩 규모	펀딩 주체	최근 투자단계	총 투자 유치+@	시장 가치	소계
무신사	19-11-12	2,000	세쿼이아 캐피탈		2,000	22,000	• 온라인 패션 플랫폼회사, 면세점 공유 오피스 • 해외배송 등 다양한 신규 사업 준비 중
어댑트	19-11-02	120	아주IB투자 롯데홈쇼핑 등 7곳	Series A	120		• 대표 상품: 95PROBLEM 시리즈, 랍센스 향수 • D2C 미디어커머스 전문 기업 • 유튜브 콘텐츠 광고 시도 합산 조회수 1억 상회
아샤그룹	19년 4월	50	메가인베스트먼트 기업은행 산업은행	Series B	70		• 대표 상품: 셀로몬, 네버 다이, 비오트릿 브랜드 시리즈 • 데이터 분석툴을 이용 시장 트렌드와 취향 분석 • 제품 기획, 상품 홍보, 판매까지 진행 중
블랭크	18년 4월	65	소프트뱅크 SBI인베스트먼트	Series B	315	6,000~10,000	• 대표 상품: 바디럽, 블랙 몬스터 시리즈 • 모바일, 소셜미디어 기반e 커머스 기업 • 자사 제품 '악어발팩', '마 약베개' 등의 콘텐츠 영상 을 업로드하여 광고한 후 온라인소핑몰, 올리브영 등에서 판매
랩도쿠	19년 현재 유치 중	30	세마트랜스 링크인베스트먼트	Series A	30		• 대표 상품: 덴티오, 삼육 오일 시리즈 • 제조, 콘텐츠, 테크 기반의 미디어 커머스 기업 • 소화기 브랜드 '세이프티 랩' 운영 중

스팟 라이틀리	19년 3월	72	산은캐피탈 송현인베스트먼트	Series A	90	• 대표 상품: 젤리 스튜디오, 진하당 시리즈 • 이너뷰티 전문기업 곤약젤리로 성공한 '벨리불리' 운영 중 • 뷰티브랜드 VVD, 라이프스타일 브랜드 워시테라피, 웨이크업 프로젝트 등의 브랜드 개발, 성장 중
하우스 오브리 벨스	19년 9월	22	KB증권 메이플투자 파트너스	Series A	22	• 대표 상품: 타티스트 타투 시리즈, 어반스케이프 젤네일 스티커 • 디지털 콘텐츠를 통해 문화예술 소개 • 주요 타깃층은 19~24세의 밀레니얼 세대
아우어	19년 10월	6	슈피겐코리아	pre-A	6	• 대표 상품: 샤워필터 네오 아쿠아 배럴, 솔트 버블 바 • 인도 온라인 시장 대상으로 Pb를 만들어 영상 제작 뒤 판매, 론칭 제품 중 4개 제품이 인도 아마존 1위 기록
레페리	19년 10월	100	신한금투 아주IB NH투자증권 등	Series B	140	• 대표 상품: 슈레피×AHC '고밤비' 인샤워 ㅍ이스 마스트 • MCN스타트업, 인플루언서 200명 보유 • 인플루언서 기반으로 뷰티 디지털 온라인 마케팅과 인플루언서 연계 미디어커머스 사업 진행 중 지난해 인플루언서와 개발하는 화장품 슈레피 런칭

출처: 언론보도 종합; DB투자증권(2019.11.26) 재인용

제4절 | 크리에이터 미디어의 IP 기획 수익

크리에이터 미디어의 지식재산권(IP) 기획 수익은 크리에이터와 관련되는 IP 기반의 새로운 비즈니스 모델이자 수익 모델이다. IP를 활용한 비즈니스는 크리에이터에게 매우 매력적인 분야인데, 그 이유는 플랫폼 광고 수익과 브랜디드 콘텐츠 수익과는 별도로 크리에이터의 IP를 활용한 자체 비즈니스가 가능하기 때문이다. IP 기획 수익은 주로 크리에이터의 IP를 활용하여 MCN과 크리에이터가 협력해 직접 커머스 시장에 진입해서 얻는다. 예컨대 굿즈(Goods)를 출시하여 판매하거나, 크리에이터의 이름을 딴 브랜드를 출시하는 방식 등이 있다.

한 예로 주요 MCN인 샌드박스네트워크는 소속 크리에이터인 장삐쭈의 캐릭터를 활용해 이모티콘을 출시하여 주간 다운로드 순위 1위를 달성한 바 있다. 장삐쭈(본명은 장진수)는 2019년 기준으로 약 140만 유튜브 구독자를 가진 '병맛 더빙'계의 거성이다. 장삐쭈의 급식생 세계관은 이미 성공한 브랜디드 콘텐츠이다. 급식생 카카오톡 이모티콘은 출시와 동시에 주간 다운로드 순위 1위를 기록하였고, 스테디셀러로 인정받고 있는 우수 IP 중의 하나이다. 2019년 두 번째 카카오톡 이모티콘으로 출시된 장삐쭈의 '시크한 진수'는 장삐쭈 콘텐츠에 등장하는 '진수' 캐릭터를 활용해 자신의 기분이나 생각을 재치 있고 효과적으로 전달할 수 있어 직장인, 대학생들에게 인기를 끌기 시작하였다.

트위치 크리에이터, 우왁굳은 2030의 엄청난 지지를 받는 대형 스트리머인데, 얼굴을 공개하지 않지만 그의 캐릭터와 말투는 이미 유명한 '밈(Meme)'으로 자리잡았다. 밈에 대해서는 뒤의 크리에이터 실무에서 자세히 설명하고자 한다. 우왁굳의 IP를 활용해 패션 브랜드인 휠라와 함께 우왁군 스니커즈 등 굿즈가 출시되어 품절 대란을 일으킨 바 있다. 아프리카TV의 감스트도 그의 IP를 활용한 폰케이스를 출시해 빠르게 품절되었고, 중고시장에서 '리셀 프리미엄'이 붙어 거래되기도 했다.

　　2014년 10월 유튜브 채널인 '캐리와 장남감 친구들'을 시작해 어린이 방송국 '캐리TV'로 확장한 키즈 전문 MCN인 캐리소프트도 콘텐츠 IP를 활용해 완구, 출판, 공연과 키즈카페 사업까지 영역을 확대하였다. 공연과 커머스, 키즈카페의 매출이 IP 사업 매출 중에서 큰 비중을 차지한다. 2017년부터 콘텐츠 IP 매출이 전체 매출의 77%를 차지하였으며, 2020년에는 콘텐츠 40%, 콘텐츠 IP가 약 60%를 차지했다. 또한 중국, 베트남, 미국 등 글로벌 진출에 성공해 콘텐츠 트래픽의 90%를 해외시장에서 발생시키고 있는 캐리소프트의 IP 사업은 다양한 사업 기회로 넓혀 갈 수 있어 그 확장성이 높기 때문에 핵심 사업 부문으로 자리잡고 있다.

참고문헌

대한무역진흥공사(KOTRA)(2016). 소셜 인플루언서를 활용한 미국 시장 진출 전략.

디비(DB)금융투자(2019.11.26). 디지털 광고.

매경프리미엄(2022. 9.23). "광고 수익 절반 내주겠다"…유튜브의 필살기, 과연 성공할까 [홍키자의 빅테크], https://www.mk.co.kr/premium/special-report/view/2022/09/32483/.

메리츠종금증권(2018.9.3). Video is eating the Internet.

미디어미래연구소(2019). 미디어 생태계 변화에 따른 크리에이터 미디어 산업 실태조사 체계화 연구.

배기형(2016. 4), MCN, 커뮤니케이션북스.

신영증권(2021.12.13). 인터넷 산업.

이베스트투자증권(2018. 8.13). 인플루언서 커머스가 온다.

이승렬 · 이용관 · 이상규 (2017). 미래의 직업 프리랜서(I) : 크리에이터 미디어 콘텐츠 크리에이터, 한국노동연구원.

정승혜(2018). 뉴미디어 광고의 다양한 형태, 방송 트렌드 & 인사이트, 4호, 한국콘텐츠진흥원 Vol.17.

조선일보(2021.1.25). 대기업 신입보다 많다고요? 실제론 이 정도 법니다, https://jobsn.chosun.com/site/data/html_dir/2021/01/25/2021012501683.html.

지디넷코리아(2021.7.21). 유튜브, 크리에이터 후원 기능 '슈퍼 땡쓰' 공개.

최세정 외(2018). 브랜디드콘텐츠의 현황과 전망, 방송 트렌드 & 인사이트(Broadcasting Trend & Insight), 한국콘텐츠진흥원, 4호 Vol.17.

키움증권(2019. 5.8). 겟잇뷰티콘 행사 참여 후기, 스팟뉴스.

한국방송통신전파진흥원(2019.10). 소셜 인플루언서 마케팅의 부상, 트렌드 리포트.

한국광고공사(2017.12). MCN 브랜디드 콘텐츠의 광고효과 분석.

한국언론진흥재단(2018). 크리에이터 전성시채, 진단과 전망.

PART

2

크리에이터 미디어의
ICT 활용

Chapter **3**

크리에이터 미디어
인공지능(AI)과 메타버스

제1절 크리에이터 미디어 제작의 AI 활용

　　액센추어(Accenture)가 2016년 제시한 인공지능(Artificial Intelligence; AI)의 업무 가치화 모델에 미디어산업 가치사슬을 대입시키면 다음 [그림 3-1]과 같이 미디어 기획 및 마케팅, 창작 및 제작, 생성 및 편집, 그리고 유통 및 소비가 매핑될 수 있다. 데이터의 복잡성과 업무 처리의 복잡성을 각 축으로 하여 액센추어가 제시한 효율 모델(Efficiency model)은 데이터를 구조화할 수 있고 예측 가능한 업무로, 효과 모델(Effectiveness model)은 데이터를 구조화하기 힘들고 양도 많으며 예측 가능한 업무로, 전문가 모델(Expert model)은 데이터를 구조화하기 쉽지만 예측 불가능하고 직관적인 업무로, 혁신 모델(Innovation model)은 데이터를 구조화하기도 힘들고 예측 불가능하며 직관적인 업무로 설명된다.

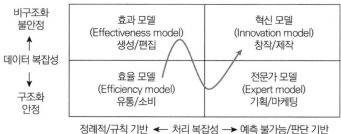

[그림 3-1] AI 활용 미디어 업무 분석 프레임워크

비구조화
불안정

데이터 복잡성

구조화
안정

효과 모델
(Effectiveness model)
생성/편집

혁신 모델
(Innovation model)
창작/제작

효율 모델
(Efficiency model)
유통/소비

전문가 모델
(Expert model)
기획/마케팅

정례적/규칙 기반 ◀— 처리 복잡성 —▶ 예측 불가능/판단 기반

출처: Accenture(2016), 송민정(2019, 2021)

크리에이터 미디어 제작의 AI 활용은 효과 모델에서 발견된다. 효과 모델에서 생성은 변환과 합성으로 세분화된다. 먼저 변환으로는 사진 및 비디오 자동 태깅(Tagging)이 있다. 구글 번역에 적용된 인공 신경망 기계 번역에 딥러닝(Deep learning)이 적용되어 문장을 통째로 번역한다. 즉, 사람은 번역을 위한 구조만 짜고 AI가 좋은 번역을 할 수 있는 방법을 찾아주는 것이다. 실제 영상물에는 인간 감성이 담겨 있기 때문에 상황에 맞는 단어와 문장으로 풀어내야 한다. 따라서 AI가 영상물의 감성까지 이해하는 알고리즘이 완벽히 개발되기 전까지는 사람의 역할이 필요하다. 유튜브는 2012년부터 음성을 문자로 변환한 후 자동 번역하여 자막을 제공 중이다. 유튜버들이 이 기능을 잘 활용하고 있다.

합성은 딥페이크(Deepfake)라 부르는데, 진위 여부를 구별하기 어려운 가짜 이미지나 영상물을 말한다. 2017년, 미국 온라인커뮤니티인 레딧(Reddit)의 한 회원이 기존 영상에 유명인 얼굴을 입혀 가짜 콘텐츠를 게재한 데서 시작된 이후 SNS 중심으로 점차 확산되었다. 딥페이크 콘텐츠는 딥페이스랩(DeepFaceLab), 페이스스왑(Faceswap) 등 오픈

소스의 영상 합성 제작 프로그램이 배포되면서 성행하고 있는데, 가짜 뉴스, 유명인 얼굴을 무단 도용한 성인물 제작, 음성, 문서의 위조 등 위험성이 상존한다.

효과 모델에서 편집의 예로는 아마존의 AWS(Amazon Web Services) 기반에서 개발된 '레코그니션(Rekognition)'이 대표적이다. 이는 레코그니션 API(Application Programming Interface)를 통해 이미지 또는 비디오에서 오브젝트, 사람, 텍스트, 장면 및 활동을 식별하는 서비스이다. 이를 활용하면 사용자 확인, 인원 계산 및 공공 안전 등 다양한 상황에서 얼굴을 탐지 및 분석하고 비교하는 것이 가능하다.

기획 및 마케팅에서는 전문가 모델인 특히 기획 단계에서 트렌드 예측이 더욱 중요해진다. 예를 들어, 대중의 관심이 정치에서 경제로 옮겨가는 것을 예측해 경제 관련 콘텐츠를 더 제작하거나, 반려동물 시장이 커지는 것을 보고 반려동물 콘텐츠를 기획할 수 있다. 국내 MCN인 샌드박스네트워크는 트렌드 예측을 위해 국내 유튜브 데이터를 2019년부터 수집하고 분석한다. 지금 떠오르는 채널은 무엇인지, 대표 콘텐츠는 무엇인지, 댓글의 주요 반응은 무엇인지, 카테고리 내 어떤 키워드가 부각되고 있는지 등의 인사이트를 실시간 추출할 수 있다.

글이나, 이미지, 영상으로 표현되는 수많은 콘텐츠 중 대중의 반응을 얻어낸 콘텐츠는 추천 알고리즘에 의해 더 많은 대중에게 전파될 것이고, 이 과정에서 콘텐츠가 재창작될 수도 있다. 하지만 크리에이터의 창작 및 제작에 AI를 활용하는 것은 아직 낯설다. 본인의 감각에 의지해 콘텐츠를 창작하는 데 익숙하므로 자신이 모르는 니즈가 있다는 사실을 인정하는 것이 쉽지 않을 것이기 때문이다.

　　앞서 언급한 [그림 3-1]의 효율 모델이 크리에이터 미디어 유통 및 소비 단계에 해당된다. 유통 영역에서는 사람이 일일이 구분하기 어려운 방대한 양의 콘텐츠를 판별해내고 분류해 유해 콘텐츠를 걸러내기도 하고, 이용자들에게 최적화된 콘텐츠를 추천하는 데 활용된다. 유통 영역에서 AI는 메타데이터를 생성 및 관리해 원활한 유통 품질을 제공하며, 콘텐츠 불법 유통을 방지한다. AI는 원본 영상에 자막 삽입, 인위적 렌더링 등 변형 여부를 조사해 불법 콘텐츠를 판별한다. 대량 업로드로 광고주, 브랜드 및 크리에이터들은 그들의 콘텐츠나 브랜드가 오용 위험에 노출되어 있고 해적판 콘텐츠와 함께 광고도 위험에 처했다고 여긴다. 이러한 위험을 인식한 유튜브는 콘텐츠ID(ContentID)를 개발해 광고 수익을 배분하는 합법적이고 투명한 유통 구조를 만들었다. 이에 대해서는 뒤의 크리에이터 실무에서 한 번 더 언급하겠다.

　　유통 플랫폼의 대표적 AI 활용 분야는 이용 행태와 개인정보를 분석해 콘텐츠를 선정하고 제시할 위치와 순서를 추천하는 것이다. 디지털의 최대 장점은 모든 기록을 데이터화할 수 있다는 점이며, 크리에이터 미디어 이용자들의 시청 데이터를 기반으로 시청률 측정이 가능하다. 전통 방송 시청률의 경우에는 일부 가구들을 표본으로 하여 전체를 예측하는 방식이라 오차나 왜곡이 발생하지만, 유튜브 같은 디지털 플랫폼에서는 해당 콘텐츠를 시청한 모든 사람의 시청 데이터를 기반으로 시청률이 만들어질 수 있다.

　　유튜브, 페이스북 등은 크리에이터 미디어들이 업로드한 모든 콘텐츠에 대해 초당 시청률을 무상 제공하고 있다. 1억 조회 수가 나온 영상이라면, 내 콘텐츠를 시청한 1억 명의 데이터를 초 단위로 제공해

준다는 뜻이다. 유튜브의 경우를 예로 보면, 시청률이 하락한 구간을 클릭하면 해당 부분의 영상 화면을 바로 보여준다. 크리에이터의 입장에서는 매우 살벌한 성적표처럼 느껴질 수도 있겠지만, 반대로 시청자가 자신의 콘텐츠에서 무엇을 좋아하고 싫어하는지 가장 빠르고 정확하게 파악할 수 있는 수단이 되기도 한다.

디지털 플랫폼에서는 시청자들의 피드백이 실시간으로 쏟아진다. 방송국의 시청자 게시판이 프로그램 전체에 대한 피드백을 받았다면, 유튜브의 댓글은 콘텐츠 단위로 쌓이게 된다. 크리에이터 입장에서는 매 콘텐츠마다 시청자들의 신랄한 피드백을 마주하게 되는 셈이다. 시청자의 댓글은 크리에이터뿐 아니라 모든 시청자가 볼 수 있어, 댓글에 다시 댓글이 달리기도 하고 댓글이 또 하나의 콘텐츠가 되기도 한다.

이러한 시청자 데이터를 기반으로 운영되는 유튜브의 추천 알고리즘은 시청자 개인의 시청 시간, 시청 이탈률, 재방문 비율, 댓글 등의 데이터뿐 아니라 유사 시청자들의 성향, 관심사를 바탕으로 취향에 맞는 콘텐츠를 끊임없이 추천한다. 콘텐츠가 많을수록, 시청자가 많을수록 추천 알고리즘은 더욱 정교해진다. 6~7년 전만 해도 유튜브에서 잘나가는 카테고리는 키즈, 게임, 뷰티 등이 다였고, 그 외 카테고리에는 크리에이터도 시청자도 많지 않았다.

하지만 대략 2017년부터 유튜브 크리에이터인 유튜버가 직업으로 인정되기 시작하면서 콘텐츠가 기하급수적으로 늘어나게 된다. 키즈, 게임, 뷰티 외에 먹방, ASMR(Autonomous Sensory Meridian Response), 뷰티, 패션, 자기 계발, IT, 브이로그(Vlog), 인테리어 등 수십 개 카테고리가 활성화되기 시작했다. 이렇게 풍성해지자 학습할 수 있는 데이터도 덩달아 많아졌고, 이는 추천 알고리즘 고도화로 이어졌다. 예전에는 콘텐츠의 노출 수가 구독자 수와 비례하는 경우가 많았지만, 이제 구독자가 아무리 많아도 시청자가 콘텐츠에 반응하지 않으면 노출이 되지 않는다.

국내 대표 MCN인 샌드박스네트워크는 카테고리별 현황을 보기 위해 유튜브 콘텐츠를 분류하는데, 2021년 43개 대분류를 사용하고 있는 것으로 공개되었다. 이는 전년 대비 10개 이상 늘어난 것인데 콘텐츠가 다양해지고 있음을 보여준다. 대분류 아래의 중분류부터는 합의점을 찾기 힘들 정도로 세분화된다. '먹방' 대분류를 세분화하면 푸드 파이터(Food fighter), 스트리트 푸드(Street food), 이팅 사운드(Eating sound), ASMR형, 토크형 먹방, 음주 먹방 등으로 쪼개진다.

유튜브 콘텐츠의 세분화로 샌드박스네트워크는 예상치 못한 트렌드를 목격한다. 다음 [그림 3-2]에서 보듯이, 2021년 기준으로 구독자 585만 명 채널을 가졌으며 2015년 11월부터 활동한 유명 크리에이터임에도 불구하고 콘텐츠의 변화가 없어 2021년 3월 기준 조회 수가 월 500만도 나오지 않는다. 한편, 구독자 32만 명을 보유한 채널은 2019년부터 유튜브를 시작하였으나, 2020년 7월부터 조회 수가 증가하기 시작하더니 2021년 3월 기준 월 3,700만 조회 수를 기록 중이다.

이는 취향 단위 트렌드가 급속히 바뀌면서 구독자 규모가 작더라도 대중의 공감대를 자극하는 크리에이터가 더 많은 조회 수와 수익을 가져가는 것을 보여주는 대표적인 사례이다. 이런 데이터 분석 결과로 인해, 매크로(Macro) 인플루언서보다는 마이크로(Micro) 인플루언서의 영향력이 더 커지고 있다. 아무리 팬덤이 강하고 구독자 규모가 많더라도 공감대를 잃으면 인기가 금방 식는데, 이의 핵심 배경이 유튜브가 제공하는 추천 알고리즘 때문이다. 유튜브 트래픽의 80% 이상이 추천에서 발생하는데, 이는 자발적 검색이나 크리에이터 채널에 스스로 찾아와 보는 비중이 20%도 안 됨을 뜻한다. 구독자가 아무리 많고 중

요한 키워드를 잘 사용한다 해도 유튜브에서 추천되지 않으면 조회 수
가 나오지 않는다. 유튜브 추천은 채널 단위가 아닌 영상 단위로 이루
어지기 때문에 채널 규모가 크고 오래되었다 할지라도 추천이 보장되
지 않는다.

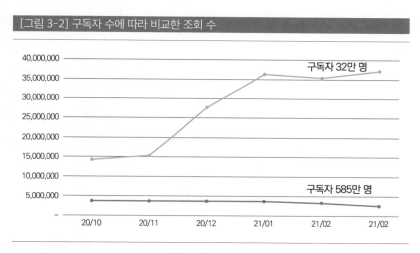

[그림 3-2] 구독자 수에 따라 비교한 조회 수

출처: 샌드박스네트워크 Data Lab, 전파진흥협회(RAPA 2021)

제3절 크리에이터 미디어 제작의 메타버스 활용

메타버스(Metaverse)는 사물과 사물이 인터넷으로 연결되는 IoT
비즈니스 모델의 하나이며, 초월을 뜻하는 그리스어 메타(Meta)와 우주
를 뜻하는 유니버스(Universe)의 합성어로 현실과 가상 간 경계가 없는
세계를 말한다. 닐 스티븐슨(Neal Stephenson)의 1992년작 공상과학
(Science Fiction; SF) 소설인 《스노우 크래시(Snow Crash)》에서 메타버
스가 가상현실(Virtual Reality; VR) 고글을 쓰고 몰입하여 경험하는 가상

공간으로 사용되었고 3차원이 구현된 상상 공간을 의미하는 용어로 회자되기 시작한다.

메타버스의 주요 특성은 실시간성과 지속성, 개별적 존재감과 동시적 참여, 디지털과 현실 경험 공유, 정보와 자산 호환 등이다. 아바타(Avatar)가 된 개인이 소통하고 돈을 벌고 소비하는 등 놀이와 업무를 하는 것을 넘어, 현실과 가상 세계를 양방향으로 연동하는 개념으로 확장한다.

메타버스를 활용한 제작은 앞서 언급한 AI 인프라를 전제로 해야 한다. 따라서 AI 활용 미디어의 효과 모델이 제작의 메타버스 활용에서도 그대로 적용된다. 다음 [그림 3-3]을 보면 번역과 성우는 제작의 AI 활용에서도 언급되었는데, 제작의 메타버스 활용에서도 적용되며, 아바타와 디지털 휴먼(Digital human) 제작에도 활용된다. AI는 데이터 분석을 전제로, 메타버스는 이러한 AI를 전제로 한다.

[그림 3-3] AI 활동 모델 기반 미디어 산업 가치사슬

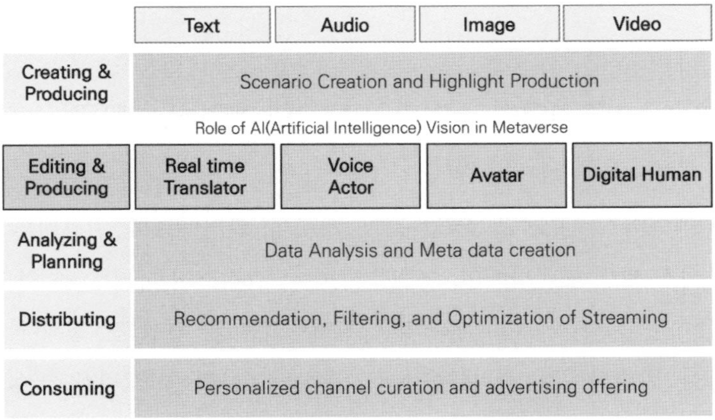

	Text	Audio	Image	Video
Creating & Producing	Scenario Creation and Highlight Production			
	Role of AI(Artificial Intelligence) Vision in Metaverse			
Editing & Producing	Real time Translator	Voice Actor	Avatar	Digital Human
Analyzing & Planning	Data Analysis and Meta data creation			
Distributing	Recommendation, Filtering, and Optimization of Streaming			
Consuming	Personalized channel curation and advertising offering			

출처: Song(2022)

AI 활용에서 언급한 번역은 메타버스에서는 실시간 통번역으로 이어진다. 메타버스 플랫폼으로의 진화를 꿈꾸고 페이스북에서 메타플랫폼(Meta platform; 이후 메타)으로 개명한 메타의 CEO, 마크 엘리어트 저커버그(Mark Elliot Zuckerberg)는 2022년 초에 AI 기반 유니버설 스피치 트랜슬레이터(Universal speech translator) 도입 계획을 알렸다. 이는 어떤 언어로든 누구와도 소통할 수 있는 범용 음성 번역기이다. 저커버그는 자사 주최의 온라인 행사인 '인사이드 더 랩(Inside the Lab.)'에서 직접 가상환경에서 자신의 아바타와 함께 등장해서 목소리로만 메타버스를 구축할 수 있는 도구를 선보이면서 "메타버스가 가져올 많은 발전을 잠금 해제할 열쇠가 AI"라고 언급하였다. 메타가 선보인 AI는 사람들이 가상환경에서 세상을 묘사하고 생성할 수 있는 생성적(Generative) AI 모델인 '빌더봇(Builder bot)'이다.

다음 [그림 3-4]는 빌더봇을 활용한 메타의 메타버스 시연을 보여주고 있다. 가상공간은 땅과 하늘의 안내선 외에는 완전히 비어 있다가 메타의 CEO인 저커버그가 상반신만 보이는 아바타 형태로 동료 아바타와 함께 나타난다. 이어서 저커버그 아바타가 빌더봇을 부르고 "해변으로 가자"고 말하자, 바다와 모래가 나타나고, 동료 아바타가

[그림 3-4] 빌더봇 활용 메타버스 시연 장면

출처: https://youtu.be/62RJv514ijQ

"여기에는 피크닉 테이블과 음료를 놓고 파도 소리가 들리면 더 그럴 듯하겠다"고 덧붙이자 적막했던 주변 환경에 물건들과 파도 소리가 더해졌다.

저커버그가 소개한 '카이라오케(CAIRaoke)'는 개인적이고 상황에 맞는 대화가 가능한 온디바이스 비서를 구축하기 위한 종단간 신경 모델인데, 눈앞에 타인이나 세계가 실재하는 것처럼 사람들이 인식할 수 있도록 '1인칭 시점 인식' 기능을 강화하고, 사람이 미리 분류한 레이블(Label)을 포함하지 않은 데이터를 이용해 스스로 패턴과 맥락을 파악하는 '자기 지도 학습(Self−supervised learning)' 기법을 이용한 생성형 AI(Generative AI) 모델이다. AI에게 특정 개념을 학습시키는 게 아니라 데이터 원본만을 제공하고 나머지 부분을 예측하도록 유도해 그 과정에서 AI도 추상적인 표현을 배울 수 있도록 한 것이다. 빌더봇은 카이라오케 프로젝트의 일부이다. 카이라오케를 통해 메타버스에서 이용자가 음성으로 AI와 더 매끄럽게 소통할 수 있게 되면, 메타는 카이라오케를 화상회의 기기에 도입하고, 이어 증강현실(Augmented Reality; AR), VR 기기에도 통합할 계획을 밝혔다.

다음은 성우이다. 제작의 AI 활용에서와 마찬가지로 성우인 보이스 액터(Voice actor)를 실제 크리에이터가 활용할 수 있다. 아바타 경우처럼 메타버스에서 보이스 액터가 활용된다. 한 예로 미국의 비영리 AI 연구소인 웰사이드랩스(Wellsaid labs)는 8명의 디지털 성우를 만들었다. 각각에 이름을 부여하였는데, 토빈(Tobin)은 에너지가 넘치고 통찰력이 있는, 페이지(Page)는 표현력 있는, 아바(Ava)는 세련되고 자신감 넘치고 전문가적 목소리로 학습시켰다.

[그림 3-5] 웰사이드랩스의 인간 목소리로 AI 아바타 생성

출처: 웰사이드랩스(Wellsaid labs)

　다음으로 아바타는 크리에이터 미디어의 메타버스 활용 시발점이 된다. 아바타의 정확성이 메타버스 경험의 질을 좌우하기 때문에 AI 인프라는 여기서도 매우 중요하다. AI 엔진은 현실과 흡사하게 첨단 기술로 무장한 렌더링(Rendering) 구현을 위해 2D 사용자 이미지나 3D 스캔 이미지를 분석하여 다양한 얼굴 모습이나 감정 표현, 머리 모양, 나이에 맞는 특성을 만들어 아바타를 더욱 역동적으로 만드는 데 도움을 준다. 아바타 구현에 AI를 활용하는 대표적인 글로벌 기술 기업으로 레디플레이어미(Ready Player Me)가 있다.

　국내의 아바타 플랫폼 기업으로는 네이버의 자회사인 스노우 (Snow)가 2D 아바타를 제공하기 시작해, 현재의 제페토(Zepeto)에 이르러 3D 공간 웹 기반의 유통 플랫폼으로 진화하고 있으며, 제작 툴을 제공한다. 메타버스 수요를 촉발시킨 것은 코비드19 팬데믹이다. 현실 생활의 다양한 활동들이 이루어지는 3D 가상공간에 대한 수요가 폭발하면서 온라인 게임기반이나 소셜 기반 아바타 플랫폼이 생겨나면서 SNS 플랫폼의 대체재로 부상한다.

　아바타는 특히 실감 기술(Extended reality; XR) 발달에 따라 진화를 거듭하게 된다. 다음 [그림 3-6]에서 제시되듯이 로블록스(Roblox)

가 제공하는 카툰(Cartoon) 아바타와 제페토가 제공하는 준사실적 (Semi-realistic) 아바타가 주로 활용되고 있는데, 궁극적 지향점은 사실적(Realistic) 아바타의 구현이다. 이는 실물에 가까운 외관을 AI를 통해 실시간 렌더링하고 표정과 입 모양을 자동 생성하는데, 국내 첫 사실적 아바타는 2019년에 특수 시각효과(Visual Effects; VFX) 제공 기업인 자이언트스텝(Giantstep)이 개발해서 보여준 빈센트(Vincent)이다.

[그림 3-6] 카툰 아바타, 준현실적 아바타, 현실적 아바타 사례

출처: 각 사 제공, 삼성증권(2022.2.4) 재인용

플랫폼 기업들이 제작을 용이하게 하는 소프트웨어 개발 킷 (Software Development Kit; SDK)을 제공하기 시작하면서 크리에이터의 아바타 활용이 더욱 용이해진다. SDK는 해당 플랫폼에 맞춰 애플리케이션(Application)을 쉽게 개발하도록 제공되는 개발 도구인데, 다음 [그림 3-7]에서 보면 SDK로 아바타 SDK와 레디플레이어미 SDK가 대표적이다.

[그림 3-7] 아바타 SDK와 레디플레이어미 SDK

출처: 삼성증권(2022.2.4)

　한편, 디지털 휴먼은 컴퓨터 그래픽을 통해 구현된 가상 인간인데, 신체 구조와 동영상 움직임을 데이터화 시켜 분석하고 가상공간에서 실제 사람과 같이 외형과 움직임을 재현하는 디지털 기술이다. 이의 첫 등장은 1996년 일본 '쿄코'이며, 국내에서도 1998년 사이버 가수 '아담'이 등장했다. 이들은 주목만 받고 사라지는 듯했지만 코비드19 팬데믹을 거치면서 다시 주목받기 시작한다.

　다음 [그림 3-8]에서 보듯이 에픽게임즈(Epic games)가 보유한 언리얼(Unreal) 엔진 기반의 '메타휴먼 크리에이터(Meta-human creator)'가 제작 애플리케이션으로 상용화된다. 디지털 휴먼 제작을 위해 필요한 기술은 모델링, 실시간 렌더링, AI이다. 모델링은 실제 인물의 외형을 본떠 3D 인체 모델을 만드는 것이고, 실시간 렌더링은 모델링을 통해 제작된 디지털 휴먼을 영상 등으로 구현하는 기술인데, 주로 게임 엔진이 사용된다. AI는 목적과 상황에 맞는 디지털 휴먼의 자연스러운 상호작용과 3D 모델을 변형하는 데 사용된다. 질문 처리 및 주어진 상황에 대한 자연스러운 반응과 행동을 위해 데이터 처리와 마이닝, 딥러닝, 자연어 처리 등의 AI 기술이 활용된다.

[그림 3-8] 디지털휴먼 제작 소프트웨어 '메타 휴먼 크리에이터'

출처: 삼성증권(2022.2.4)

크리에이터 미디어에서는 디지털 휴먼이 가상 인플루언서(Virtual influencer)로 활용된다. 이들은 인스타그램, 유튜브 등의 플랫폼에서 활동하는데, 가상 인물이지만 친구들과 어울리고 여행지를 방문하는 친근한 모습의 사진이나 영상을 SNS에 공유하고 댓글 등을 통해 실제 존재하는 사람 같은 느낌을 전달한다. 대표 사례로 미국의 릴 미켈라(Lil Miquela)는 2022년 9월 기준으로 인스타그램 팔로워 수 300만 명을 넘으며 가수, 모델 등으로 활동하고 있다. 릴 미켈라의 뮤직비디오인 '스피크 업(Speak Up)'은 유튜브 조회 수 700만 회에 이른다. 국내에서는 로지(Rozy)가 12만 명 팔로워 보유로 대표성을 띠며 광고 출연을 시작으로 가수 데뷔, 드라마 출연 등 다양한 방송 활동을 하고 있다.

제4절 크리에이터 미디어 유통의 메타버스 활용

2007년 미국의 가속연구재단(Acceleration Studies Foundation; ASF)은 메타버스 플랫폼을 유형화했고, 이를 현실 세계의 대안이나 반대로 보는 이분법적 사고에서 벗어나, 현실 세계와 가상 세계의 교차점

(Junction)이나 결합(Nexus), 융합(Convergence)으로 이해할 것을 제안한 바 있다. 이를 정리한 [표 3-1]은 다음과 같다.

[표 3-1] 2007년 ASF가 유형화한 메타버스 설명

구분	증강 현실 (Augmented Reality)	라이프 로깅 (Life Logging)	거울 세계 (Mirror World)	가상 세계 (Virtual World)
정의	현실공간에 가상의 물체(2D, 3D)를 겹쳐 상호작용하는 환경	사물과 사람에 대한 경험·정보를 저장, 가공, 공유, 생산, 거래하는 기술	실제 세계를 그대로 반영하되, 정보적으로 확장된 가상 세계	디지털 데이터로 구축한 가상 세계
특징	위치기반 기술과 N/W를 활용해 스마트 환경 구축	센서·카메라·SW 기술을 활용해서 사물과 사람의 정보 기록·가공·재생산·공유	3차원 가상지도, 위치식별, 모델링, 라이프로깅 기술 활용	이용자의 자아가 투영된 아바타 간의 상호작용
활용 분야	AR 글래스, 차량용 HUD, AR 원격협업	웨어러블 디바이스, 지능형 CCTV	지도기반 서비스	온라인 멀티플레이어 게임, 소셜 가상 세계
사례	애플워치	AI 비주얼 어시스턴트	구글어스, 에어비앤비	리니지, 제페토, 로블록스

출처: 송민정(2022)

다음 [그림 3-9]에서 보듯이 유통 채널로서의 메타버스 플랫폼은 샌드박스 게임 기반, SNS 기반 그리고 블록체인 기반으로 구분된다. 블록체인 기반에 대해서는 3장에서 다루기로 한다. 크리에이터 미디어들이 게임, 아이템 등 주요 콘텐츠를 제작하여 메타버스 플랫폼에 올리면 크리에이터들에게 금전적 보상이 제공되기도 한다.

[그림 3-9] 메타버스 플랫폼의 3대 유형

출처: 교보증권(2021.6.23), 송민정(2022) 재인용

　　샌드박스 게임 기반부터 보자. 오픈 월드(Open World)는 자유도가 높고 제약이 적은 게임으로, 다양한 지역에 제한 없이 이동할 수 있는 것을 의미하는데, 샌드박스 게임은 오픈 월드 게임 플레이어가 마음대로 창조해내거나 게임 룰을 정하는 등 자유도가 높은 게임들을 일컫는다. 다음 [그림 3-10]은 샌드박스 게임 기반 메타버스 플랫폼인 로블록스의 거래구조이다. 로블록스는 양면에 이용자와 개발자를 갖지만, 마치 MCN처럼 개발자인 제작자가 중간에 존재하기도 한다. 이용자는 무료 게임을 즐길 수 있지만 게임 내 아이템 구매는 유료이다. 이용자가 개발자가 되기도, 개발자가 이용자가 되기도 한다.

[그림 3-10] 로블록스 플랫폼의 거래구조

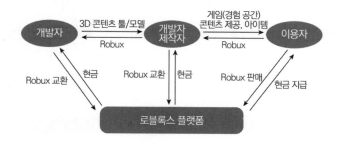

출처: 유안타증권(2021.10.12)

　로블록스의 개발자는 '로블록스 스튜디오'를 통해 게임을 만들어 이용자에게 제공하며, 로블록스는 게임 제작 도구를 개발자에게 제공한다. 개발자는 가상 세계 게임을 제작하며, 이용자는 로벅스(ROBUX)라는 가상화폐를 지불 수단으로 사용한다. 게임 내 아이템 판매, 광고 등이 초기 수익 모델이나 이용자 수가 급증하면서 프리미엄 멤버십, 게임 패스, 유료 게임 입장권 등을 통해 로벅스 구매를 유도하는 방식으로 수익구조가 다변화되었다. 프리미엄 멤버십을 가진 이용자는 자신이 직접 제작하거나 소유한 아이템을 거래할 수 있고, 로벅스가 일정 수준을 넘으면 현금화가 가능하다.

　2006년 샌드박스 기반 게임 플랫폼으로 시작한 로블록스의 2020년 일간 활성 이용자 수(Daily Active User; DAU)는 3,258만 명으로 2년 만에 2.5배 증가했다. 그 당시 미국에서는 16세 미만 어린이 절반 이상이 로블록스를 이용했다. 몰입감 있고 매력적인 경험이 이용자들을 유인하고 더 많은 친구들을 초대하면서 네트워크 효과가 배가되고, 콘텐츠와 소셜 기능이 강화되면서 게임 플랫폼인 로블록스는 소셜 플랫폼으로 확장된다. 로블록스 플랫폼상에서 이용자 수와 게임 콘텐츠 수가 급증하면서 로블록스는 점차 유튜브처럼 이용자 창작 게임(User Generated Game; UGG) 플랫폼으로 발전하게 된 것이다. 다음 [그림 3-11]에서 보듯이, 로블록스는 지속적인 멀티 디바이스 플랫폼 전략을 취했고, 2012년 모바일 버전, 2015년 Xbox 콘솔 버전 그리고 2016년 VR 버전을 출시했다.

[그림 3-11] 로블록스 게임 화면과 지원기기

 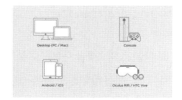

출처: 로블록스, 유안타증권(2021.10.12) 재인용

　　2021년 들어 2억 명의 월간 활성 이용자(Monthly Active User; MAU), 800만 명의 개발자, 4,000만 개 게임을 보유한 게임 및 소셜 기반 메타버스 플랫폼으로 자리잡은 로블록스는 2021년 3월 10일 상장으로 시가 총액 382억 6,000만 달러를 기록하였다. 다음 [그림 3-13]에서 보듯이 넷플릭스에서 방영된 '오징어 게임'의 UGG가 로블록스에서 제작, 유통되고 유튜브에서도 유통되었다. 2021년 10월 18일 넷플릭스 '오징어 게임' 영문명('Squid game')을 검색해 1,000여 개 UGG를 볼 수 있었다. 넷플릭스에서 '오징어 게임' 방영 3주 만에 메타버스 콘텐츠가 폭발적으로 늘어난 것이다. 검색 결과로 본 1순위는 트렌드 세터(Trend setter) 게임즈로, 2021년 9월 24일 개발 후 한 달도 안 되어 누적 방문 1억 9,100만 건을 넘어섰다. 개발팀 인원은 8명이고, 자신을 소개한 그 중 한 명은 미국에서 컴퓨터과학을 전공한 한국 학생이다.

[그림 3-12] 2021년 10월 18일 로블록스 내 오징어게임 검색 결과

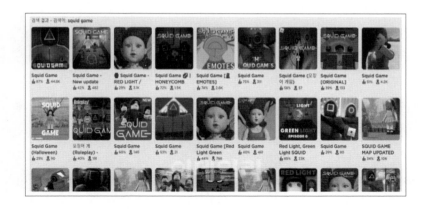

출처: 송민정(2022)

샌드박스 게임 기반으로 시작해, 커뮤니티, 콘텐츠 기반으로 진화한 로블록스의 비즈니스 모델을 도식화해보면 다음 [그림 3 – 13]과 같다.

[그림 3-13] 로블록스의 비즈니스 모델 도식화

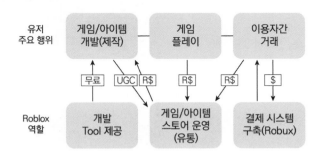

출처: 로블록스, 유안타증권(2021.10.12) 재인용

로블록스의 강점은 게임과 게임 내 아이템을 직접 개발하지 않는 다는 점이며, 그 대신 세 가지 기능을 생태계에 제공한다. 첫 번째는 이용자들이 직접 게임 및 아이템을 제작할 수 있도록 무료로 제공하는 전문 개발 시스템인 '로블록스 스튜디오(Roblux studio)'이다. 두 번째는 개발자가 만들어낸 게임들을 유통하는 게임 스토어이다. 마지막 기능 은 이용자 간 거래 및 크리에이터의 수익 활동을 보장해주는 가상경제 화폐인 로벅스(Robux)이다.

다음 [표 3-2]에서 보면 로블록스의 수익 인식 방식은 로벅스 직접 판매, 게임 및 인 게임 아이템 판매 등이다. 게임 및 인 게임 아 이템 판매 시 결제액의 30%, 아바타 아이템은 결제액의 70%를 로블록 스가 수취한다. 2021년, 이용자는 0.99미국달러에 80로벅스를 구매하 였고(1로벅스=0.0125미국달러), 매달 로벅스를 지급받는 유료 멤버십 '로 블록스 프리미엄(Roblox premium)'도 있다. 이용자는 로벅스로 아바타 치장 아이템, 인 게임 아이템, 게임패스 등을 구입할 수 있다.

[표 3-2] 2021년 기준, 로블록스의 수익 인식 방식

	매출	게임/아이템 개발자 분배 이용	Cash In/Out
① Robux 판매 (8,000 Robux)	–	–	+8,000
② 게임 판매 (4,000 Robux)	+4,000	−2,800	−2,800
③ 아이템 판매 (4,000 Robux)	+4,000	1,200	1,200
합계	8,000	−4000	+4,000

출처: 로블록스, 유안타증권(2021.10.12) 재인용

보통 아바타 의상 아이템 1개 당 가격은 5로벅스 내외이며, 100~500로벅스로는 게임패스 등을 살 수 있는 수준이다. 로블록스의 2022년 보고서에서 9월 일일 활성 이용자 수가 5,780만 명으로 전년 동기 대비 23% 늘었다고 밝혔다. 이용 시간도 40억 시간으로 전년 동기보다 16% 증가했다.

SNS 기반으로는 네이버제트(NaverZ)의 제페토(Zepeto)가 있다. 2021년 기준, 전 세계 1억 9,000명 누적 가입자를 가진 제페토는 안면 인식 기술로 3D 아바타를 생성하며, 셀럽 아바타와의 소통과 소셜 기능을 추가해 메타버스 유형을 확장시킨다. 이용자는 아바타를 꾸미기 위해 의류나 액세서리 아이템과 맵을 꾸미기 위한 아이템을 구매한다. 유명 브랜드나 연예인과 협업한 아이템은 기본 아이템 대비 판매 단가가 2~3배 이상이며 판매량도 증가한다. 블랙핑크, ITZY, 청하, 셀레나 고메즈(Selena Marie Gomez) 등 인기 연예인, 구찌, 크리스챤루부탱(Christian Louboutin), 나이키, 퓨마 등 브랜드와 제휴한 아이템 판매가 진행된다. 이용자도 아이템을 만들어 판매하는 크리에이터스 마켓 개념인 '제페토스튜디오'가 운영되면서 크리에이터의 주목을 받는다. 다음 [그림 3-14]에서 보듯이, 2020년 스노우로부터 물적 분할된 네이버제트가 2020년 10월 하이브(HYBE), 11월 JYP엔터, YG인베스트먼트 및 YG플러스로부터 투자를 받고, 2021년 9월 블록체인 스타트업인 슈퍼블록, MCN 스타트업인 벌스워크에 지분 투자를 진행했다.

[그림 3-14] 네이버제트 지배구조

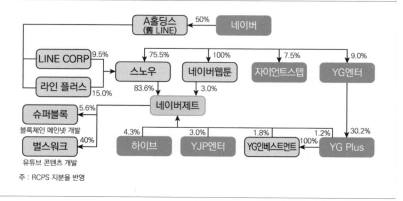

주 : RCPS 지분율 반영

출처: 유안타증권(2021.10.12)

　'제페토월드'와 크리에이터 플랫폼인 '제페토스튜디오'를 제공하는 제페토는 3D 가상공간 개발과 아이템 제작 과정에 자사 인력을 투입하기도 한다. 물론 제페토의 장기 비전은 로블록스처럼 크리에이터와 이용자 간 활발한 교류를 통한 생태계 조성이지만, 사업 초기에는 플랫폼 주도로 가상환경 고도화 작업을 진행하게 된다.

　'제페토월드'는 이용자가 모여 게임을 즐기거나 메시지를 주고받는 공간으로 일종의 광장 개념인데, 사례로 '점프마스터' '가든웨딩' '한강공원' 등 각각의 테마 맵들이 있다. '한강공원'에서는 반포한강공원 모습을 가상으로 구현했고, 이용자는 아바타를 이용해 가상 공원을 산책할 수 있다.

　한편, 이용자가 아이템을 제작해 판매하는 '제페토 스튜디오'에서는 아이템 제작 지원 템플릿 에디터가 제공된다. 3D 작업에 대한 이해 없이도 2D 그래픽 이미지를 수정해 3D 아이템 제작을 할 수 있다.

[그림 3-15] 제페토 제공 에디터와 제작 화면

[제페토 스튜디오 템플렛 에디터]　　　　　[유니티 엔진에서의 제페토 아이템 제작 화면]

자료: 제페토, 유안타증권 리서치센터　　　　자료: 제페토, 유안타증권 리서치센터

출처: 제페토, 유안타증권(2021.10.12) 재인용

제페토라이브는 아바타 라이브 방송 기능으로, 스트리머들의 개인 라이브 방송이 시작되면 이용자들은 아바타 스트리머들의 방송에 접속할 수 있다. 스트리머들은 아바타의 몸짓과 배경화면, 패션 아이템 등으로 꾸며서 대화하거나 채팅하면서 소통한다. 라이브 방송 진행자들은 유튜브나 아프리카TV처럼 시청자들의 젬(ZEM) 후원을 받아 수익을 낸다. 이용자들은 아바타를 꾸밀 수 있는 아이템 등을 스트리머에게 후원한다.

제페토의 아이템 판매 수익은 가상화폐인 '젬'으로 제공된다. 이용자인 크리에이터가 아이템을 제작 판매해 5,000젬 이상 수익을 얻으면, 한 달에 한 번 현금화가 가능하다. 2021년 기준으로 5,000젬은 한화로 12만 원 정도였다. 크리에이터가 만든 아이템이 판매될 경우에 제페토는 결제 수수료의 30%를 수취한다.

KRW	USD	젬 수량	코인 수량
₩1,200	$0.99	14 ZEM	3,900
₩2,500	$1.99	29 ZEM	10,200
₩4,900	$3.99	60 ZEM	21,000

출처: 제페토, 유안타증권(2021.10.12) 재인용

제페토의 수익 모델은 가상화폐 판매 및 아이템 판매 후의 수수료 수취, 광고 수익 등이다. 제페토는 이용자에게 가상화폐를 판매하고, 가상화폐는 이용자가 아바타를 꾸미거나 아이템을 구매할 때 사용된다. 아이템 생산방식은 제페토 자체 생산, 브랜드 제휴, 크리에이터 생산으로 나뉜다. '제페토 월드'는 광고 플랫폼 역할을 한다. 즉, 브랜드들이 가상 매장이나 쇼룸을 '제페토월드'에 설치하면 제페토 광고 수익이 창출되는 것이다. 2021년 2분기 네이버가 발표한 제페토 월 매출이 전년 대비 70% 이상 증가한 25억~33억 원으로 공개되었는데, 삼성전자, 현대차, 구찌, 디올 등의 광고 수익이다.

제페토는 1.0에서 2.0 버전으로 진화 중이다. 2018년 8월 출시 당시 1.0 버전은 AR 기반 아바타를 생성하고 옷을 입히는 인형놀이 수준이었으나, 2019년 3월 시작된 2.0 버전에서는 가상 3D 공간 '제페토 월드' 기반 소셜미디어이며, 누적 가입자 수 1억 명을 달성하더니 2021년 2월 2억 명(MAU 1,200만 명)을 달성해 2배로 늘어났고, 2022년 3월 글로벌 누적 가입자 3억 명을 돌파했다. 아울러 글로벌 MAU 2,000만 명, 아이템 누적 판매량 23억 개를 달성했다. 해외 이용자 비중은 약 95%에 달하며, '제페토 스튜디오'에서 활동 중인 크리에이터만 약 200만 명이며, 약 410만 개 아이템을 제출, 6,800만 개가 판매됐다. 아이템 판매뿐만 아니라, 아바타를 주인공으로 하는 드라마를 제

작해 수익을 올리는 크리에이터들도 등장했다.

제페토는 이러한 성장세를 가속화하기 위해 국내외 지식재산권(IP) 기업들과의 제휴를 기반으로 플랫폼 내 콘텐츠를 강화하기 시작한다. 검증된 IP는 파생 콘텐츠를 만들어내는 힘이 있어, 플랫폼 내 커뮤니케이션 도구로 사용할 수 있으며, 비즈니스 영역 확대가 용이하기 때문이다. 네이버제트의 전략적 투자자인 국내 엔터테인먼트 3사의 아티스트 IP를 활용한 아바타 콘텐츠 서비스가 대표적 사례이다. 또한 최근 직접 출자까지 단행하며 네이버제트 주주사로 합류한 네이버웹툰의 웹툰 IP를 활용해서 양사 간 시너지를 낼 수 있는 비즈니스 영역이 많을 것으로 기대된다.

▬▬ 참고문헌

교보증권(2021.6.23). 인터넷 하반기 전망 : 넓이보다 높이가 부각되는 시기.
뉴스핌(2022.10.18). 로블록스 9월 사용자수 20% 급증 발표에 주가 20%↑.
대신증권(2021.12.15). 메타버스 생태계와 소셜 미디어.
삼성증권(2022.2.3). 메타버스, XR로 꽃피우다.
송민정(2022.1). 미디어 콘텐츠의 메타버스 플랫포밍 유형화 및 미래 전망, 특집, 방송과 미디어 제27권 1호.
서봉원(2016). 콘텐츠 추천 알고리즘의 진화, 방송 트렌드 & 인사이트, Vol.5.

신태원(2018). 1 미디어 시대, 인공지능(AI)기술을 통한 비즈니스 플랫폼 혁신 : 텍스트 음성변환 기술을 중심으로, 이슈리포트 2018 – 제22호, 정보통신산업진흥원(NIPA).

에이아이(AI)타임즈(2022.2.24). 메타, 메타버스의 미래 선보여…말로 가상 세계 창조.

유안타증권(2021.10.12). 메타버스 첫걸음 : 콘텐츠 & 플랫폼.

테크42(Tech42)(2022.3.16). 글로벌 누적 가입자 3억 명 제페토, 로블록스 뛰어넘을 수 있을까?

한국방송통신전파진흥원(2021.7~8), 미디어 산업의 새로운 변화 가능성, 메타버스, Media Issue & Trend, Vol. 45.

한국전자통신연구원(ETRI)(2018.7). 세상을 바꾸는 AI 미디어, ETRI Insight, 2018.7.

한국전자통신연구원(2021.2). 미디어산업의 기회와 도약 : 메타버스(Metaverse).

한국전파진흥협회(2021.5.28.), 빅데이터와 플랫폼 알고리즘 분석을 통한 콘텐츠 운영전략, 크리에이터 미디어 산업 동향, Vol.1.

한상열(2022.9). 디지털 휴먼 발전 전망과 방송산업 영향, Media Issue & Trend, 2022.9×10, Vol.52, 한국방송통신전파진흥원.

Accenture (2016). Turning Artificial Intelligence into business value.

Song, M.Z. (2019.6). A Study on Artificial Intelligence Based Business Models of Media Firms, International Journal of Advanced Smart Convergence (IJASC), Vol.8, No.2, pp.56−67.

Song, M.Z. (2022.9). A Study on NaverZ's Metaverse Platform Scaling Strategy, International Journal of Advanced Smart Convergence (IJASC), Vol.11, No.3, pp.132−141.

Song, M.Z. (2022.11). Meta's Metaverse Platform Design in the Pre−launch and Ignition Life Stage, International Journal of Internet, Broadcasting and Communication (IJIBC), Vol.14, No.4, pp.121−131.

Chapter 4

크리에이터 미디어 블록체인과
대체불가토큰(NFT)

▌제1절　크리에이터 미디어 제작의 블록체인 활용

　　2008년 10월, 사토시 나카모토(Satoshi Nakamoto)라는 가상 인물
이 발표한 논문에서 블록체인(Blockchain) 기반 가상자산인 비트코인
(Bitcoin)이 제안되었다. 여기서 블록체인은 "데이터를 거래할 때 중앙
집중형 서버에 기록을 보관하는 기존 방식과 달리 참여자 모두에게 내
용을 공유하는 분산형 디지털 장부" 또는 "거래 정보를 기록한 원장을
특정 기관의 중앙 서버가 아닌 P2P(Peer-to-Peer) 네트워크에 분산하
여 참가자가 공동으로 기록하고 관리하는 기술"로 정의된다.

　　새로운 거래 기록이 10분 간격으로 저장, 축적되는 블록체인은 데
이터를 저장하는 연결 구조를 가지며, 모든 구성원이 네트워크를 통해
데이터를 검증, 저장함으로써 특정인의 임의 조작이 어렵도록 설계되
었으며, 핵심 기술은 P2P 네트워크와 분산 원장(Distributed ledger),
합의 알고리즘, 데이터 암호화이며 각 기술 특징은 다음 [표 4-1]과
같다.

[표 4-1] 블록체인의 핵심 기술 특징

기술명	특징
P2P(Peer to Peer) 네트워크	블록을 검증·합의하는 참여자들을 연결하는 방식으로, 블록체인 네트워크에 참여하는 사람들은 동등한 계층으로 연결되어 참여자가 개별 서버이자 거래 당사자가 됨
분산 원장	거래 내역과 거래에 관련된 정보들을 저장하고 있는 '블록'을 의미하며, 네트워크 참여자들 사이에서 검증·합의된 블록이 업로드되어 기존 블록과 연결된 후 공유됨
합의 알고리즘	'블록체인 프로토콜(Block chain protocol)'이라고도 하며, 새로운 거래가 이루어져 블록이 생성되었을 때, 해당 블록에 대한 참여자들의 합의 방식을 의미하며, 주요 방식으로 PoW*, PoS**가 있음
데이터 암호화	블록에 작성·저장된 데이터를 공개키 기반으로 암호화하며, 네트워크 참여자가 아니면 열람이 불가능하도록 하는 핵심기술이며, 공개키를 활용한 전자서명이 함께 되어, 거래의 부인방지, 데이터 무결성 등을 보장함

출처: 인터넷진흥원(2021)
 * PoW(Proof of Work) : 작업증명
** PoS(Proof of Stake) : 지분증명

가상자산인 암호화폐에서는 코인(Coin)과 토큰(Token)이 발행된다. 코인은 지불 결제 수단이며 비트코인 외에 이더리움(Ethereum), 퀀텀(Quantum) 등이 있고, 채굴 과정을 거쳐 발행되고, 구축된 블록체인 네트워크 생태계를 메인넷(Main net)이라 부른다. 토큰은 특정의 목적을 위해 발행, 거래되고, 스팀(STEEM), 테더(USDT), 보라(BORA) 등이 있고, 메인넷이 없기 때문에 코인의 블록체인 네트워크에 수수료를 지불하고 이를 빌린다. 다음 [표 4-2]는 블록체인이 활용되기 시작한 주요 산업 분야를 나열한 것이다.

[표 4-2] 블록체인을 활용하는 주요 산업 분야

활용 분야	주요 내용
예술 산업	예술 작품의 출처관리와 작품의 소유권 이전이 발생하는 거래에 있어 블록체인 기술을 활용하여 정보의 정확성과 투명성 제고
음원 및 콘텐츠 산업	블록체인 플랫폼을 통한 음원을 포함한 콘텐츠 산업의 유통·수익구조 변화 및 저작권 침해 방지에 활용 가능
카셰어링(Ride-sharing)	블록체인 네트워크를 통해서 비슷한 행선지로 향하는 사람들을 실시간으로 모집해 이동하고, 디지털 통화를 사용해 대가를 지불
자동차 리스	블록체인을 활용하여 고객, 리스회사, 보험사 간에 정보를 실시간으로 업데이트하는 스트리밍 자동차 리스서비스 제공 가능
부동산 거래	블록체인을 통한 부동산 거래는 종이 기반의 기록유지 필요성을 감소시켜 거래의 신속성을 높이고 문서의 정확성을 보증
스포츠 매니지먼트	블록체인을 활용하면 스포츠 에이전시를 통하지 않고 분산화된 자금 모집 프로세스를 통해 미래 스포츠 스타에 대한 투자 가능
상품권 및 포인트 제공	블록체인을 통해 저렴한 비용으로 고객의 충성도를 제고시킬 수 있는 맞춤형 상품권 및 포인트 제공 가능

출처: 삼정KPMG경제연구원(2016)

크리에이터 미디어와 관련된 산업은 음원 및 콘텐츠 산업이다. 포털이나 SNS, 전통 미디어 서비스 등이 만든 현재 플랫폼에 대한 의존도가 점점 높아지면서 블록체인에 대한 관심도 아울러 높아졌다. 그 이유는 미디어 콘텐츠 제작으로 인한 보상 시스템이 플랫폼에 의해 좌우되기 때문이다. 누구나 콘텐츠를 제작한 만큼 보상받고, 제공된 콘텐츠에 대해서는 모두에게 적정한 평가가 이루어져 공정하게 배분되는 보상 시스템이 필요하게 된다. 이러한 맥락에서 블록체인이 필요하게 된 주요 배경을 크게 세 가지로 구분해서 볼 수 있다. 첫 번째는 제작자와 플랫폼 간 불합리한 수익구조이다. 디지털 유통을 통해 증가한 콘텐츠 수익이 플랫폼에게 집중되는 대표 장르가 바로 음악이다. 다운로드에서 스트리밍 시대로의 전환이 음원 수익배분 구조를 더 왜곡시킨다. 스트리밍은 불법 다운로드를 방지하고 합법적 이용을 유도하기 위해 저가정책을 펴기 때문이다.

다음 [그림 4-1]은 2021년 기준으로 본 국내 디지털 음원의 수익배분을 나타낸 것이다. 다운로드의 경우, 52.5%(음반제작자) : 11%(저작권자) : 6.5%(실연자) : 30%(서비스사업자)이며, 스트리밍의 경우, 48.25%(음반제작자) : 10.5%(저작권자) : 6.25%(실연자), 35%(서비스사업자)이다.

[그림 4-1] 국내 디지털 음원 수익배분(스트리밍 및 다운로드)

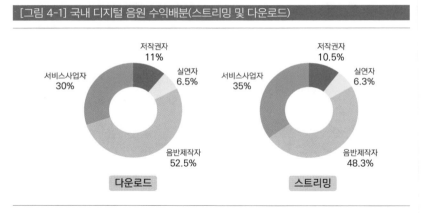

출처: 네이버포스트(2021.6.8.)

블록체인이 필요한 두 번째 배경은 저작권 침해이다. 스트리밍 방식이 등장하면서 음악 시장 자체는 성장했지만, 저작물이 도용되기 시작한다. 이에 유튜브는 '콘텐츠ID'라는 알고리즘을 개발해 음악 저작자에게 수익이 돌아가게 하는 방안을 모색하게 된다. 이에 대해서는 3장에서 언급하였다.

블록체인이 필요한 세 번째 배경은 미디어 광고 효과 측정의 불투명성이다. 미디어 광고 비용의 50% 이상이 중개자에게 지불되거나 구매로 이어지지 않는 광고에 낭비되고 있다가, 빅데이터 분석 기술이 발달되면서 타깃 광고 마케팅 기업들이 다수 등장했다. 하지만 여전히 광고 효과 측정에 있어서는 왜곡이 존재한다.

이상의 세 가지 주된 이유로 블록체인 기반의 미디어가 필요하다. 제작자 입장에서 본 유통의 불공정성을 해결하기 위한 해결책 중의 하나가 가상화폐의 발행이며, 기술 플랫폼들이 생겨난다. 블록체인 기반 동영상 유통 플랫폼을 구축한 베라시티(Veracity)의 공동 창업자인 아담 사이몬즈(Adam Simmons)는 '블록체인 콘퍼런스 2018'에서 "콘텐츠 크리에이터가 아닌 플랫폼 사업자가 수익을 사실상 독식하는 구조를 깨고 싶었고, 블록체인 기술로 이룰 수 있게 되었다"고 말했다. 투자비 조달을 위해 '베라(VRA)'라는 가상화폐를 공개한 베라시티가 개발한 '시청증명(Proof of View; PoV)'은 어떤 이용자가 어떤 콘텐츠를 보며 얼마만큼의 가상화폐를 지불했고 이용자에게서 받은 가상화폐가 어떻게 배분되었는지 등을 입증하는 시스템이다. 제작자가 콘텐츠를 올릴 때 가격표를 붙이며, '0베라' 가격표를 붙이거나 '광고를 보면 무료' 조건으로 보게 할 수도 있다. 이용자가 지불한 베라 수익은 플랫폼과 크리에이터에게 자동 배분된다. 콘텐츠에 광고가 붙어 발생한 수익과 콘텐츠로 벌어들인 투자금 등도 같은 방식이다.

2019년, 베라시티는 전 세계 주요 출판사에게 보상 플레이어 기술을 제공하는 선도적인 기술 플랫폼으로 성장했다. 해당 플레이어를 사용해 시청자들은 PoV에 따른 VRA 보상, 출판사는 수익화 및 기여도를 측정할 수 있다. 베라시티 플레이어 기술은 2억 6,000만 명 사용자와 500억 명 월간 뷰를 보유한 28만 개의 출판사 및 제작사가 이용하게 되었다.

인터넷상에서 글을 쓰는 모든 작성자가 콘텐츠 저작자로서 보상받는 콘텐츠 저작권 미디어 플랫폼인 스팀잇(Steemit)은 가장 대표적인 저작권 관리 블록체인 플랫폼이다. 국내에서는 유니오(UUNIO)가 제작자가 자신의 창작물을 블록체인 기반 소셜미디어 플랫폼에 게재해 저작권을 보호받을 수 있게 했다. 기술 기반을 위해 유니오는 콘텐츠 지적재산 소유권(IP)를 지켜주는 블록체인 기술기업인 잉크(INK)와 제휴했다.

광고 효과 측정을 통한 투명성을 위한 사례로 매드하이브(MadHive)가 있다. CTR(Click Through Rate)의 조작 가능성이 문제인데, 블록체인 기반 계약이 이뤄지면 광고 실적 조작 등의 행위를 방지하고 상호 신뢰도를 높이는 플랫폼 구현이 가능해진다. 이를 위해 광고주에게 자유로운 정보 접근을 허용하고 소비자에게 광고가 전달되는 경로를 투명하게 공개하고, 중개자 개입을 최소화해 광고주와 제작사 모두 비용을 절감하게 한다. 매드하이브가 개발한 솔루션은 광고 노출 수, 클릭 수, 잠재고객 세그먼트, 기타 캠페인 및 광고 노출과 관련된 다양한 데이터를 블록 안에 저장 및 공유하며, 광고주, 퍼블리셔, 인증 받은 벤더 업체, 광고 에이전시 등 다양한 이해 관계자들이 이를 감사할 수 있다.

앞서 언급한 베라시티도 불투명한 광고 효과 측정에 대해서도 문제를 지적했다. 2021년 기준 약 4,000억 달러의 온라인 광고 중 40%(약 1,600억 달러)가 프로그램(컴퓨터 혹은 봇)에 의해 시청되고 있는 등 동영상 광고 사기로 인한 동영상 제작사 및 각종 브랜드 기업 등 광고주의 상당한 금액이 낭비되고 있었다. 이는 크리에이터에게도 악영향을 미치고, 광고주가 광고 사용 금액을 축소시키는 결과를 낳았다. 이에 베라시티는 PoV를 활용해 보상형 플레이어 및 광고 스택을 통해 모든 비디오 플랫폼에서 업로더의 광고 수익을 늘릴 수 있게 했다.

　　베라시티는 2021년 3월과 6월에 미국 특허청으로부터 PoV 특허 허가 통지를 받는데, 3월 허가된 특허에서는 광고 사기(허위 뷰) 확인 및 사용자 경험 기반 기능들을 업데이트한 것이며, 광고 캠페인 최종 단계에서 분석되는 데이터가 허위 뷰 감지에 어렵다는 점을 주목해 6월 허가된 특허에서 허위 뷰 발생 즉시 감지할 수 있게 했고, 광고주와 빚어진 갈등 해소에 중요한 역할을 할 수 있는 불투명한 수익 배분 문제점을 보완할 수 있는 기능을 업그레이드했다. 현재 베라시티는 실명 계좌를 발급받은 국내 거래소 중 '빗썸(Bithumb)'에 상장되었고, 쿠코인(KuCoin), 게이트아이오(Gate.io), 비트렉스(Bittrex), 오케이엑스(OKEx), 인도닥스(Indodax) 등의 글로벌 가상자산 거래소에서 거래 가능하다.

| 제2절　크리에이터 미디어 유통의 블록체인 활용

　　블록체인 기술 기반의 탈중앙화된 애플리케이션(Decentralized Application; DApp; 이후 디앱)이 구현되면 블록체인 기술 플랫폼은 비즈니스 플랫폼으로도 기능할 수 있게 된다. 디앱은 탈중앙화 애플리케이션의 약자로 탈중앙화된 플랫폼 기반으로 작동하는 앱이다. 스마트폰과 앱과 비교해서 설명하면 안드로이드(Android)나 아이오에스(iOS) 같은 스마트폰 운영 시스템(Operating System; 이후 OS)이 이더리움 블록체인 같은 플랫폼이라면, 안드로이드용 내지 아이오에스용 스마트폰 앱은 디앱이 되는 것이다.

　　디앱은 블록체인에서 가능하다. 비트코인은 튜링 완전성(Turing completeness)을 지원하지 못하지만, 이더리움은 이를 지원하기 때문이다. 튜링 완전성이란 어떤 프로그래밍 언어나 추상 기계가 튜링 머신과 동일한 계산 능력으로 문제를 풀 수 있다는 의미이다. 비트코인과 이더리움을 비교하면 다음 [표 4-3]과 같다. 디앱은 이더리움 기반 스마트컨트랙트(Smart contract)가 도입되면서 본격 사용되기 시작해 탈중앙화 자율조직(Decentralized Autonomous Organization; DAO), 탈중앙화된 금융(Decentralized Finance; DeFi), 대체불가토큰(Non-fungible token; NFT) 마켓플레이스(Marketplace), P2E(Play-to-Earn) 등 다양한 형태로 발전하고 있다.

[표 4-3] 비트코인과 이더리움 비교

구분	비트코인	이더리움
티커	BTC	ETH
최소 단위	1Satoshi = 0.00000001BTC	1Wei = 0.000000000000000001ETH
목적	탈중앙화 결제 시스템	DApp을 구동하는 탈중앙화 슈퍼컴퓨터
최대 공급량	21,000,000	무한
블록 보상	9BTC (210,000개 블록마다 반감기)	2ETH
합의 알고리즘	작업증명	작업증명 (지분증명으로 전환 예정)
트랜잭션 처리 속도	7~8tps	15~20tps

출처: Blockgeeks, 미래에셋증권(2021.12.3) 재인용

가상자산 시장에서 가장 많이 사용되는 디앱은 탈중앙화된 거래소(Decentralized Exchange; DEX)이다. 특정 주체가 거래를 매개하는 중앙화된 거래소와 달리 탈중앙화된 거래소는 중간 매개자 없이 스마트컨트랙트를 통해 유저와 유저가 직접 거래하게 된다. 다음 [그림

4-2]에서 보듯이 이더리움 블록체인 기술은 플랫폼 구축이 용이한 구조를 가지고 있어서 공급자 및 소비자에게 초기 혜택을 보조금 대신에 가상화폐로 지급할 수 있으며, 공급자와 소비자를 최대한 끌어 모으는 양면시장 플랫폼 생태계 구축이 가능하다.

[그림 4-2] 앱(Apps)과 디앱(DApps)의 비교

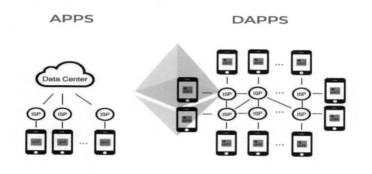

출처: Bitnovo, 미래에셋증권(2021.12.3) 재인용

블록체인은 영화, 음악, 게임, 저널리즘 등의 다양한 미디어 플랫폼에 접목되지만, 기술적 성숙도를 볼 때 아직 성과를 내지는 못하고 있다. 뒤에서 NFT에 대해 다루는데, 이더리움 블록체인 기반의 스팀잇(Steemit)과 크립토키티(Cryto Kitties)가 대표적인 유통 플랫폼 사례로 제시되는 이유는 블록체인을 암호화폐에 한정시켜 인식하던 구조를 완전히 변화시킨 사례이기 때문이다. NFT 이전 상황의 크리에이터 미디어 유통 관점에서 이 2개의 블록체인 기반 플랫폼을 간단히 살펴보자. 먼저 퍼블릭 콘텐츠 플랫폼인 스팀잇은 페이스북 등 SNS 구조를 비방하고 크리에이터의 데이터 주권을 주장하며 구축되었다. 이의 가장 큰 장점은 정교하게 설계된 토큰 이코노미(Token economy)라는 점이다.

스팀잇은 생산자와 참여자 모두 상호 이익을 누리기 때문에 플랫폼을 지속적으로 유지하게 하는 동인으로 작용한다.

한편, 게임 기반에서 블록체인이 활용된 크립토키티는 디지털 고양이를 구입해 수집하고 서로 다른 종을 교배해 새로운 고양이를 판매한다. 고양이에 각각 고유 번호를 부여해 관리하며 좋은 속성을 지닐수록 비싼 가격에 거래된다. 출시된 며칠 만에 거래량 폭주로 네트워크가 마비되었는데, 이는 블록체인 기반 게임 유통 플랫폼에서 현실 속 '펫 문화'를 재연하며 관심, 공감, 재미를 잘 녹여냈기 때문이다.

▌제3절   크리에이터 미디어 제작의 NFT 활용

상호 대체가 불가능한 NFT는 개별적 고유성을 가진 블록체인 기반 디지털 파일로서 메타버스가 AI 기반인 것과 같은 맥락이다. 메타버스 플랫폼이 게임과 SNS, 블록체인 기반으로 구분되는데, 크리에이터가 아바타를 생성해 다른 이용자와 소통하고 콘텐츠를 제작해 거래할 때 NFT가 활용된다. 아바타나 굿즈, 음원 등을 NFT로 발행해 판매하면 블록체인 기반 메타버스 플랫폼이다. 다음 [그림 4-3]은 메타버스 플랫폼에서의 NFT 거래 개념도이다. 메타버스와 NFT는 가상 디지털 자산 비즈니스의 완벽한 조합이다.

[그림 4-3] 메타버스 플랫폼의 NFT 거래 개념도

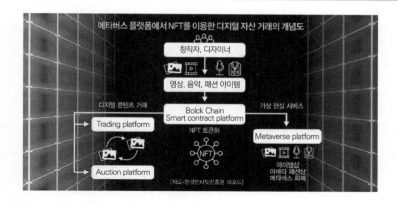

출처: 인터넷진흥원, 2021

　블록체인 기반의 NFT는 2015년 10월, '이더리아(Etheria) 프로젝
트'로 시작되어 11월 영국 런던에서 개최된 이더리움 개발자 회의인
'데브콘(Devcon)'에서 처음 공개되었다. 최근 가상자산 가격 급락과
NFT 시장 위축에도 NFT 사용자는 2021년 6월 기준으로 50만 명 수
준이더니 2022년 6월, 1년이 지나 246만 명으로 5배 가량 증가하였으
며, 2021년 암호화폐와 블록체인을 기반으로 한 비즈니스에는 약 270
억 달러(35조 원)가 투자되었다. 다음 [그림 4-4]는 이더리움 블록체
인 기반의 NFT 시스템 구성도를 도식화한 것이다.

[그림 4-4] 이더리움 블록체인 활용 NFT 시스템 구성도

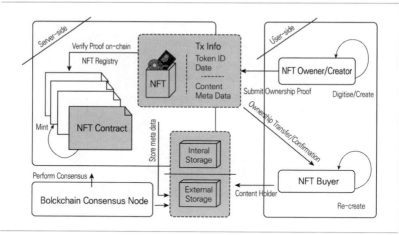

출처: Wang et al.(2021.5)

　　서버 사이드(Server side)와 이용자 사이드(User side)로 나뉘어 있
는데, 전자는 기술, 후자는 비즈니스 플랫폼이다. 서버 사이드에는
NFT 컨트랙트가 존재한다. 이더리움 블록체인에는 특정 조건이 충족
될 때 자동으로 실행되는 프로그램 코드인 스마트컨트랙트가 있다. 이
를 통해 토큰 기능이 정의되고 발행(Minting)된다.

　　이용자 사이드에는 크리에이터와 구매자가 있다. 크리에이터는 아
날로그나 디지털 재화를 이 플랫폼을 통해 NFT로 발행할 수 있다.
NFT를 발행, 판매할 때 스마트컨트랙트가 실행되고 새로운 거래가 전
송된다. 거래가 이더리움 블록체인에서 확인(Confirm)되면 새로운 블록
에 NFT의 메타데이터와 소유자 정보가 추가된다. 구매자가 NFT를 구
입하면 작품의 소유자, 구매 가격, 소유권 변경, 인수 가격 등의 메타
데이터가 블록체인에 저장된다. 구매자는 NFT 작품 소유권을 가지나
실제 작품, 원본 파일을 받을 수는 없다. 크리에이터는 NFT 판매 시

소유자가 바뀔 때마다 보상을 받는다. 다음 [표 4-4]는 이더리움 기반 NFT 시스템에 대한 내용을 정리한 것이다.

[표 4-4] 이더리움 블록체인 기반 NFT 프로토콜 정의 내용

프로토콜	내용
NFT Digitize (디지털화)	NFT 소유자는 파일, 제목, 설명이 완전히 일치하는지 확인한다. 소유자는 적합한 포맷으로 raw data를 디지털 정보로 전환한다.
NFT Store (저장)	NFT 소유자는 블록체인 외부의 데이터베이스에 raw data를 저장한다. 소유자는 가스를 소비하는 명령을 통해 raw data를 블록체인 내부에 저장할 것을 결정한다.
NFT Sign (서명)	NFT 소유자는 NFT 데이터를 포함한 거래내역에 서명하고, 스마트컨트랙트에 거래내역을 전송한다.
NFT Mint (발행)	스마트컨트랙트는 NFT 데이터가 담긴 거래내역을 받아 NFT를 발행한다. NFT의 내부 기능은 토큰 표준에서 정의한다.
NFT Confirm (확인)	발행 프로세스는 한 번 거래내역이 확인되면 완료된다. NFT는 영속적인 증거(Proof)로서 유일한 블록체인 주소와 연결된다.

출처: Wang et al.(2021.5)

NFT는 탈중앙화된 이더리움 블록체인 플랫폼을 비즈니스 플랫폼으로 성장시키는 핵심 역할을 하며, 그림이나 동영상 등의 디지털 자산에 고유성과 희소성을 부여한다. 디지털 자산의 고유한 인식 값인 원작자, 소유자, 로열티, 원본 URL, 작품 설명, 계약 조건 등은 메타데이터로 블록체인에 토큰 형태로 등록된다. 대체 가능 토큰인 FT와 대체 불가능한 토큰인 NFT를 구분하여 도식화해보면 다음 [그림 4-5]와 같다.

[그림 4-5] 대체 가능 토큰 개념도(위)와 대체 불가능 토큰 개념도(아래)

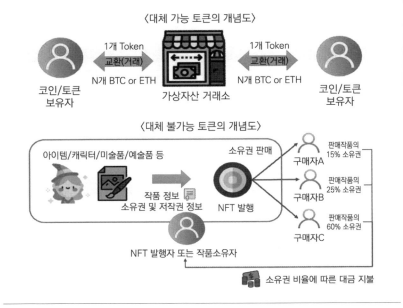

〈대체 가능 토큰의 개념도〉

〈대체 불가능 토큰의 개념도〉

출처: 인터넷진흥원(2021)

이더리움 요구사항을 만족하는 표준인 ERC(Ethereum Request for Comment)는 이더리움을 이용해서 가상자산을 발행할 때 지켜야 하는 규칙이다. 대체 가능 토큰 발행 규격으로 ERC-20이 사용되며, 그 특징은 동등한 가치로 구매, 판매, 교환하는 것이며, 누가 토큰을 보유하고 있는지에 상관없이 같은 토큰 가치를 가지게 된다. 이에 반해, NFT는 ERC-721 및 ERC-1155 프로토콜을 이용해 발행된다. ERC-721의 특징은 예술품, 골동품, 캐릭터에 대한 NFT를 발행해 토큰을 생성하고 토큰의 고유 가격이 결정되면 가상자산으로 거래한다. 토큰은 메인넷을 가지고 있지 않기 때문에 코인의 네트워크를 활용하며, 이더리움상의 ERC-721 코드를 주로 활용한다. 프로그램 코드 조각인 토큰

이 이더리움상에서 컨트랙트화되는데, 스마트컨트랙트는 서면 계약을 이더리움상에서 구현하고 특정 조건이 충족되었을 때 해당 계약이 이행되게 하는 코드이며, 예로 NFT 거래가 성사되면 신규 소유자는 거래 금액 중 10%를 로열티로 원작자에게 자동 지급한다.

앞서 언급한 이더리움 블록체인 게임인 크립토키티에서 성장시킨 고양이를 교환 및 판매하는 형태의 게임으로 개별 특성을 가진 고양이의 가치에 차별화를 두기 위해 NFT가 활용되었다. 이를 기점으로 NFT는 디지털 자산의 희소성과 소유권을 보장해주는 인증 수단이 된다. 고양이를 교배시키고 성장시켜 새로운 고양이가 등장한다. 각 고양이들이 서로 다른 고유 특성을 가지도록 생성되며, 생성된 고양이가 이용자들에게 일반 토큰으로 거래되는 경우에 희귀 특성의 고양이와 일반 고양이가 서로 같은 가치로 평가되는 현상이 발생한다. 이를 해결하기 위해 크립토키티 개발사인 대퍼랩스(DapperLabs)가 2017년 ERC−721을 활용한 증서 방식의 토큰을 도입한다. 이를 이용해 발행된 토큰인 NFT를 통해 거래 안정성을 보장하고 고양이의 개별 희소성을 증빙하는 토큰으로 활용된다.

크리에이터 미디어 제작의 NFT 활용에서도 블록체인 활용과 마찬가지로 저작자의 '소유권' 관리가 활용의 핵심이다. NFT가 한번 생성되면 삭제나 위조가 불가능하므로 자산의 원본 인증과 소유권 증명에 활용 가능하다. 이더리움 블록체인 플랫폼을 통해 NFT가 생성되므로 누구나 디지털 자산의 원본성을 인증하고 소유권을 증명할 수 있다. 소유권 및 원본성 증명 상황에서는 복사본이 많이 공유될수록 NFT로 기록된 원본 가치가 더 커진다. 해당 자산에 대해 이야기할수록 그 자산 가치가 더 커져 원본의 희소성도 커지기 때문이다.

한편, 소유권과 저작권은 다른 개념이다. 소유권은 특정 자산을 사용, 수익화, 처분할 수 있는 권리이며, 저작권은 크리에이터 자신이 창작한 자산에 대해 독점적으로 이용하거나 남에게 허락할 수 있는 권리를 말한다. 예로, 크리에이터인 한 가수가 자신의 음악을 NFT화했을 때 NFT 작품의 저작권과 소유권이 모두 가수에게 있지만, 거래가 발생하면 저작권에 대한 별도 계약이 없는 한 구매자는 소유권만 양도받게 된다. 그리고 NFT 원작자는 해당 토큰이 거래될 때마다 거래액의 일정 부분을 로열티로 받게 된다.

NFT 활용의 태동을 알린, 2017년 6월 설립된 라바랩스(Larva Labs)에서 이더리움 블록체인을 활용해 크리에이터가 만든 NFT 캐릭터를 판매하는 크립토펑크(Crypto Punks)가 출시되었다. 이는 8비트 픽셀 이미지로 만들어진 1만 개의 고유한 캐릭터 아바타들로 2018년 약 5,000달러에 거래되었는데, 2021년 5월에는 희귀 크립토펑크 9종이 1,700만 달러(약 200억 원)에 낙찰되기도 했다.

NFT에는 자산의 희소성 보장 및 원본성 증빙이 가능하고 소유자 정보와 거래 이력 등 데이터 위·변조가 불가능하며, 예술품, 부동산, 콘텐츠 등 거의 모든 영역의 자산을 대상으로 NFT 생성이 가능하다. 디지털 자산의 메타데이터 정보가 블록체인 네트워크를 통해 참여 노드에 분산 저장되기 때문에 최초 발행자부터 현재 소유자까지의 모든 거래 내역 추적이 가능한데, 메타데이터 크기가 큰 블록체인 경우에는 네트워크 성능 저하 방지를 위해 신뢰할 수 있는 외부 저장소에 보관하고 관리한다. NFT로 보관하는 경우에는 토큰이 발행된 플랫폼에 상관없이 호환성을 가지므로 특정 플랫폼에 종속되지 않고 자산 가치와 형성된 시장이 유지될 수 있는데, ERC 같은 통상적 표준이 아닌 방법으로 발행된 NFT의 경우에는 플랫폼이 사라지거나 운영이 정지되어 자산 소실 위험이 있다.

NFT가 기존의 가상화폐와 다른 점은 자체 블록체인 네트워크를 가지고 있지 않고 각 재화가 서로 다른 가치를 가지고 있다는 점이다. 다음 [표 4−5]와 [그림 4−6]에서 확인되듯이, 코비드19 팬데믹으로 메타버스의 유용성을 경험한 대중이 폭발적으로 증가하고, 그 속의 무형자산이 화폐로 측정되기 시작하면서 새로운 자산시장이 형성되기 시작한다. 2020년 1차 마켓 대비 2차 마켓의 평균 가격 격차는 1.15배였는데, 2021년에는 4.87배로 증가하는 등 재판매시장 규모가 커지고 있으며, 2022년 1월 세계 최대 NFT 마켓플레이스인 오픈시(Open Sea)의 월 거래 금액은 전년 동월 대비 837배 증가한 7조 원을 기록했다.

[표 4-5] 2020-2021년 NFT 시장

자료 : Nonfungible,
IBK투자증권

달러, 개	2020	2021
거래대금	7,000만	140억(약 17조 원)
거래수량	139만	1,524만
평균 활성 지갑 수	1,365	18,162
1차 마켓 거래수량	75만	820만
2차 마켓 거래수량	65만	704만
1차 마켓 거래대금	3,000만	27억
2차 마켓 거래대금	3,000만	113억

[그림 4-6] 오픈시 월간 거래금액

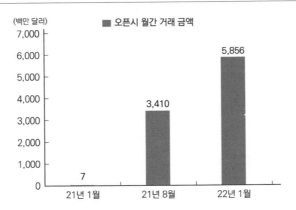

자료: OpenSea, IBK투자증권

출처: IBK투자증권(2022.2.16)

다음 [표 4-6]에서 보듯이 다양한 산업 영역에서 NFT 활용이 가능한데, 크리에이터 미디어 산업에서는 스포츠와 엔터테인먼트, 영화, 비디오 게임에서 NFT 활용 제작 비즈니스가 예로 제시된다. 먼저 스포츠 사례로 2019년 대퍼랩스가 선보인 NBA 톱샷(NBA Top Shot)은 NBA 경기 하이라이트 영상을 블록체인 기반에서 디지털 카드로 제작한다. NBA 농구 스타들이 활약하는 모습을 NFT 카드로 제작한 NBA 탑샷은 선수들의 유명세에 따라 가격이 상이한데, 예로 르브론 제임스(LeBron Raymone James)의 '리버스 윈드밀 덩크(Reverse windmill dunk)' 카드는 2021년 4월 40만 달러에 거래되었다.

[표 4-6] NFT 도입 연구 기업 및 관련 비즈니스

분야	기업명	NFT 관련 비즈니스
스포츠	NBA	NBA Top Shot
	MLB	MLB Champions
	Formula 1	F1 Delta Time
패션	NIKE	CryptoKicks
	LVMH	명품의 진위를 증명하기 위한 블록체인 'AURA' 출시
	BREITLING	NFT를 포함하는 이더리움 시스템으로 정품 인증
엔터테인먼트 & 영화	Turner Sports	Blocklete Games
	Warner Music Group	블록체인 기반 게임업체 Dapper Labs에 투자
테크 & 인프라	AMD	Robotcache BGA와 파트너십
	Microsoft	Azure Heroes
	IBM	NFT 지원 커스텀 블록체인
	HTC	Exodus 1
	삼성	BFT 지원 전자지갑
비디오 게임	Ubisoft	Rabbid Tokens
	CAPCOM	Street Fighters
	ATARI	Atari Token

출처: 인터넷진흥원(2021) 재인용

음악 사례로는 2021년 3월, 래퍼인 빅주우테일러베넷(Big Zuu Taylor Bennet)이 미공개 음원 판권 지분을 각각 50%, 75%에 해당하는 NFT로 판매하였고, 판매 5분 안에 125개 NFT가 완판되었다. 125명은 향후 각각 1%에 해당되는 로열티를 받는다. 이는 디토뮤직(Ditto Music)이 운영하는 오퓰러스(Opulous) 플랫폼을 통해 진행되었다. 디토 뮤직은 영국 리버풀에 있는 세계 최대 음원/음반 배급 및 아티스트 매니지먼트 기업이며, 주요 아티스트로 에드 시런(Ed Sheeren), 샘 스미스(Sam Smith) 등이 있으며, 스포티파이, 아마존, 애플 뮤직 등 약 160

개 유통 플랫폼에 음원을 배급한다. 2021년 오퓰러스 플랫폼은 음원 저작권 기반으로 아티스트들이 NFT를 출시할 수 있는 런치패드 (Lunchpad)를 지원하고 아티스트가 필요로 하는 저작권 담보 대출과 NFT 거래 서비스를 제공한다. 오퓰러스 사업구조와 사례는 다음 [그림 4-7]과 같다.

출처: IBK투자증권(2022.2.16)

국내에서는 2021년 11월 아티스트 매니지먼트 기업인 하이브 (HYBE)가 NFT 제작 비즈니스 진출을 공식화하였는데, 예상 수익 모델은 1차 마켓에서 판매되는 포토카드 등의 NFT(두나무와 하이브 각각 50% 배분), 거래 수수료(오픈시 기준 2.5%), 그리고 2차 마켓 거래 시의 로열티(4~5%)이다. 하이브와 두나무의 합작법인인 하이브앤두나무의 NFT 사업 개요 및 예시는 다음 [표 4-7] 및 [그림 4-8]과 같다.

[표 4-7] 하이브 & 두나무 NFT 사업 개요

사업 주체	하이브·두나무 합작법인
파트너십 방식	제3자 배정 유상증자
투자금	하이브가 두나무에 5,000억 원 두나무가 하이브에 7,000억 원
사업 내용	하이브 소속 가수 지식재산권 활용해 NFT 판매
특징	음원, 영상, 사진, 기획상품 등 한정판 제작

출처: 인터넷진흥원(2021) 재인용

[그림 4-8] 하이브 & 두나무의 NFT 비즈니스 개요 예시

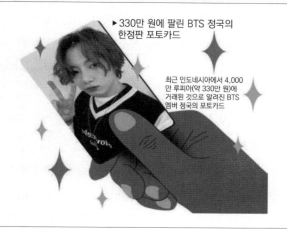

▶330만 원에 팔린 BTS 정국의
한정판 포토카드

최근 인도네시아에서 4,000
만 루피아(약 330만 원)에
거래된 것으로 알려진 BTS
멤버 정국의 포토카드

출처: IBK투자증권(2022.2.16)

SM엔터테인먼트도 2021년 11월, 솔라나(Solana) 블록체인이 개최한 '브레이크포인트(Breakpoint) 2021' 콘퍼런스에서 NFT 제작 비즈니스 진출을 공식화하였다. 이미 시작한 신예 걸그룹인 '에스파' 등 아티스트 아바타가 활동하는 메타버스에서 NFT 상품이 팬덤을 연결하는 매개체가 되는데, 이는 크리에이터 미디어로 확장 가능하다. 포토카드 외에 음원, 팬미팅/콘서트 티켓, 공연 영상, 스토리 등 다양한 콘텐츠

가 NFT화 가능하다. 아직 포토카드가 주로 음반 안에 들어가는 경우가 대부분이나 콘서트나 팬미팅, 브랜드 제휴 광고 상품을 구매 시 받는 등 다양한 경로로 획득 가능하게 된다. 한 예로 2021년 4월 에이스(A.C.E)는 왁스(WAX) 플랫폼을 통해 106종의 NFT 카드를 발매했고, 그 이후 팔로워 수가 이전 대비 15% 증가한다. 수집 개념이 큰 포토카드는 재판매 시장에서 활발하게 거래되며, 희소성, 보관 정도에 따라 거래 가격이 다르다.

NFT를 활용한 메타버스 콘텐츠가 현실과 연결되기도 한다. 버추얼휴먼을 IP화해서 NFT로 판매하거나 이들이 만들어낸 콘텐츠를 NFT로 판매한 사례로 2021년 11월 스타트업, 도어오픈이 'NFT 부산 2021'에서 선보인 마리, 노아, 선우 등 실사형 버추얼휴먼 기반 NFT 3종 경매가 있었다. 마리의 단독 사진을 담은 NFT가 400만 원에 낙찰되었다.

다음 [그림 4-9]는 버추얼휴먼인 유나 NFT인데, 2021년 솔라나 블록체인 기반으로 총 1만 개 발행이 예정되었고, 11월 17일 2,500개가 1.5솔(SOL)에 발행되고, 2차, 3차에 걸쳐 순차 발행된다. 종류는 에픽(Epic), 레어(Rare), 언커먼(Uncommon), 커먼(Common)이며, 최저가는 1.75SOL(45만 원, 11월 29일)이었고, 구매자는 유나 데뷔 앨범과 콘서트 수익의 10%, 광고 및 스트리밍 수익의 5%를 받는다(1차 5%, 2차 3%, 3차 2%).

[그림 4-9] 유나 NFT

Seoulstars 유나   유나 NET 민팅 일정 및 혜택

출처: 유진투자증권(2021.11.13)

2021년 3월 데뷔한 이터니티(Eternity)는 딥리얼 AI 기술을 통해 탄생한 11인조 가상 걸그룹이며, 데뷔곡인 '아임리얼(I'm Real)' 뮤직비디오오는 89만 회의 조회 수를 기록하였고, 같은 해 8월 발표한 '노우필터(No Filter)' 뮤직비디오오는 194만 회의 조회 수를 기록했는데, 5인 유닛 또는 솔로 등 다양하게 활동 중이다. 이터니티 멤버인 '오사랑'이 참여한 NFT 작품은 약 2,000만 원에 판매되었다.

[그림 4-10] 이터니티의 데뷔곡과 NFT 사례

11인조 가상 걸그룹 이터니티   데뷔곡 I'm Real 무직비디어 장면   2,000만 원에 판매된 '공대 사랑이'
세계관을 가진 오사랑 NFT

자료: 언론종합, 유진투자증권   자료: 펄스나인, 유진투자증권   자료: 펄스나인, 유진투자증권

출처: 유진투자증권(2021.11.13)

대표적인 NFT 플랫폼으로는 오픈시(Opensea), 라리블(Rarible), 바이낸스(Binance) 등이 거론된다. 세계 최대 NFT 마켓플레이스인 오픈시는 2021년 8월 22일 거래액 12억 3,000만 달러를 기록해 NFT 거래 역사상 최초로 10억 달러를 돌파했다. 국내에서는 같은 해 4월 엔에프티잉(NFTing)이 개설되었고, 그라운드X, 업비트, 코인플러그 등에서 NFT 거래를 위한 플랫폼 개발이 시작된다. 다음 [표 4-8]은 NFT를 활용하는 주요 산업별 2021년 3분기 NFT 거래액, 거래량, 주요 유통 플랫폼들을 보여준다. 거래액은 약 12.7조 원으로 전년 대비 380% 성장했고, NFT 활용 산업 영역은 콜렉터블(Collectible)(66%), 아트(Art)(14%), 메타버스(7%), 스포츠(7%), 게임(5%) 등으로 구분된다.

[표 4-8] 주요 산업 분야별 NFT 플랫폼

분야	거래금액순	거래량순	주요 플랫폼(프로젝트)
Collectible	1(66%)	1(367,129)	CrytoPunks, MeeBits 등
Art	2(15%)	3(124,188)	SuperRare, MakersPlace, AsyncArt 등
Sports	3(7%)	2(299,684)	SoRare, F1 Delta Time 등
Metaverse	4(7%)	6(37,144)	Decentraland, The Sandbox, CrytoVoxels 등
Game	5(5%)	5(72,796)	Axie Infinity, GodsUnchained, Mega Cryto Polis 등
Utility	6(1%)	4(75,378)	Ethereum Name Service, Unstoppable Domains 등

출처: Nonfungible.com (2021.7); IITP(2021.11.8) 재구성

앞서 메타버스 유통 플랫폼으로 블록체인 기반을 언급하였는데, 이는 NFT 플랫폼을 의미한다. 2022년 기준으로 세계적으로 가장 주목을 받은 블록체인 기반 메타버스 플랫폼은 더샌드박스(The Sandbox), 디센트럴랜드(Decentraland), 아더사이드(Otherside) 등이다. 이들의 메

타버스 구성 랜드는 모두 이더리움 ERC−721 프로토콜 기반 NFT이며 개인이 소유하고 거래할 수 있고 자체 발행된 암호화폐로 이용자가 가상 공간의 콘텐츠를 제작 및 거래하는 토크노믹스(Tokenomics) 생태계를 구성하고 있다. 다음 [표 4−9]에서 보면 이러한 메타버스의 2022년 10월 기준 랜드는 1칸당 약 300~500만 원에 거래되었다.

[표 4-9] 블록체인 기반 NFT 활용 메타버스 랜드 가격(2022.10)				
메타버스 플랫폼	최저가	랜드공급량	평균가격 (30Days)	판매량 (30Days)
Decentraland	1.56ETH (2,482$)	97,843	2.82ETH (4,474$)	257
Yhe Sandbox	1.35ETH (2,142$)	164,195	2.09ETH (3,320$)	796
Otherdeed for otherside	1.3ETH (2,062$)	100,000	2.99ETH (4,744$)	2,135

출처: WhaleAnalytica.com; 이연주/김경수(2022.12) 재인용

세 가지 NFT 활용 메타버스 플랫폼 중에서 특히 더샌드박스가 크리에이터들의 진입 장벽을 낮추는 전략을 꾀하고 있다. 크리에이터들은 직접 아바타, 의상, 굿즈 등을 제작해 더샌드박스 마켓플레이스에서 거래할 수 있고, 샌드(SAND)라는 암호화폐를 통해 이뤄지고, 이용자는 콘텐츠 판매로 얻은 수익을 법정 화폐나 다른 크립토 화폐로 교환해 수익화를 꾀한다. 콘텐츠 다양화를 위해 더샌드박스는 크리에이터들과 직접 파트너십을 맺는데, 대표적인 유명 아티스트로 패리스 힐튼(Paris Hilton), 데드마우스(Deadmau5), 스눕 독(Snoop Dogg), 스티브 아오키(Steve Aoki)가 있다. 이들은 NFT로 구성된 더샌드박스 랜드를 구매해 공연장을 구현해 라이브 공연을 진행했다. 스눕 독은 스눕 독 맨션을 구현해 프라이빗 파티를 개최했고, NFT로 파티 입장권을 판매했다.

더샌드박스는 크리에이터가 쉽게 창작할 수 있는 환경을 구축하는 데 노력한다. 플랫폼은 16만 개 랜드로 구성되어 있고, 그래프를 풍요롭게 만들어주는 복셀(Voxel) 타입으로 콘텐츠가 구현된다. 복셀 타입 모델링이 가능한 툴인 복스에디트(VoxEdit)와 게임메이커(Game Maker)가 크리에이터에게 제공된다. 코딩이나 모델링에 대한 전문 지식 없이 제작할 수 있지만 제한된 환경이라 창작 자유도는 다소 낮은 편이다.

2021년부터 국내 기업들도 NFT 유통 비즈니스에 진출하기 시작한다. 비즈니스 유형은 크게 두 가지로, 직접 NFT를 발행하고 유통하며 본인들의 제품 또는 서비스와 연계해 사업을 전개하는 NFT 사업과 NFT 거래를 지원하기 위한 마켓플레이스 사업이 있다. 2022년 국내 기업들의 NFT 사업 현황은 다음 [표 4-10]과 같다.

[표 4-10] 2022년 국내 기업들의 NFT 비즈니스 추진 현황

기업	사업 유형	주요 내용
위메이드	NFT 마켓 플레이스	위믹스 월렛 내 NFT 마켓플레이스 도입
	NFT 사업	그라운드 X의 블록체인 메인넷 '클레이튼'을 기반으로 위믹스 플랫폼 개발 및 P2E 게임 '미르 4 글로벌' 런칭
컴투스홀딩스 (구 게임빌)	NFT 마켓 플레이스	1Q22 테나 블록체인 기반 NFT 마켓플레이스 출시 및 게임 플랫폼 '하이브'를 블록체인 전문 플랫폼으로 만들며 전자 지갑과 NFT 거래소 기능을 합칠 예정
	NFT 사업	1월 중 거버넌스 상위 토큰 C2X 발행 계획 및 메타버스 가상 도시 컴투버스 출시 계획
컴투스	NFT 사업	VR 게임기업 '컴투스로카' 설립 및 메타버스 가상 도시 컴투버스 출시 계획, 1Q22 모바일 MMORPG 신작 〈서머너즈워: 클로니클〉을 블록체인 기반 P2E 시스템 NFT 게임으로 스위칭 개발하여 소프트 론칭을 계획

카카오게임즈	NFT 마켓 플레이스	NFT 마켓플레이스 '투데이이즈' 출시
	NFT 사업	보유 중인 게임 라인업에 자회사 '프렌즈게임즈'가 개발한 보라 코인을 기반으로 P2E 시스템을 접속할 예정
엔씨소프트	NFT 마켓 플레이스	NFT 마켓플레이스 준비
	NFT 사업	메타버스 플랫폼 '유니버스' 개발 및 운영 중
넷마블	NFT 사업	북미자회사 잼시티 통한 P2E 사업 전개 및 손자회사 메타버스 엔터테인먼트 통해 가상 아이돌 사업 추진
펄어비스	NFT 사업	신작 게임 '도깨비' 내 메타버스 콘텐츠 도입
갤럭시아머니 트리	NFT 마켓 플레이스	블록체인 전문 자회사 갤럭시아메타버스를 통해 NFT 디지털갤 러리 '메타갤럭시아' 정식 오픈, 옥션 서비스 오픈 예정
엔비티	NFT 사업	자회사 '엔씨티아마케팅'이 서울 지역을 수만 개의 타일로 나눠 NFT 형태로 사고팔 수 있도록 만든 메타버스 부동산 거리 플랫 폼 '세컨서울'을 개발
아프리카TV	NFT 마켓 플레이스	NFT 마켓 'AFT 마켓'을 운영 중. 최근 아프리카TV 스타 인플루 언서 BJ의 NFT 아바타가 2550이더리움(1,370만 원)에 거래
	NFT 사업	메타버스 플랫폼 '프리블록스'를 운영
다날	NFT 마켓 플레이스	22년 5월 NFT 발행 및 유통을 지원하는 NFT 마켓 플레이스 론 칭을 계획
	NFT 사업	22년 상반기 커뮤니티 기반 가상자산 재테크 메타버스 플랫폼 제프(JEFF) 출시 예정
서울옥션	NFT 마켓 플레이스	서울옥션의 관계사 '서울옥션블루' 21년 5월 두나무와 NFT 파 트너십에 대한 업무협약을 체결, 경매형식 기반의 오픈마켓 플 랫폼 '블랙랏'을 론칭
	NFT 사업	'서울옥션블루'의 자회사 'XXBLUE'를 통해 〈업비트 NFT 베타〉 에 NFT 디지털 아트 큐레이션 사업
네이버	NFT 사업	NFT 생태계 개발 및 확장을 전담할 신규 법인 라인 넥스트(LINE NEXT)를 설립 라인 넥스트는 한국과 미국을 거점으로 글로벌 생태계 혁신 및 확장에 주력할 예정
하이브	NFT 사업	두나무 전략적 파트너십 체결 및 소속 아티스트 NFT 굿즈 제작 계획

JYP 엔터테인먼트	NFT 사업	두나무 합작법인 설립 및 NFT 사업 추진
SM 엔터테인먼트	NFT 사업	디어유 메타버스 플랫폼화, 솔라나 기반 NFT 사업 추진, 메타버스 세계관 'SM 컬처 유니버스'
큐브 엔터테인먼트	NFT 사업	애니모카브랜즈와 합작법인 설립, 글로벌 뮤직 메타버스 플랫폼 런칭 계획

출처: 각 사, 삼성증권(2022.2.4) 재인용

한 예로 큐브엔터테인먼트가 애니모카브랜즈와 뮤직 메타버스 플랫폼 구축을 위한 조인트벤처를 설립해, 애니모카브랜즈와 큐브엔터 각각 60%, 40%로 구성된다. 다음 [그림 4-11]에서 보듯이, 이는 뮤직을 소재로 한 P2E 게임 형태로 글로벌 최초 뮤직 오픈 메타버스 플랫폼이다. 큐브엔터테인먼트가 보유하고 있는 IP(음원, 앨범, 초상권 등)와 애니모카브랜즈의 ICT 기술력을 통해 완성되었으며, 수익 모델은 NFT 판매 매출, 2차 마켓 발생의 거래 수수료이다. 베이스 음원과 아바타, 스튜디오, 각종 악기 등이 NFT화된다.

[그림 4-11] 애니모카브랜즈와 큐브엔터 JV 사업 구조 및 뮤직 메타버스 작동원리

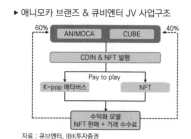
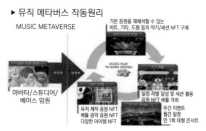

출처: IBK투자증권(2022.2.16)

뮤직 메타버스 플랫폼 이용자는 NFT화된 베이스 음원을 구매하고 믹싱 작업을 통해 신규 음원을 '소유(+저작권 : 기초 음원 NFT 소각 시)'할 수 있으며, 플랫폼 내 뮤직 오디션(음원 NFT 배틀)과 콘서트(월간, 연간)를 통해 신규 제작한 음원을 공개하고 가치 재평가를 받을 수 있다. 마켓플레이스를 통해 판매 가능하고, 신규 음원 NFT는 타 오픈 메타버스 플랫폼에서도 활용 가능하다. 음원을 제작하지 않는 일반 이용자는 댓글 달기, 평가 참여 등 각종 이벤트에 참여해 자체 토큰으로 보상을 받고 거래소를 통해 현금화가 가능하다. 사용자 보상 시스템 측면에서 기존 인터넷 플랫폼 대비 비교 우위를 갖는다. 뮤직 메타버스의 플랫폼 타임라인은 다음 [그림 4-12]와 같다.

[그림 4-12] 뮤직 메타버스의 플랫폼 타임라인

출처: IBK투자증권(2022.2.16)

국내에서는 P2E 시스템 기반 NFT 유통 비즈니스가 법적으로 아직 불가능하다. '게임산업진흥에관한법률'로 P2E같이 게임상 결과물을 환전하는 행위가 법적으로 금지되어 있어서, 미르4 같은 게임은 P2E 시스템을 제거한 후 국내에 서비스된다.

마켓플레이스 등장 이후 NFT의 2차 거래가 활성화되어 글로벌 시장을 오픈시가 과점하고 있다. 2021년 8월 사상 최대 월간 거래 규모인 31.6억 달러를 기록한 이후 월 평균 20억 달러 이상을 기록하며 글로벌 NFT 거래의 88%를 차지했던 오픈시는 가상자산 개인지갑만 연결한다면 누구든지 자유롭게 NFT를 등록하고 거래할 수 있는 개방형 유통 플랫폼이 되었다. 국내에서는 가상자산거래소 중심으로 NFT 마켓플레이스 사업이 확대되고 있다. 2021년 5월 코빗에서의 NFT 거래소 출시를 시작으로 카카오의 블록체인 계열사, 그라운드X가 디지털 아트 NFT 옥션 플랫폼인 '클립드롭스'를 2021년 7월 출시해 12월, 2차 판매 기능인 마켓 기능을 추가했다. 2022년 1월 그라운드X는 클레이튼 블록체인 개발 및 운영 사업을 크러스트로 이관하고 NFT 사업에 집중할 것임을 발표했다.

업비트를 운영 중인 두나무도 하이브, JYP, 서울옥션, 서울옥션블루와 함께 NFT 사업을 추진 중이며 2021년 11월, NFT 마켓플레이스 베타서비스인 '업비트 NFT 베타'를 출시했다. 2위 가상자산 거래소인 빗썸은 온라인 상품판매 플랫폼인 빗썸라이브를 확대하고 자체 NFT 마켓플레이스를 출시하게 된다.

암호화폐거래소가 아닌 사업자들도 NFT 마켓플레이스 사업에 진출한다. 아프리카TV는 아바타, VOD 콘텐츠 NFT 마켓플레이스인 'AFT마켓'을 2021년 11월 출시했고, 12월에 크리에이터인 철구의 NFT 아바타가 2.55ETH(1,370만 원)에 거래되었다. 'AFT마켓'에서는 인기 크리에이터의 3D 아바타나 스페셜 영상 다시보기가 NFT로 발행되어 판매된다. 소유권은 한 명에게만 부여되며 원본 VOD에 낙찰 금액 및 구매자 닉네임이 노출되는 특전이 제공되며, NFT 상품 구매 시 수수료를 제외한 금액의 50%가 크리에이터에게, 2%가 구매자에게 돌아간다. 다음 [그림 4-13]은 AFT마켓에서 판매 중인 VOD 다시보기와 3D 아바타, 원본 영상에 표시된 구매자 닉네임과 낙찰 금액 사례이다.

[그림 4-13] AFT마켓 거래 VOD 다시보기와 3D 아바타

자료 : AFT Market, 유진투자증권

자료 : AFT Market, 유진투자증권

출처: 유진투자증권(2021.11.13)

카카오게임즈의 자회사인 프렌즈게임즈도 자체 발행 토큰인 '보라 (BORA)'를 활용한 NFT 거래소인 '투데이즈'를 2021년 12월 출시 했다. 다음 [표 4-11]은 국내 기업들의 NFT 마켓플레이스 출시 현황이다.

[표 4-11] 2022.2월 국내 주요 기업들의 NFT 마켓플레이스 출시

기업	NFT 마켓플레이스 현황
카카오(그라운드X)	클립 드롭스 출시
두나무	업비트 NFT 베타 출시
빗썸	빗썸라이브 확대, NFT 마켓플레이스 준비
코빗	코빗 NFT 출시
아프리카TV	AFT마켓 출시
위메이스	위믹스 월렛 내 NFT 마켓 도입
컴튜스홀딩스(구 게임빌)	1Q22 테라 블록체인 기반 NFT 거래소 출시
카카오게임즈	투데이즈 출시
엔씨소프트	준비 중
갤럭시아머니트리	준비 중
다날	준비 중

출처: 삼성증권(2022.2.4)

NFT는 게임 외에 음원이나 앨범, 공연, 머천다이징(Merchandising; 이후 MD) 같은 전통 수익구조부터 신규 이벤트 및 로열티 판매까지 활용 가능하므로 크리에이터 미디어 유통에 상당한 영향을 미칠 것이다. NFT의 장점을 통해 오리지널 IP의 가치를 보장할 수 있고, 높은 자산 유동성, 비용 효율화 등과 같은 새로운 가치를 창출하며, 크리에이터와 팬의 직접적 상호작용을 통한 커뮤니티 형성 등 새로운 방식의 소통 채널을 형성하는 플랫폼 생태계로 성장할 것으로 보인다.

참고문헌

글로벌 비즈(2021.7.6). 2021년 상반기 NFT 판매액 25억 달러로 급증.

김동섭(2016.3.11). 디지털통화와 블록체인, 한국은행.

네이버포스트(2019.4.9). 베라시티(Verasity) Q&A 정리! https : //post.naver. com/viewer/postView.nhn?volumeNo = 19036341&memberNo = 2 1665068.

네이버포스트(2021.6.8.). 디지털 음원유통 수익 배분 구조 알아보기.

미래에셋증권(2021.1.23). 블록체인, 코인과 NFT, 이것이 미래다.

민경식(2018.3.21). 국내 블록체인 산업발전을 위한 정책 제언, 정보통신기술 진흥센터 주간기술동향.

방송과기술(2020.6.11). 블록체인 기술과 미디어 플랫폼, 그리고 방송, 트렌 드 리포트.

블록체인투데이(2021.10.19). 베라시티(Verasity, VRA), e스포츠 · 동영상 엔터 테인먼트 플랫폼, https://www.blockchaintoday.co.kr/news/article View.html?idxno = 19381.

삼성증권(2022.2.3). 메타버스, XR로 꽃피우다.

삼정KPMG경제연구원(2016). 블록체인이 가져올 경영 패러다임의 변화, 금융을 넘어 전 산업으로.

송민정(2018.5.8). 블록체인 4탄: 블록체인과 콘텐츠 비즈니스의 활용, 첨단헬로티.

아이비케이(IBK)투자증권(2022.2.16). NFT(Non Fungible Token: 대체 불가능한 토큰): 재미에서 일상으로.

유진투자증권(2021.10.5). NFT, 메가트렌드가 될 것인가.

유진투자증권(2021.11.30). 우리는 돈 되는 메타버스에 산다.

이연주/김경수(2022.12). 크리에이터와 메타버스로 글로벌 NFT 시장을 도전·선도하는 2022년 주요 라이징 글로벌 기업 성과와 전망, 크리에이터 미디어 글로벌 산업동향 Vol.3, 한국전파진흥협회.

이은정(2022.8.24). NFT, 수집품 외 용도가 있을까? https://www.samsungsds.com/kr/insights/nft_collections.html.

인터넷진흥원(2021). NFT 기술의 이해와 활용, 한계점 분석, KISA Insight, Vol.3.

케이비(KB)증권(2021.12.6). 직접 만들어본 NFT.

코인데스크(CoinDesk)(2021). 2021년 1분기 암호화폐 동향보고서.

정상섭(2018.7). 2018 블록체인 기술과 미디어 산업, 방송과 미디어 제23권 3호, 특집.

정보통신기획평가원(IITP)(2021.9.29). 소유의 귀환, NFT 기술.

하나금융그룹(2021.11.8). NFT에 담아낼 ARMY의 가치.

Satoshi Nakamoto (2008). Bitcoin: A Peer−to−Peer Electronic Cash System, https://bitcoin.org/bitcoin.pdf.

Qin Wang, Rujia Li, Qi Wang, and Shiping Chen (May 2021). Non−Fungible Token (NFT) : Overview, Evaluation, Opportunities and Challenges, Working paper.

NFTgo (June 16, 2022). How are BlueChip NFTs Performing in the Bear Market.

The Coindesk (Feb. 1, 2022). Global VC investment in Cryptocurrency and Blockchain.

PART

3

—

크리에이터
경영 개관

Chapter 5

크리에이터의 제작 경영

제1절 크리에이터 제작 경영의 이해

　개방성, 투명성, 단순성, 창의성으로 대표되는 2000년대 웹2.0 시대가 되면서 크리에이터 미디어인 블로그, 카페 서비스가 시작되었고, 2004년 이후 미국 유튜브, 국내 판도라TV, 아프리카TV 등 동영상 공유 서비스가 시작되면서 대중적 영향력을 가진 크리에이터 미디어 산업이 형성된다. 기성 미디어 콘텐츠 제작보다 소셜미디어 플랫폼 이용자가 제작한 콘텐츠 생성과 이용이 활발해진 것이다. 이와 동시에 네트워크 환경, 디지털 기술, 뉴미디어 플랫폼 환경 등이 발달하고, 한 개인이 생산자와 소비자 역할을 동시에 수행하는 프로슈머(Prosumer)로 부상하면서 '미코노미(Meconomy)'시대가 열리게 됐으며 이제 웹3.0 시대를 마주하고 있다.

　'미코노미'는 자신을 뜻하는 '미(Me)'와 경제인 '이코노미(Economy)'를 더해 만든 신조어로 '내가 생산하는 경제'를 말한다. 수동적 소비자가 능동적 이용자로 발전하고 개인이 정보 가공, 제작 및 유통을 전담하는 등 경제 활동의 주체가 된 것이다. 미코노미는 2001년 제러미 리

프킨(Jeremy Rifikin)의 저서인 《소유의 종말(원서명은 접속의 시대(The Age of Access))》에서 처음 언급되며 알려지기 시작했다. 노동 및 자본 집약적 전통 기업의 상품을 소유하던 시대에서 유형, 무형 자산에 대해 네트워크를 본인이 직접 '접속'하는 시대로 변화해 개인 중심의 경제 활동 개념이 형성되었다.

이러한 미코노미는 개인이 '내가 생산하는 경제 활동'의 의미인 프로슈머로 성장하는 현상을 의미했지만, 그 의미가 더욱 확장되어 개인의 행복과 나를 위한 소비를 중요하게 생각하는 트렌드를 반영한다. 1인 가구가 형성하는 경제 활동과 삶의 질을 높이는 '욜로(YOLO; 'You Only Live Once(당신은 한 번뿐인 인생을 산다)'의 줄임말)' '소확행('소소하지만 확실한 행복'의 축약어)' 등 트렌드가 주목받으면서 미코노미는 '내가 생산하는 경제 활동'에서 '나를 위한 경제 활동'으로 확대된다.

미코노미 활동 중심에 크리에이터가 중요한 역할을 하면서 크리에이터 이코노미(Creator economy)로도 발전한다. 크리에이터 이코노미는 크리에이터가 자신의 창작물을 기반으로 수익을 만들어내는 경제활동이다. 크리에이터 이코노미가 성장한 배경에는 유튜브의 영향이 매우 컸으며, 유튜버가 하나의 직업으로 인정받을 만큼 영향력과 수익이 높아지면서 더 많은 크리에이터들이 탄생하게 된다. 글로벌 미디어 마케팅 업체인 '인플루언서 마케팅 허브(Influencer Marketing Hub)'에 따르면, 2022년 10월 전 세계에 크리에이터로 활동하는 사람은 5,000만 명에 달한다. 이 중 200만 명은 10만 달러(약 1억 3,000만 원) 이상의 소득을 얻었고, 세계 시장 규모는 1,040억 달러(약 130조 원)로 추정되었다.

크리에이터의 경영은 곧 수익 모델 창출을 의미한다. 이를 위해서는 콘텐츠의 경쟁력과 지속 가능성이 요구된다. 먼저 콘텐츠가 경쟁력을 가지려면 명확한 포지셔닝과 타기팅이 전제되어야 하고, 해당 타깃에게는 가치를 제안하여 수익 메커니즘으로 이어지게 해야 한다. 또한 수익 규모도 처음부터는 아니라 할지라도 경제성을 확보할 만한 수준을 유지해 나가야 한다.

또한 경쟁력 있는 콘텐츠는 일시적으로 끝나는 것이 아니라 어느 정도의 지속 가능성을 지니고 있어야 한다. 즉, 다수의 시청자들에게 콘텐츠가 노출 및 구독되고, 적극적인 공유와 확산을 통해 네트워크 효과로 이어져야 하며, 경쟁하는 크리에이터들과는 차별되는 자신만의 가치를 지속적으로 제안해야 하고, 시청자 내지 구독자 록인(Lock−in)을 통해 일정 기간 동안 콘텐츠의 매력을 유지해 나가야 한다.

크리에이터가 고려해야 하는 수익 메커니즘은 일반 비즈니스와 별반 다르지 않다. 수익은 매출에서 비용을 뺀 차감 금액이다. 따라서 크리에이터는 매출이 아닌 순수익을 항상 염두에 두어야 한다. 수익 모델에 대해서는 2장에서 언급했는데, 플랫폼으로부터 배분 받는 수익, 자체 제작 광고 수익, 미디어 커머스 및 IP 기획 수익, 기타 용역을 할 경우의 수익 등이 있다. 비용은 영업 비용과 영업 외 비용으로 구분되며, 매출원가로 인식되는 고정 비용이 있다. 영업 비용에는 인건비, 용역비, 홍보 마케팅 비용 등 영업 관련 비용이 포함되며, 영업 외 비용에 세금 등이 포함된다.

크리에이터의 인지도와 영향력이 커지면서 이사배나 도티, 랄랄 등은 크리에이터 활동 외에도 기존 방송 미디어 활동도 함께 전개해 나가게 되는 것을 보게 된다. 이들은 TV 예능 프로그램인 '라디오 스타'와 종합편성 TV 채널인 JTBC에서 1인 크리에이터의 삶을 다루는 예능 프로그램인 '랜선 라이프'에 출연하였다. 그 외에도 인스타그램 라이브나 유튜브 라이브 등을 통해서 개인의 일상생활을 공유하기도 한다.

제2절 크리에이터의 제작 유형

2018년 조사된 한국노동연구원의 보고서에 따르면 크리에이터가 활동하는 제작 장르 내지 유형의 37.1%가 일상 내지 라이프스타일 관련이었으며, 리뷰, 뷰티, 엔터테인먼트 분야 콘텐츠도 평균 20% 내외를 웃돌았다. 이후 먹방(Mukbang), 게임, 교육, 음악, 키즈(Kids) 등의 활동이 두드러지며 콘텐츠의 다양성은 심화된다. 일상의 친근한 소재에서 게임, 뮤직, 외국어, 교양, 시사 등의 전문적 분야까지 제작 유형은 점차 다양해지고 있다. 크리에이터 실무에 들어가기 전에 게임, 먹방, 뷰티, 키즈, 일상/브이로그(Vlog)에 대해 개념 중심으로 간단히 소개한다. 먼저 게임은 타인이 하는 게임을 보는 즐거움에서 시작되었는데, 점차 실시간으로 게임을 중계하거나 직접 플레이하기도 하면서 퍼포먼스나 음성 코멘트 등을 덧붙이고 시청자들과 소통하는 방식으로 발전해 나간다.

먹방은 국내에서 만들어진 신조어이자 신 유형인데, 음식을 먹는 것을 보여주며 실시간 시청자와 소통하는 데서 시작했다. 처음에는 기존 영상 콘텐츠 분류 기준으로는 설명하기 힘든 독자 유형이었다가 주류 미디어에 거꾸로 영향을 미치는 등 대중 문화로 부상하였다. 식욕 그 자체를 다루어 대리 만족과 쾌감을 느낄 수 있고 실시간 양방향 소통을 통해 위안과 공감을 얻을 수 있어 많은 사람들이 시청하기 시작했는데, 2016년부터 세계적 이슈가 되어 먹방의 발음을 해외에서 그대로 가져가 사용하고 있다. 미국, 중국, 동남아 등 다른 나라에서도 새로운 유형인 먹방을 시도하기에 이른다.

뷰티는 메이크업, 헤어, 패션 등을 중심으로 하며, 크리에이터가 직접 헤어스타일, 화장 등에 대한 노하우를 전해주거나 각종 제품에 대한 사용 리뷰를 통해 시청자들의 호기심과 공감대를 불러일으키며 인기를 끌고 있다. 특히 시각적으로도 동시에 보여줄 수 있어 타 유형에 비해 언어 장벽이 매우 낮고 해외 시장으로 진출할 수 있는 가능성이 매우 높다. 이에 뷰티 산업의 해외 진출 전략이나 커머스(Commerce)와 연계된 비즈니스 모델로 주목받게 된다. 유튜브의 '쇼핑 익스텐션(Shopping extension)', 페이스북 '숍(Shops)', 인스타그램 숍(Shop), 틱톡의 '숍나우(ShopNow)', 카카오 커머스 등의 소셜 커머스 외에, 티몬(Timon), 현대백화점, AK플라자 등의 인터넷 쇼핑몰 커머스에 1인 뷰티 크리에이터가 연결된다.

일상/브이로그 유형은 출퇴근, 회사 생활, 학교 생활, 하루 일과 등 다양한 일상을 다루어 공감대를 형성한다. 브이로그는 비디오 블로그(Video blog)의 줄임말로, 비디오 형식으로 업로드하는 블로그를 뜻한다. '10시간 동안 공부하기'와 같이 수험생, 공시생, 대학생 등 자신이 공부하는 모습을 실시간으로 방송하거나, 작업실에서 쉬는 모습, 자는 모습을 보여주는 '잠방'으로까지 확장되고 있다. 이는 동기를 부여하는 새로운 방법으로 각광받으며 외롭게 공부하는 학생들의 심리적 욕구를 충족시키면서 시청자와 소통하는 장으로 진화하고 있다. 타 장르와 달리 큰 노력을 들이지 않고 일상을 통해 돈을 벌 수 있다는 장점 때문에 일상/블로그 유형은 빠른 속도로 사람들의 마음을 사로잡는다.

키즈는 어린이 대상으로 장난감을 가지고 재밌게 노는 모습을 촬영해 업로드하는 형태로 시작되었고, 채널에 따라 실험하기, 게임하기, 그냥 노는 영상 등 다양한 소재나 스타일이 존재한다. 키즈 유형은 광고 시청률이 매우 높고 지속적으로 시청하는 사람이 많으며, 협찬 수익도 매우 높아 상대적으로 안정적 수익 모델을 구축하기에 유리하며,

언어에 상관없이 전 세계 어린이들과 공감할 수 있다는 장점이 있어 구독자 100만을 넘는 채널이 많으며 평균 조회 수도 100만을 훌쩍 넘는다. 아이들은 이미 본 영상을 반복해서 시청하고, 영상에 붙은 광고를 콘텐츠라 생각하여 끝까지 시청하기 때문에 천문학적 조회 수를 기록하는 것이다. 방송의 어린이 프로그램에 대한 광고 규제가 엄격해서 규제가 덜한 크리에이터 미디어에 새로운 기회가 열린다.

하지만 학대 논란, 선정성 이슈 등으로 유튜브가 취한 2020년의 키즈 정책 변화로 광고에 제한이 생기면서 키즈 유형만으로는 돈을 많이 벌 수 없게 되면서, 많은 키즈 유형의 크리에이터들이 아동 타깃에서 성인 타깃으로 변경하거나, 부모와 동반해 출연하거나, 신규 채널들을 개설하는 등의 대응 방안들을 모색하게 된다. 상업성 이슈와 논란에도 불구하고 어린이들의 TV 시청 기피와 유튜브 등 인터넷 플랫폼 이용 증가를 통해 온라인 미디어 시장은 아동용 콘텐츠 중심으로 빠르게 성장하게 된다.

다음 [표 5-1]에서 보듯이, 2021년 한국전파진흥협회가 조사한 크리에이터 제작 실태 보고서에 따르면 MCN을 포함한 설문 대상 크리에이터 미디어 83개 사의 제작 유형 순위는 일상이 46.8%로 가장 많았고, 그다음으로 엔터테인먼트(40.5%), 뷰티/패션 27.4%, 푸드/쿠킹(26.4%), 음악/댄스(26.3%), 키즈(25.2%), 인물/유명인(22.5%), 게임(13.9%)순으로 나타났다.

[표 5-1] 2021년 설문 대상 크리에이터 미디어 제작 장르 순위

		사례수	라이프 스타일	엔터테 인먼트	키즈	게임	음악/ 댄스	푸드/ 쿠킹	뷰티/ 패션	인물/ 유명인
	전체	83	46.8	40.5	25.2	13.9	26.3	26.4	27.4	22.5
참여 분야	영상 제작 및 제작지원	47	37.6	36.0	23.3	2.1	21.7	17.9	17.2	23.6
	광고·마케팅	14	59.3	37.4	18.7	40.7	37.4	37.4	59.3	18.7
	매니지먼트 (MCN사)	14	71.5	42.4	13.9	13.9	24.8	38.7	24.8	13.9
	온라인 비디오 공유 플랫폼	8	37.0	69.5	67.6	37.0	37.0	37.0	37.0	37.0

출처: 전파진흥협회(2021.12)

제3절 크리에이터의 제작 기획

크리에이터의 제작 기획은 기존 미디어 제작 기획 프로세스와 유사하며, 제작 문법도 다음 [그림 5-1]에서와 같이 설명될 수 있다. 중요한 것은 기획 단계에서부터 유통을 고려하고 소비자와의 연결성을 어떻게 구현해야 할지 고민해야 한다는 점이다. 기획안, 스토리보드 콘티, 큐시트, 콜시트에 대해 알아야 하고, 카메라, 마이크, 조명 등 촬영에 대한 기본 상식도 필요하며, 제작 후 과정인 편집 관련 툴과 편집 장비에 대해 알아야 한다. 이에 대해서는 뒤의 크리에이터 실무에서 자세히 다루기로 한다.

[그림 5-1] 미디어 제작 문법

Pre Production ⇒	Main Production ⇒	Post Production
비즈니스 콘셉트, 제작 기획 및 시스템 구축, 아이디에이션, 스토리 라인 구축, 디자인, 시장조사 및 분석, 틈새전략, 제휴전략, 비즈니스 모델링, 미디어믹스, 라이선싱, 경쟁 전략, 수익화 전략, 단계별 사업추진전략, BI/CI 전략, 웹기획, 데이터웨어, 마켓 피드백 등	프로덕션 관리시스템, 프로젝트 공정관리시스템, 해외 아웃소싱, 원가관리시스템, 개발매뉴얼, 일정관리, 프로듀서 목표관리, 프로젝트 업무 조정, 자금계획, 스토리 라인 제작 관리시스템, 소비자 및 목표시장 베타테스트 등	수익창출 시나리오, 제휴전략 및 파트너십, PPL 시나리오, 4P전략, 머천다이징전략, 리스크관리시스템, 광고홍보전략, 유통네트워크, 로컬전략, 경영전략, 해외마케팅 네트워크전략, 수익배분시스템, 특성별 계약시스템, 배급사 관리, 시장반응별 대응 전략시스템 등

크리에이터 제작 문법에 대해 이해했다면 채널 편성에 대한 이해가 요구된다. 이는 어떤 채널의 콘텐츠로 시청자의 관심을 끌려면 어떻게 해야 하는지와 어떻게 채널을 통해 수익 창출을 할 수 있는지에 대한 것이다. 콘텐츠 전략 및 편성 전략을 추진하기 위해 어떤 채널 목표를 세워 관리하고 성장시켜야 할지에 대해 고민해야 한다.

크리에이터 콘텐츠 제작 기획의 출발점은 스토리 선정이다. 스토리는 전문 미디어 제작과 달리 아주 평범한 일상에서부터 시작하는 경우가 대부분이다. 즉, 자신의 앞에서 당장 일어나는 일상으로부터 큰 영감을 얻을 수 있으며, 특히 당장 할 수 있는 일상에서 아이디어를 얻는 것이 시작하기에 용이하다. 아이디어를 얻기 위해서는 하고자 하는 콘텐츠 제작 유형별로 대표급이라 할 수 있는 크리에이터들의 성공담들에 대해 미리 스터디하는 것이 매우 도움이 된다. 아이디어가 떠오르면 이를 바탕으로 이야기를 만들어야 하는데, 브레인스토밍하면서 범위를 좁혀 나가는 작업이 요구된다.

스토리가 선정되었다면 자신만의 스타일을 보여주는 캐릭터 설정이 요구된다. 촬영 장소 외에 세트 디자인, 의상, 모습을 통해 시각적으로 크리에이터 자신만의 스타일을 연출할 수 있다. 제작하려는 동영상에 맞는 전형적인 배경을 선택하고, 의상도 자신을 표현하는 효과적인 수단이 됨을 명심해야 한다. 촬영, 편집 과정 및 유튜브 등 플랫폼 선택과 등록 과정, 노출 마케팅 등의 콘텐츠 홍보 과정 등에 대해서는 후반부의 실무에서 자세히 다루기로 한다.

제4절 크리에이터의 제작 전략

크리에이터의 제작 전략은 크게 세 가지로 나누어 볼 수 있다. 즉, 소통(Communication) 전략, 콜라보레이션(Collaboration; 이후 콜라보) 전략, 그리고 세금 절약(이후 절세) 전략이다. 먼저 친근한 소통 전략이다. 유명 크리에이터가 된다 해도 연예인 같은 요원한 존재가 아닌 일반인으로서 마치 아는 사람처럼 공감을 자아내려는 노력이 처음부터 필요하다. 예컨대 뷰티 유형에서 메이크업 콘텐츠로 유명세를 타게 된 이사배의 경우를 보면 화려한 입담과 전문 지식으로 시청자의 눈길을 사로잡고 있다. 수지나 설현, 이효리 등의 다양한 연예인 커버 메이크업을 직접 선보이며 '연예인 복사기' 애칭을 얻게 되었고, '승무원 메이크업 따라하기'나 '상견례 때 유용한 메이크업' 등 친근감을 주는 맞춤형 정보 제공으로 극찬을 받았다.

다음은 콜라보 전략이다. 이는 2장에서 언급한 기업과의 브랜드 제휴를 통한 콜라보 전략을 말한다. 수익 모델로 PPL과 브랜디드 콘텐츠에 대해 이미 설명하였다. 초기의 블로그 마케팅에서는 블로거들을 통한 체험단 마케팅이 대부분이었다. 하지만 점차 페이스북, 인스타그램 등을 통한 인플루언서 마케팅이 활발해지면서, 크리에이터 미디어와 기업 간의 콜라보가 성행하기 시작한다.

초기 블로그 마케팅 시대에는 기업이 직접 블로그 체험단을 운영했고 파워 블로거와 개별 연락해서 계약하고 체험단을 진행하는 정도였다. 일일이 접촉하고 캠페인 미션을 주고 결과를 수집하는 일이 점차 힘들어지면서 블로그 체험단을 전문 대행하는 업체들도 생겨나게 되었다. 1인 크리에이터의 경우도 사실상 이와 유사하다. 기업이 크리에이터와 콜라보 영상에 관심을 가지면 연락하여 접촉하고 개별적으로 캠페인 미션을 준다. 그런데 글 중심 블로그에 비해 동영상은 수정 폭이 적어 보다 완벽한 캠페인 기획이 필요하여 기업이 모든 것을 직접하기가 쉽지 않게 된다.

따라서 MCN들이 소속 크리에이터와 콜라보를 하고 싶은 기업에게 에이전시 역할을 해주는 것이 기업들에게는 더 편하게 된다. 예컨대 화장품 기업에서 화장품 홍보를 위해 뷰티 크리에이터를 원하면 MCN은 기업 브랜드에 맞는 크리에이터를 선별하여 광고주인 기업에게 제안하고, 해당 기업은 크리에이터 영상과 구독자, 조회 수 등을 파악해 원하는 크리에이터를 선택한다. 광고주, MCN, 크리에이터가 특정 유형의 홍보를 위한 영상 콘셉트를 잡은 후 촬영에 들어가고 광고주의 검토 후 업로드가 진행된다. MCN 의뢰 후 실제 영상물로 결과가 나오기까지는 약 3~4주 정도가 보통 소요된다고 한다.

크리에이터가 제작 전략 차원에서 브랜드 기업과 콜라보할 때 고려해야 할 몇 가지 유의 사항들이 있다. 먼저 계약 가격이다. 보통 상업성을 갖춘 크리에이터라면 최소 10만 명 이상의 구독자를 가져야 한다. 인플루언서들은 보통 100만 명이 넘는 그룹, 50만 명이 넘는 그룹 그리고 10만 명이 넘는 그룹으로 세분화되어 있다. 100만 명 이상

그룹에 광고를 집행하기 위해서는 영상 1편에 최소 500만 원 이상의 비용이 든다고 한다. 점차 크리에이터 미디어 구독자의 팬덤 현상이 심화되면서 보다 강한 크리에이터의 영향력은 구독자 수에 따른 광고비 상승으로 이어진다. 따라서 기업의 비용을 절감해주려는 노력의 일환으로 에이전시 역할을 하는 MCN들이 구독자 50만 명 이하의 1인 크리에이터 중심으로 저가의 콜라보 상품들을 출시하기 시작한다.

기업과의 콜라보에서 무엇보다 중요하고 유념해야 할 것은 광고 효과이다. 몇몇 파워 블로거를 제외하고는 블로그 체험단 제작 콘텐츠들은 네이버 검색 노출을 위해서만 작성되기 때문에 콘텐츠 내용보다는 어떤 키워드로 어떻게 노출되었는지가 중요하다. 따라서 블로그 콘텐츠에 대한 신뢰도는 과거에 비해 크게 떨어진 것이 사실이다. 한편 유튜브는 구독자 기반이라 크리에이터에 대한 기본적 신뢰도가 기저에 깔려 있다. 내가 좋아하고 즐겨보는 유튜버가 추천하는 상품과 서비스를 믿고 구매하는 것이 브랜드 콜라보의 핵심이며, 기업에서 멋진 자체 영상을 만드는 것보다는 구독자 충성도가 높은 유튜버가 B급으로 만든 영상의 효과가 더 높을 수 있다. 유튜브는 구독자 기반으로 노출되고 시청 시간이 노출 순위와 노출 양에 영향을 미치기 때문에 시간으로 인한 콘텐츠 노출 양 변화가 비교적 적어, 한 콘텐츠가 오랫동안 고객들에게 노출될 수 있다.

그럼에도 불구하고 유튜브에서도 광고 효과를 정확하게 측정하는 것은 쉽지 않다. 유튜브를 통해 영상을 보고 네이버에서 검색해서 구매하거나, 유튜브 하단에 노출되는 링크를 통해 구매하거나, 종합 쇼핑몰이나 오픈 마켓에서 구매할 수도 있기 때문에, 영상을 보고 매출에 얼마의 영향이 미치는지를 정확하게 측정하기란 사실상 무리이다. 이 때문에 마케팅 효과를 중시하는 기업들은 페이스북 대신 유튜브 크리에이터와 콜라보 영상을 찍는 데 아직은 주저하게 된다.

유튜버를 통한 마케팅 성과에는 구독자의 팬덤이 매우 큰 영향력을 미치므로 크리에이터는 콜라보를 위해 팬덤을 구축해야 한다. 팬덤을 구축한 크리에이터의 성장이 기업의 마케팅 차원에서는 새로운 기회의 장이 된다. 상품의 협찬뿐만이 아니라 유명 유튜버와 패션 브랜드 콜라보 상품 제작, 캐릭터 상품 출시, 라이브 커머스 협업 등 다양한 형태로 확장이 가능하다. 예로 2021년 구독자 130만 명을 보유한 유튜버, 꽈뚜룹은 글로벌 스포츠 브랜드 휠라(FILA)와 콜라보해 자신 이름을 딴 의류를 출시했고, 구독자 154만 명을 보유한 유튜버, 김재원은 자신의 캐릭터를 본따 만든 이모티콘을 출시했으며, 유명 뷰티 유튜버, 아름송이는 화장품 브랜드 AHC와 라이브 커머스 콜라보 방송을 진행한 바 있다. 이처럼 크리에이터의 입지가 넓어지며, 다양한 채널에서 브랜드 콜라보 기회가 점차 늘어나고 있다.

크리에이터가 유념해야 할 또 다른 전략은 절세 전략이다. 보통 프리랜서 계약이 아닌 사업자 형태로 세금계산서 발행을 받는 것이 추천된다. 크리에이터는 순이익률이 매우 높은 업종으로, 콘텐츠를 활용해 수익을 창출하므로 부가가치 및 확장성이 매우 높아 세금 부담에서 자유로울 수 없다. 특히 개인 사업자 형태를 가진 고소득 크리에이터는 매년 종합소득세 신고 시에 세금 부담이 크다. 세금 부담을 낮추기 위해 1인 법인 설립을 고려해볼 수 있는데, 이는 회사의 형태를 갖추는 것으로 크리에이터는 주식회사의 주주이자 대표이사가 되며, 법인을 통해 콘텐츠 사업을 하게 된다.

개인 사업자로 등록된 크리에이터는 매년 종합소득세를 신고한다. 이는 전년도 소득을 합산해서 5월에 신고하는 소득이다. 해외에서 국내로 바로 송금되는 유튜버 구글 애드센스 수입의 특성상, 5월 종합소득세 신고 시 누락되는 경우가 종종 발생해 주의가 필요하다. 실제로 80만 구독자를 보유한 유튜버가 달러로 입금된 광고 수익을 제때에 신고하지 못해 국세청으로부터 해외 입금액에 대한 소명 자료를 제출하라는 통보를 받았고, 신고하지 않은 부분에 대해 가산세를 추징당한 사례가 있다.

참고문헌

김남근(2019.6.11). 나를 위한, 나에 의한, 나만의 소비 트렌드, SNS Inside, http://www.snsinside.co.kr/news/articleView.html?idxno=1125.

디지털인사이트(2021.4.2). 증가하는 크리에이터 마케팅 콜라보, 크리에이터 가 알아야 할 세무 이슈는?

문화체육관광부(2018.5). 개인미디어 콘텐츠 육성방안 연구.

산업일보(2018.12.27). 新소비 트렌드, 나를 위한 소비 '미코노미(Meconomy)'.

삼성SDI(2018.10.30). 나를 위한 가치 있는 투자 지금은 미코노미 시대.

서울신문(2020.1.5). 키즈 콘텐츠에 광고 제한… '억만장자' 꼬마 유튜버 사 라지나.

오종현(2018.2.14). 유튜브 크리에이터와 콜라보 마케팅할 때 알아야 할 세 가지, http://www.openads.co.kr/content/contentDetail?contsId=4947.

전성원(2019.1.29). 나를 위한 소비 이제는 미코노미 시대, https://m.blog. naver.com/PostView.nhn?blogId=mosfnet&logNo=221453988062 &proxyReferer=https:%2F%2Fwww.google.com%2F.

정보통신정책연구원(2019). 국내 OTT 서비스 이용 현황 분석: 유튜브를 중 심으로, 제 31권 4호 통권 687호.

파이낸셜 뉴스(2018.11.3). 188억 버는 유튜버까지… '브이로그' 전성시대.

조선비즈(2021.8.4). 크리에이터 이코노미, 이코노미 조선 커버스토리, 통권 407호.

케이비(KB)금융지주경영연구소(2018.4.18) 크리에이터 미디어로 시작하는 Meconomy의 진화, KB지식비타민, 18-13호.

하이투자증권 (2021.12.13). 드림어스컴퍼니, 크리에이터 이코노미 생태계 확 장으로 성장성 가속화.

한경닷컴(2022.10.21). [책마을] "지금 유튜버 시작한다면, 5060 세대를 노려라".

한국방송통신전파진흥원(2020. 2~3), 숏폼 전문 플랫폼 Quibi의 출범, 2020 KCA Media Issue & Trend.

한국블록체인스타트업협회(2022.5.19). Web 3.0 시대, 크리에이터 이코노미 의 기회와 전망 진단.

한국전파진흥협회(2021.12). 크리에이터 미디어 산업 실태조사 보고서, 과학 기술정보통신부.

Chapter **6**

크리에이터의 유통 경영

| 제1절   크리에이터 유통 경영의 이해

크리에이터 제작 경영 관점에서 '크리에이터 이코노미'에 주목했다면 크리에이터 유통 경영 관점에서는 유통사의 수익 모델에 주목해야 한다. 크리에이터들이 등장할 당시 유통사들은 크리에이터에게 돈을 벌게 하려는 의지가 없었는데, 유튜브가 광고 수익을 크리에이터와 나누기 시작하면서 크리에이터 이코노미가 활기를 띤다. 2007년 시작된 유튜브 파트너 프로그램(YPP)으로 인해 팬덤을 형성하는 강력한 크리에이터들이 더욱 많아졌고 이들을 잡기 위한 유통사들의 경쟁이 가시화되면서 수익 모델도 다변화한다. 광고 수익 배분 외에도 구독료 및 개별 채널 멤버십, 시청자 후원금 등의 수익 모델들이 개발되었다. 유튜브는 YPP에 가입하지 않은 크리에이터도 수익을 얻는 '쇼츠 펀드(Shorts fund)'를 조성해 보상을 시작했다.

유통 플랫폼들이 경쟁적으로 도입하기 시작한 수익 모델은 구독 모델이다. 국내에서는 네이버의 콘텐츠 퍼블리싱 플랫폼인 '프리미엄 콘텐츠(Premium content)'가 구독제인데, 2022년 2월부터 개방형 플랫폼으로 전환했다. 크리에이터들은 콘텐츠를 등록하고 개별 판매나 정기 구독제를 선택한다. 텍스트, 오디오, 동영상 등 네이버 제공 툴을 이용한 콘텐츠 제작이 가능하다. 프리미엄 콘텐츠가 공개한 '2022 연말결산'에 따르면, 경제·비즈니스(39%), 재테크(28%), 부동산(13%) 주제순으로 콘텐츠 인기가 높았으며, 구독자들은 평균 주 3회 이상 방문해 5분 이상 콘텐츠를 소비했다. 구독자 비율은 30대(34%), 40대(31%), 20대(15%) 순으로 유료 구독 서비스에 익숙한 20~40 세대 비중이 높았다. 약 1,000개 채널을 운영 중인 프리미엄 콘텐츠는 2022년 발행한 콘텐츠는 7만 개, 유료 콘텐츠 결제 사용자는 누적 10만 명을 기록했다.

새로운 스타트업들의 구독제 플랫폼도 등장한다. 크리에이터 후원 플랫폼이라 불리는 '패트리온(Patreon)'은 그림, 음악, 영상, 소설, 소프트웨어 등 다양한 크리에이터들에 구독자가 직접 유료 구독하거나 후원할 수 있는 기능을 제공한다. 이때 크리에이터는 구독 수익의 88~95%를 가져간다. 2021년 기준으로 20만 명 이상 크리에이터가 패트리온에서 활동하며, 700만 명에 달하는 구독자가 매년 10억 달러 이상 후원금을 지급하고 있다. 유료 뉴스레터 플랫폼인 '서브스택(Substack)'에서는 크리에이터가 뉴스레터 구독 가격을 설정하고 수익의 90%를 가져간다. 2021년 8월 기준, 유료 가입자가 25만 명이며, 상위 10위권의 크리에이터는 연간 700만 달러를 벌었다.

유튜브나 틱톡, 새로운 스타트업들에게 '콘텐츠 인재'를 빼앗기게 된 기존 소셜미디어 기업들도 부랴부랴 유료 구독 기능을 도입 중이다. 2021년 7월에 페이스북은 크리에이터들에게 2022년 10억 달러를 지급하겠다고 밝혔고, 창작물에 대한 대가는 물론이고 콘텐츠 제작 비용도 지원하겠다고 공표하면서 서브스택과 유사한 유료 뉴스레터 플랫폼인

'불레틴(Bulletin)' 서비스도 시작했다. 같은 해 9월에는 트위터가 '수퍼 팔로(Super Follows)'서비스를 선보인다. 이는 인기 있는 크리에이터의 독점 콘텐츠를 월 구독료로 보는 서비스이다. 트위터는 미국, 캐나다 아이폰 사용자 대상으로 팔로어 1만 명 이상 크리에이터의 콘텐츠를 운영하고 전 세계로 서비스를 확대할 계획을 발표하였다.

제2절 크리에이터의 유통 유형

　　단순한 취미 생활로 시작된 크리에이터가 하나의 직업으로 평가 받고 수익을 내기 위한 수단으로 인식된다. 그렇다면 크리에이터를 시 작하기 위해 어느 플랫폼에 진출해 시청자를 유입하여 꾸준히 영상이 소비될 수 있도록 만드느냐가 크리에이터들이 고민해야할 유통의 첫 단추가 될 것이다. 국내에서는 아프리카TV를 기점으로 다양한 유통 플 랫폼들이 크리에이터와 함께 성장 중이다.

　　국내 디지털미디어 리서치 기관인 DMC가 2020년 10월 조사한 인플루언서 콘텐츠 구독 플랫폼 설문 결과, 유튜브가 63%로 압도적 응 답률을 기록했고, 그다음으로 인스타그램(13%)과 블로그(8.3%), 페이스 북(4.8%), 네이버TV(3.5%)순이다. 이는 콘텐츠가 블로그로 시작된 이미 지에서 동영상 콘텐츠로 변모하였음을 시사한다. 아프리카TV가 크리 에이터 미디어의 첫 번째 플랫폼이었음에도 불구하고 5위권에도 들지 못하였다. 유명세를 탄 대도서관, 쯔양, 윰댕 등 아프리카TV 출신들이 유튜브에서 성공한다. 이들 아프리카TV BJ들은 실시간 방송 풀버전을 하이라이트 버전으로 편집해 유튜브에 업로드하면서 기존 플랫폼을 이 용하지 않던 시청자들까지 유입하는 데 성공한 것이다. 이는 짧은 시간 내 자극을 줄 수 있는 숏폼이 유튜브에 적합했기 때문이다.

이러한 과정을 따라 하는 많은 BJ들이 유튜브로 속속 진출했고, 2015년 대도서관이 아프리카TV의 갑질 논란을 폭로하면서 그 진출 속도가 더욱 빨라진다. 기존 아프리카TV에 대한 선정성, 욕설 사건 등으로 인해 불건전한 이미지로 바라보던 사람들까지도 유튜브를 이용하게 되면서, 아프리카TV는 부정적 이미지에서 벗어나기 위한 여러 시도를 꾀하기 시작한다. 한 예로 BJ가 라이브 스트리밍 중간 광고를 라이브 스트리밍 도중 자리를 비웠을 때만 재생시키게 한다.

스트리머들이 아프리카TV를 대체할 만한 실시간 스트리밍 플랫폼을 찾기 시작한 시기에 등장한 게임 유통 플랫폼인 트위치(Twitch)가 국내에서는 주목받기 시작한다. MBC의 '마이 리틀 텔레비전' 시즌2가 아프리카TV 대신 트위치로 대체된 바 있고, 선바 등 유명 크리에이터가 트위치에서 스트리밍한 후에 하이라이트를 유튜브에 올리는 등 라이브 스트리밍 경쟁에서 트위치가 부상하기 시작한다. 유튜브도 라이브 스트리밍 기능을 제공하지만 게임 플랫폼인 트위치의 스트리밍 시장 점유율은 압도적인데, 특히 게임 크리에이터들에게는 트위치가 매우 중요하며, 배틀 그라운드 등 국내 게임 회사들도 출시 예정 게임을 트위치 스트리머에게 먼저 제공하는 전략을 추진한다.

한편, 유튜브는 영향력, 화제성 등에서 국내 크리에이터의 유통 시장에서 스트리밍을 제외한 가장 높은 점유율을 가진 플랫폼으로 자리잡는다. 유튜브에서 처음 영상을 올리기 시작한 사람들이 성장하며 인기를 얻으면서, '크리에이터' 직업이 생겨난다. 영상을 보고 댓글을 달면서 답글로 소통하고, '댓글 모음' 영상이 등장할 정도로 재치 있는 댓글이 영상의 인기에 한몫을 하면서, 유튜브는 자유롭게 자신의 생각을 표현하고 일상을 공유할 수 있는 미디어로 인식된다. 시니어 세대까지도 은퇴 후 새로운 인생에 도전하기 위해 유튜버에 도전한다. '박막례 할머니'가 그 예이다. 손녀와 함께 살아온 경험을 토대로 음식을 만들어 공유하고 시청자 자신의 할머니를 보는 것처럼 친근하게 드라마를 보며 리액션하기도 한 박막례 할머니의 평범한 일상에서 나오는 평화로움이 매력으로 통했던 것이다.

이러한 유튜브에게 부정적인 영향력도 상존한다. '확증 편향'이 대표적인데, 실제로 "우리는 유튜브만 믿는다"라고 말할 정도로 일부 사람들은 유튜브에 올린 거짓 영상만을 믿고 언론을 불신하는 모습을 보인다. 유튜브의 국내 이용자 차별 논란도 한때 거세었다. 한국에서 업로드된 영상임에도 영어 댓글이 달리면 한국어 댓글보다 우위에 뜬다는 것이다. 논란이 되자 유튜브 본사는 해당 논란을 알린 유튜버를 초대해 해명했으나 "문제는 맞으나 고의가 맞다"고 말해 더 큰 논란을 일으켰다. 해외 시청자를 유입하기 위한 시도라지만 이 시도를 영상을 업로드하는 유튜버에게 알리지 않았다는 점도 지적 받는 등 인종 차별이라는 비난을 받기도 했다.

제3절 크리에이터의 유통 기획

크리에이터가 특정 MCN에 소속되어 있는 경우 MCN이 유통 기획을 하는 것에 초점을 맞추어 살펴보자. MCN의 유통 기획은 비즈니스 모델로 설명된다. 비즈니스 모델의 필수 요소는 학자에 따라 다양하다. 여기서는 '파괴적 혁신(Disruptive innovation)' 이론으로 유명한 클레이턴 크리스텐슨(Clayton M. Christensen) 교수가 제시한 네 가지 필수 요소 중심으로 살펴보고자 한다.

네 가지 필수 요소는 가치 제안, 수익 모델, 선순환구조, 모방이 어려운 핵심 자원 등이다. 가치 제안은 고객의 문제를 해결하고 니즈를 충족시키는 솔루션 제공을, 수익 모델은 고객에게 가치를 제공하면서 동시에 자사에게도 이익을 주는 방법을, 선순환구조는 규모 확장에 도움을 주는 것을, 그리고 핵심자원은 자사가 보유한 장점을 극대화하여 누구도 모방할 수 없도록 설계하는 것을 말한다. 이 네 가지 필수 요소들을 중심으로 하여 국내의 대표급인 3대 MCN으로 자리잡은 다이아TV, 트레져헌터, 샌드박스네트워크의 크리에이터 유통 기획을 간단히 소개한다.

먼저 다이아TV를 보면 '크리에이터 지원'이라는 가치 제안하에 다양한 분야의 크리에이터들과 파트너십을 맺고 전 세계를 무대로 콘텐츠 가치를 인정받고 정당한 권리를 보장받는 건전한 생태계를 만들려고 노력하였다. 다이아TV는 통계 지원, 앱(App) 관리, 스튜디오 지원, 콜라보레이션 지원, 법적 지원, 음원 지원, 광고 지원 등을 하고 있다. 특히 크리에이터 콘텐츠 통계 분석과 저작권 지원을 위해 다이아TV가 2018년 개발한 '에코넥션(Econnection)'은 크리에이터 작성 제안서를 광고주나 대행사가 선택하는 '오픈 스튜디오(Open studio)'와 광고주의 캠페인 기획서를 보고 크리에이터가 지원하는 '크리에이티브 콘텐츠(Creative content)'로 구성된다. 통계 분석 시스템을 통해 광고주와 크리에이터를 연결하고 여러 유통 플랫폼 데이터를 한 번에 모아볼 수 있어 채널별 전략 수립 및 소통을 유연하게 진행하도록 설계되어 있다.

다이아TV의 수익 모델은 브랜디드 스페셜 패키지, 브랜디드 콘텐츠, DCP(Digital Clip PPL), 그리고 APP(앱)&SNS이다. 브랜디드 스페셜 패키지는 크리에이터 3~5팀 이상이 브랜드의 프로모션 성격에 맞도록 온라인 및 오프라인을 통해 다양한 행사와 콘텐츠를 기획, 제작하는 맞춤형 광고를 말한다. 브랜디드 콘텐츠는 기업과 크리에이터가 협업해 만들어지는 콘텐츠형 광고로, 다이아TV가 브랜드 기업으로부터 상품 지원과 영상 제작 비용을 받아 수행되며, 뷰티, 푸드, 게임, 패션 등 분야에서 브랜디드 콘텐츠가 제작된다.

DCP는 기존 유튜브의 프리롤(Pre-roll)과 달리 크리에이터의 콘텐츠 연계성 및 타깃을 고려해 매칭 영상을 기획 노출하는 광고로, 브랜딩 몰입도가 높다. 마지막으로 앱&SNS는 구독자 30만 이상 크리에이터 앱에 광고 집행 및 캠페인 노출을 통해 프로모션 참여를 유도하고, SNS를 통해 바이럴 또는 이벤트 프로모션 마케팅이 가능하게 하는 광고이다.

이 외에도 다이아TV는 적은 비용으로 마케팅을 진행하려는 중소 광고주의 캠페인 효율을 제고하고 마이크로 인플루언서의 수익 창출을 돕기 위해 매칭 시스템인 '유픽(Youpik)'을 출시하였고, 이어서 정체성 강화와 사용자 친화적으로 업그레이드할 목적으로 '다이아픽(DIApik)'으로 리뉴얼했다. 캠페인 진행 과정에서 사용자 경험을 고려한 인터페이스를 제공하고, 광고주가 직관적으로 영상에 대한 피드백을 전달하면 인플루언서가 수정할 수 있도록 시스템화했으며, 크리에이터의 영상을 광고주의 2차 저작물에 사용할 수 있는 항목을 추가했고, 유튜브 등 플랫폼에서 캠페인을 진행할 수 있도록 했다. 광고주는 마케팅 전략에 따라 약 8,000여 개의 디지털 채널이 가입된 다이아TV의 '에코넥션'과 약 1만여 명의 인플루언서가 활동하는 '태그바이(TAGby)' 등을 선택해 캠페인을 집행할 수 있다.

다이아TV는 다양한 글로벌 유통 플랫폼들과의 제휴로 선순환구조를 만들어 아시아 최대 MCN으로서의 입지를 강화한다. 중국, 미국, 덴마크, 태국, 베트남 등 다이아TV 소속 국가별 인기 크리에이터 6팀을 글로벌 홍보대사로 위촉하고 서울의 글로벌 브랜드 인지도 및 도시 문화 가치 제고를 위해 캠페인을 진행하고, 중소벤처기업부 및 한국무역협회와 미국·호주·독일·중국 등 다이아TV 소속 크리에이터 15팀이 협업해 중소기업 해외 사업 판로지원 개척에 기여하기도 했다.

또한 다이아TV는 자사 파트너들이 해외 진출할 경우 현지 도움을 받을 수 있도록 해외 네트워크도 구축했다. 예로 일본의 대표 MCN인 '움(UUUM)'과의 MOU를 통해 양국 크리에이터 간 협업했고, 싱가포르, 대만, 홍콩, 태국 등 동남아시아 10개 국에 송출 중인 '채널M'에 다이아TV 소속 크리에이터를 소개하는 차트쇼 프로그램도 방영했다. 2019년, 다이아TV는 트레져헌터, 샌드박스네트워크와 연합해 틱톡과 MOU를 체결하는데, 광고주와의 직접 연결이 가능한 '플랫폼 공식 인증 MCN 시스템'을 틱톡에 도입해 크리에이터 입주와 광고 섭외 등을 지원하며 양사가 공동 수익을 창출하고 해외로 진출할 수 있는 상생 비즈니스 모델을 추구한다.

크리에이터의 글로벌 진출을 위해 다국어 자막 서비스, 웨이보, 빌리빌리 등의 플랫폼에 콘텐츠 유통, 글로벌 쇼핑몰 입점 등을 지원하는 등 글로벌 플랫폼 제휴로 2019년 유튜브 월간 조회 수 35억 회중 해외 발생 조회 수가 60% 이상을 달성한 다이아TV는 소속 크리에이터가 직접 사업을 영위하도록 법인 설립을 통한 수익 모델 개발을 지원해 선순환구조 생태계를 구축하려 노력한다. 다이아TV 소속 크리에이터 중 1위인 대도서관과 함께 '엉클대도' 법인 설립을 시작으로 '라임캐스트(라임튜브)', '샐러리걸(회사원A)' 등 11개 법인에서 총 50여 명 직원을 고용하는 등 2차 고용 창출이 활발하게 이뤄졌다. 즉, 게임·푸드·뷰티·키즈·글로벌 등 분야별 지원 인력과 광고 상품 개발 및 유통, 전문제작 PD 등 다양한 직군에서 채용이 이뤄지고 있다.

모방이 어려운 다이아TV만의 대표적 핵심 자원은 모회사인 CJENM 콘텐츠와의 연계, 크리에이터 전문 방송 채널인 '채널다이아(CH.DIA)' 출시, 매년 열리는 '다이아 페스티벌' 개최 등이다. CJENM은 2017년 개국해 3년 동안 5,800편 콘텐츠를 방송한 '다이아TV'를 '채널다이아'로 개편하고 크리에이터 콘텐츠를 지속적으로 확장하였고, 웹예능 및 웹드라마 등 MZ세대 코드에 맞춘 오리지널 콘텐츠 1,300편을 추가 편성해 아시아 최초 크리에이터 전문 방송 채널로 자리매김했다. 또한 '다이아 페스티벌'은 온라인에서만 만날 수 있던 크리에이터들을 오프라인에서 만날 수 있게 만들었는데, 2019년 '제4회 다이아페스티벌'에 3만 9,000여 명의 관람객이 방문하였다. 아쉽게도 CJENM은 경영효율화를 위해 2000년 3월 '채널다이아'를 매각했다.

다음은 트레져헌터이다. 데이터 분석을 통한 '과학적 경영'으로 가치 제안하고 있는 트레져헌터는 CJENM 모바일 개발 팀장을 최고기술경영자로 영입하고 유튜브, 페이스북에서 제공되는 1차 데이터를 분석하는 데서 그치지 않고 콘텐츠 세분화를 통해 사용자의 콘텐츠 소비패턴을 다차원적으로 분석하여 콘텐츠 제작 기획에 도움이 되는 템플릿을 제공하고 있다. 또한 암호화폐 '기프토(GTO)'와 협업하여 블록체인 사용을 시도하고 뷰티 MCN인 '레퍼리'를 인수하여 글로벌 진출할 수 있도록 적극 지원한다.

선순환구조를 위해 트레져헌터는 먼저 소속 크리에이터들이 안정적인 중국 활동 기반을 마련할 수 있도록 중국어 교육 및 현지 에이전시와 계약하고, 상하이에 현지 스튜디오를 개설했으며, 중국 유통 거점이 필요하다고 판단해 라이브 스트리밍 동영상 플랫폼인 '판다TV'와 협업하여 한류 콘텐츠를 유통하며 단순 파트너십이 아닌 공동 제작도 추진한다. 또한 트레져헌터는 해외 투자 유치를 기반으로 동남아를 타기팅해 사업을 확장한다. 말레이시아의 링크투 인포테인먼트로부터 150억 원 투자를 유치해 말레이시아와 태국 시장에 본격 진출한 트레져헌터는 인공지능(AI) 기술기업인 엘솔루와 글로벌 공동사업 협약도 체결했다. 트레져헌터는 소속 크리에이터 및 오리지널 콘텐츠를 엘솔루의 AI 번역 및 음성인식 기술을 활용해 10개 언어로 번역해 유튜브에 공개함으로써 글로벌 진출과 글로벌 영상 제작 표준화를 선도하게 된다.

이처럼 트레져헌터는 과학적 경영과 중국 진출 등의 비즈니스 모델을 먼저 구축하였지만, 유튜브 플랫폼에서의 수익 모델 외에 수익을 창출할 수 있는 추가적 수익 모델 부재로 어려움을 겪다가 소속 크리에이터를 활용한 상품 판매를 시작한다. 2015년 2월, '크리마켓(Cremarket)'이라는 전용 온라인 커머스 출시로 트레져헌터 소속 크리에이터가 직접 기획, 제작한 상품 판매를 통한 수익 모델 확대가 가능해졌고, 매번 상품 출시와 동시에 빠르게 매진되고 서버도 몇 번 터질 만큼 큰 인기를 얻는다.

트레져헌터는 스타트업 MCN으로서 타사가 모방하기 어려운 핵심 자원을 글로벌 진출에 두고 '헌터 패밀리'를 구축한다. 2019년에 '트레져 아일랜드'를 설립해 자회사한 트레져헌터는 소속 크리에이터인 '꾹TV'를 중심으로 키즈 콘텐츠 사업, 브랜드 파트너십 계약, 지식재산권(IP) 발굴 등으로 사업을 확장하였고, 레페리, 스타이엔엠(푸드), 라튜오인터내셔널(패션·팝업스토어매칭), 크리마켓 등 자회사 연합 '헌터 패밀리' 구축을 통해 협업 구조를 더욱 지향하고, 중동 지역 MCN인 디완(DIWAN), 엔터테인먼트 기업인 RBW베트남과 협약해 해외시장 진출을 더욱 꾀하게 된다.

헌터 패밀리의 대표 사례로, 트레져헌터는 패밀리 업체인 '더쿨랩'

과 협업해 엔터테인먼트 분야의 캐릭터인 '에드빈'을 출시해 IP 기획을 모색한다. 크리에이터가 강력한 IP로 자리매김한 더쿠랩은 다양한 크리에이터들과의 협업으로 IP를 개발하고 글로벌 대상 브랜드 사업을 전개한다. 또한 자회사인 레페리가 3년 만에 기업 가치 10배 이상을 상승시키면서 트레져헌터는 인플루언서를 기반으로 한 디지털 마케팅, 커머스 사업을 더욱 다각화하는 등 레페리의 뷰티 장르에 집중해 글로벌 경쟁력을 높인다. 그 외에도 트레져헌터는 투자 회사인 원브랜드컴퍼니 인수 합병을 통해 글로벌 마켓에 최적화된 콘텐츠와 마케팅, 자체 브랜드 출시로 이어지는 글로벌 MCN 비즈니스의 수직 계열화를 더욱 완성해 나간다.

　　마지막으로 샌드박스네트워크의 유통 기획을 살펴보자. '자유롭고 창의적인 환경'이라는 가치 제안하에 최고 콘텐츠 관리자이자 소속 크리에이터인 '도티(나희선)'를 영입한 샌드박스네트워크는 '3R(Relevance, Role model, Reference) 효과'라는 긍정적 영향력을 가진다. 먼저 '렐러번스(Relevance)' 효과를 보면, 도티의 건전하고 자유로운 이미지는 샌드박스네트워크가 추구하는 가치와 일맥상통했다. 샌드박스네트워크는 도티TV의 외형적이고 철학적인 이미지를 다양한 방식으로 구현하고 내재화했는데, 자사 로고에 도티가 즐겨하는 게임인 '마인크래프트' 블록을 삽입하고 도티TV와 유사하게 빨강, 노랑, 파랑으로 색을 입힌 덕분에 MCN 업계의 후발주자임에도 불구하고 구독자들로부터 긍정적인 인지도를 쌓아갔다.

　　'롤모델(Role model)' 효과에서는 유능한 크리에이터로서 탄탄한 입지를 갖고 있는 도티를 평소 롤모델로 여기던 크리에이터들은 도티가 설립한 회사에 소속된다면 더욱 존중받고 공감받으면서 창의적인 작업을 할 수 있을 것이라는 기대감을 갖게 된다. 따라서 도티가 샌드박스네트워크 운영에 직접 참여하자 소속을 희망하는 크리에이터 수가 급증했고, 덕분에 창립 초기에 안정적으로 소속 크리에이터 수를 늘릴 수 있었다.

　마지막으로 '레퍼런스(Reference)' 효과에서는 도티가 자신의 방송을 통해 회사 설립 사실을 시청자에게 알리면서 유튜브 시청자들 사이에서 초반부터 확고한 인지도를 가지고 출발할 수 있었다. '무한도전'에서 초등학생이 "유재석은 몰라도 도티는 알아요"라는 말을 해 화제가 될 정도로 그 당시 도티의 인기는 어마어마했다. 이처럼 도티의 직접 및 간접적인 홍보 덕분에 샌드박스네트워크는 빠르게 인지도를 높여 나갔다. 회사, 크리에이터, 소비자를 아울러 긍정적 영향력을 행사했던 도티는 창업 2개월 만인 2015년 8월, 밴처캐피털동문파트너즈로부터 10억 원 투자 유치에 성공했다. 이를 기반으로 운영 시스템을 구축하고 비즈니스 모델을 다양화하기 시작했다.

　자유롭고 창의적인 환경 제공이라는 가치를 제안하는 샌드박스네트워크는 '크리에이터 중심'으로 운영된다. 표준 계약서가 아닌 크리에이터별 맞춤 계약서를 활용해 크리에이터의 능력과 요구 사항을 계약서에 최대한 반영한다. 일정 시간 소통하여 서로의 요구를 파악한 후 계약서를 작성하고, 이후에도 상호 합의하에 계약 내용을 수정할 수 있다. 그뿐만이 아니라 자율성을 바탕으로 창의성을 극대화하기 위해 콘텐츠 제작 권한을 크리에이터에게 최대한 이양한다. 샌드박스네트워크는 콘텐츠 제작 자체에 개입하지 않는 대신 좋은 콘텐츠를 제작할 수 있도록 지원하는 데 모든 역량을 집중하고 있다. 촬영장비 및 스튜디오 제공, 업계 동향 및 경쟁자 분석, 촬영 및 편집 기술 교육 등의 종합 매니지먼트 서비스를 제공한다.

　타사와 달리 샌드박스네트워크는 소속 크리에이터로부터 플랫폼 광고 수익을 배분 받지 않기 때문에 광고 수익은 온전히 크리에이터의 몫이다. 플랫폼 광고 수익을 나누는 행위가 회사 수익 창출에 도움되지만 장기적 관점에서 크리에이터의 창작 의지를 꺾을 수 있다는 판단 하에 플랫폼 광고 수익을 나누지 않는 대신, 브랜디드 콘텐츠 제작과 IP 기획 비즈니스에 집중해 대안적 수익 모델들을 만드는 샌드박스네트워크는 광고주의 니즈를 최대한 반영하기 위해 브랜디드 콘텐츠 제작 계약 시에는 이분화된 브랜드 광고 제휴 절차를 갖는다.

단기간에 광고를 제작하여 게시하길 원하면 약 4주 안에 사업 문의, 제안/섭외, 기획/제작, 콘텐츠 업로드에 이르는 기본 패키지를 제안하고, 장기 패키지는 3~6개월 단위로 광고주와 마케팅 플랜을 공유하고 체계적인 콘텐츠 계획을 수립해 정기적으로 콘텐츠를 제작 및 업로드한다. 샌드박스네트워크는 이때 적합하지 않은 크리에이터 배정으로 광고주와 크리에이터 모두에게 손실이 발생하지 않도록 크리에이터 자체의 개성보다는 콘텐츠 포맷을 고려해 크리에이터를 배정한다.

샌드박스네트워크의 IP 기획 비즈니스는 소속 크리에이터의 고유 이미지나 만화 캐릭터 등을 상품으로 제작해 수익을 창출하는 구조로, IP 상품화, IP 디지털 사업, IP 미디어 사업으로 나뉜다. IP 상품화는 MD라이선싱 방식, 생산자 개발 방식, 주문자 상표 부착 방식이라는 세 가지 상품화 전략을 활용하고 있다. 상황에 따른 유연한 상품화 전략을 바탕으로 생활용품, 장난감, 문구류 등 다양한 카테고리의 제품을 자체 온라인 유통 플랫폼인 '샌드박스 스토어' 혹은 편의점과 대형마트 같은 일반 오프라인 유통 경로를 통해 판매한다.

IP 디지털 사업은 실물을 유통하지 않아 위험을 상쇄하며, 도달률이 높고 확산성이 크다는 점에서 매력적인 수익 모델이다. 대표적인 예시로 '예스스튜디오'와 샌드박스 소속 크리에이터가 참여해 제작한 컬러링 모바일 앱 '샌드박스 컬러'를 들 수 있다. 이 앱은 2017년 구글 플레이어에서 '올해의 앱'으로 선정되는 등 큰 인기를 끌었다. 이외에 스테디셀러로 자리잡은 장삐쭈 이모티콘처럼 이모티콘과 증강현실 스티커 등을 제작하거나 소속 크리에이터의 음성 및 캐릭터를 라이선싱해주어 AI 스피커인 '카카오미니스타봇'에 도티와 잠뜰의 목소리가 출연하기도 한다. IP 미디어 사업은 소속 크리에이터가 방송 업계에 진출하는 것을 돕는 것으로 의상, 헤어, 소품 등을 지원하며, 나아가 방송 프로그램을 직접 제작하여 미디어에 공급하기도 한다.

국내 중심의 샌드박스네트워크는 글로벌 진출을 위한 선순환구조를 만들기 시작한다. 첫 번째 타깃은 중국시장으로 틱톡과 협업하고, 비리비리, 도우인 등 4개 플랫폼에 진출해 2019년 기준 145만여 명 구독자를 확보했고 현지 법인을 설립해 약 30명의 크리에이터 진출을 지원하기 시작한다. 이는 회사 소속 유튜브 조회 수의 40%가 해외에서 나오고 있기 때문에 해외 매출 비중을 늘리고 사업을 확장하기 위함이다. 그 외에도 인도 MCN인 '컨비젼'과 투자 서명식을 가졌는데, 디지털 콘텐츠 시장이 빠르게 성장 중인 인도의 현지 시장 분석과 함께 샌드박스네트워크가 보유한 키즈, 네이밍 등 다양한 콘텐츠를 인도 현지에 유통하는 신규 사업 등을 추진하기 위함이다.

샌드박스네트워크는 '샌드박스 아카데미'를 통해 유망주 발굴 및 신인 크리에이터를 직접 육성하는 선순환구조도 구축하였다. 서류 전형을 통해 오디션 본선인 SBA(Sandbox Audition)에 참여할 수 있도록 기회를 제공하고, 통과한 예비 크리에이터들에게는 콘텐츠 개발 교육, 멘토링, 1 : 1 피드백 서비스 등을 제공한다.

또한 샌드박스네트워크는 교육 MCN인 유니브의 지분을 인수해 자사의 콘텐츠 분야를 확대하며, 초보 크리에이터들을 위한 촬영 장비

키트인 '유비서'를 출시해 누구나 손쉽게 영상을 촬영할 수 있도록 도와준다. '유비서'는 '유튜브 비장의 입문 백서'라는 제품 슬로건에서 따온 것으로, 미니 삼각대, 핸디 조명, 지향성 마이크, 유튜브 실전 기획 노트 등으로 구성되어 있다. '유튜브실전 기획노트'는 샌드박스 네트워크의 크리에이터 교육 담당 전문가와 8년 차 전문 PD가 제작에 참여했다.

샌드박스네트워크의 대표 핵심자원으로 e스포츠 전문 구단 '샌드박스 게이밍'이 있다. 샌드박스네트워크는 꾸준히 e스포츠에 투자했고 2018년 모바일게임 클래시로얄 프로팀인 '팀 샌드박스'를 직접 운영해 국내 리그 2위에 오르고 아시아 지역 플레이오프에도 진출한다. 스포츠 분야에서 쌓은 경험을 토대로 '리그오브레전드' 프로팀인 '팀 배틀코믹스'를 인수한 샌드박스네트워크는 클래시로얄과 리그오브레전드 중심으로 e스포츠 선수단을 재편해 e스포츠 전물 클럽인 '샌드박스게이밍'을 만든다.

샌드박스게이밍은 KB국민은행과 네이밍 스폰십 체결로 '리브 샌드박스(Liiv SANDBOX)'로 개편되는데, e스포츠 발전에 기여함은 물론이고 MZ세대 팬들과의 적극적인 소통을 위해 샌드박스게이밍 보유 플랫폼 및 팬덤 활용 팬마케팅, 이벤트 진행, 샌드박스게이밍 IP 활용 금융상품 및 서비스 개발, 자산관리 전담 인력과 전문 인프라를 활용한 샌드박스게이밍 선수진 맞춤형 자산관리 서비스 지원 등을 수행한다. 한 예로 크리에이터인 '총몇명'의 오리지널 스토리 영상 '공포의 임상시험'을 모티브로 한 동일명의 어드벤처 게임이 게임 유통 플랫폼인 스팀에 출시되었다.

'공포의 임상시험' 게임 개발, 유통, 서비스 모두 내부의 게임스튜디오팀에서 직접 진행되었다. 이는 국내 최초로 소속 크리에이터 IP를 토대로 한 게임이 되었다.

또한 2020년 개국한 '샌드박스플러스(SANDBOX+)'는 IHQ와의 제휴로 '연중무휴 트렌드 맛집' 슬로건으로, 소속 크리에이터 IP와 콘텐츠를 활용한 오리지널 콘텐츠가 유통된다.

제4절　크리에이터의 유통 전략

크리에이터의 유통 전략에서도 크리에이터가 특정 MCN에 소속된 경우로 한정하여 살펴보겠다.

국내 주요 MCN 기업들의 수익 성과를 보면 영업 손실도 있었지만 지속적인 외형 성장과 매출액 증가를 보였다. 다음 [그림 6-1]은 국내 주요 MCN 기업들인 다이아TV, 트레져헌터, 샌드박스네트워크, 비디오빌리지의 비즈니스 전략 포지셔닝을 보여준다.

[그림 6-1] 국내 주요 MCN의 비즈니스 포지셔닝 맵

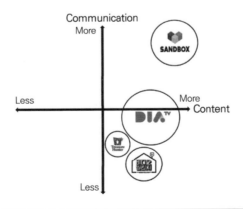

출처: 박상철/이신형(2019: 7쪽)

여기서 보여주는 원의 크기는 각 MCN의 기업 규모이다. MCN 보유 크리에이터 수는 채널 수를 의미한다. 이는 구독자 및 동영상 조회수로 직결되므로 시장점유율의 대리지표(proxy)로 사용된다. 이를 토대로 각 MCN의 규모를 추산하면 월등히 많은 수의 크리에이터를 보유한 다이아TV가 가장 큰 점유율을 나타낸다. 맵의 가로축인 콘텐츠(Content)는 각 MCN이 얼마나 다양한 유형의 제작 비즈니스를 전개하는지를, 세로축인 커뮤니케이션(Communication)은 각 MCN이 인지도를 높이기 위해 시행하는 브랜드 커뮤니케이션 정도를 나타낸다.

샌드박스네트워크가 양쪽 모두 잘 실행하고 있다. 콘텐츠 축을 보면 샌드박스네트워크는 다이아TV에 비해 약 2년 늦게 시장에 진입했지만 '도티'라는 창업자의 영향력을 바탕으로 다수 크리에이터를 영입하는 데 성공했다. 커뮤니케이션 축에서도 샌드박스네트워크는 브랜드 커뮤니케이션 전략을 바탕으로 단숨에 존재감 높은 경쟁자로 떠올랐다. 샌드박스네트워크는 소속 크리에이터의 안정적인 수익을 보장하여 창작 욕구를 높이기 위해, 창립 초기를 제외하고는 플랫폼 광고 수익을 배분 받지 않는 방식을 택한 대신 소속 크리에이터의 콘텐츠를 다방면으로 활용해 신규 비즈니스 모델들을 개발하고 이를 통해 수익을 창출하는 전략을 활용했다.

이와 같은 구조가 사업 확장의 원동력이 되어, 샌드박스네트워크의 비즈니스는 빠르게 다양화될 수 있었다. 타 MCN 기업들은 주로 유명 크리에이터를 대거 영입해 그들의 유명세를 바탕으로 기업 규모와 인지도를 키워나갔다면, 샌드박스네트워크는 자사 브랜드 정체성을 확고히 정립하고 다양한 브랜딩 전략을 통해 소속 크리에이터와 소비자가 자사 브랜드 자체를 즐기고 신뢰할 수 있도록 유통 전략을 더욱 정교하게 가져갔다. 덕분에 내부 및 외부고객을 아울러 샌드박스네트워크라는 기업을 하나의 브랜드로 여기게 하고, 그들의 인지도와 선호도를 얻는 데 성공했다고 판단된다.

따라서 여기서는 샌드박스네트워크의 유통 전략에 대해서 좀 더 깊게 살펴보고자 한다. 샌드박스네트워크의 크리에이터 유통 전략을 보여주는 비즈니스 영역은 다음 [그림 6-2]와 같다. 샌드박스네트워크는 브랜디드 콘텐츠 제작 및 IP 관련 여러 비즈니스 모델을 제시하며 수익 다변화를 추구하는데, 이 과정에서 샌드박스네트워크는 비즈니스 파트너 및 크리에이터와 협업하고, 소비자 및 동영상 플랫폼과 상호작용하게 된다.

[그림 6-2] 샌드박스네트워크의 비즈니스 영역

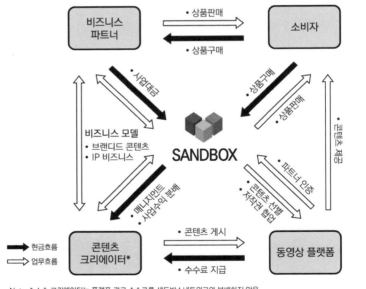

출처: 박상철/이신형(2019: 12쪽)

샌드박스네트워크의 최우선적 유통 전략은 브랜디드 콘텐츠의 플랫폼 유통 전략이다. 브랜디드 콘텐츠 제작 의뢰를 받은 샌드박스네트워크는 광고주의 브랜드 이미지와 광고 목적 등을 총체적으로 고려해 가장 적합한 소속 크리에이터를 선정한다. 선정된 크리에이터와 광고주, 샌드박스네트워크는 함께 광고를 제작하고, 제작된 광고는 대체로 크리에이터의 유튜브 채널을 통해 우선 유통되며, 브랜디드 콘텐츠 제작에서 발생된 수익은 사전 계약에 따라 일정 비율로 크리에이터와 샌드박스네트워크에게 배분된다. 이때 샌드박스네트워크가 갖는 유통 전략 포인트는 브랜디드 콘텐츠 제작 계약 시에 이분화된 브랜드 광고 제휴 절차를 활용한다는 점이다. 이러한 절차는 광고주의 욕구를 최대한 반영하기 위함이며, 단기간에 광고를 제작하여 게시하길 원하는 광고주에게는 기본 패키지를, 장기적인 협업을 통한 콘텐츠 마케팅 솔루션을 원하는 광고주에게는 장기 패키지를 제안하게 된다.

샌드박스네트워크가 계약 후 크리에이터 배정에 심혈을 기울이는 이유는 간단하다. 브랜디드 콘텐츠 특성상 광고주 입장에서 이미지 실추를 가져올 수 있고, 크리에이터 입장에서 구독자를 잃을 수 있기 때문이다. 따라서 샌드박스네트워크는 크리에이터 배정 과정에서 크리에이터 자체의 개성보다는 콘텐츠 포맷을 고려하는 전략을 취한다. 구체적인 마케팅 메시지를 대중에게 알리고자 하는 광고주에게는 리뷰형 콘텐츠 제작 크리에이터를, 자사 브랜드에 새로운 감성을 입히길 원하는 광고주에게는 아트워크 형태의 콘텐츠 제작 크리에이터를 매칭하는 것이다. 이러한 노력의 결과로 샌드박스네트워크는 브랜디드 콘텐츠 제작을 통해 여러 유통 성공 사례들 만들어냈다.

샌드박스네트워크의 두 번째 유통 전략 포인트는 브랜디드 콘텐츠와 별개로 진행할 수 있는 비즈니스 모델이다. 소속 크리에이터의 이미지 혹은 만화 캐릭터 등 IP를 활용해 수익을 창출하는 IP 기획 비즈니스는 앞서 언급했듯이, 상품화, 디지털, 미디어 사업으로 구성된다. 전략적 관점에서 보면 상품화 사업은 소속 크리에이터의 고유 캐릭터와 이미지를 상품으로 제작하는 것이다. 유연한 상품화 전략을 바탕으로 개발된 장난감, 생활용품, 의류용품, 문구류 같은 다양한 카테고리의 제품은 자체 플랫폼 '샌드박스 스토어'나 편의점과 대형마트 등 오프라인 유통을 통해 판매된다. 사례로 인기 크리에이터 9명 캐릭터를 활용해 생산된 한정판 머그잔이 있다. IP 기획 사업 진행 시 단기적 수익 확보 및 장기적 투자 관점에서 면밀한 검토 과정을 거친다. 단기 수익 측면에서는 크리에이터 채널과 팬덤 규모는 물론 머천다이징(MD)의 시장성 등을 함께 고려해 비용 대비 수익성을 검토한다. 샌드박스네트워크는 이러한 정량적 평가에 더해, 장기적 투자를 통한 수익 다각화라는 목표를 가지고 정성적 측면도 고려한다.

크리에이터 캐릭터, 이미지, 콘텐츠를 활용한 IP 디지털 사업은 프로젝트 성격에 따라 상품 개발에 대한 자사 기술력 및 사업 파트너 요구 수준이 다를 수 있기 때문에 위의 IP 기획 상품화 사업과 마찬가지로 다양한 전략을 활용한다. 예로, 게임 같은 스마트폰 앱 제작은 상대적으로 높은 수준의 전문 지식과 기술 숙련도가 요구되므로 사업 파트너와 함께 공동 개발하고, 쉽게 제작할 수 있는 핸드폰 이모티콘이나 증강현실 스티커는 외주업체 도움을 받아 샌드박스네트워크가 직접 제작한다.

미디어 사업의 경우에는 젊은 세대 중심으로 유튜브 크리에이터의 사회적 영향력이 확대되는 상황에서 특히 방송 시장 트렌드를 파악한 샌드박스네트워크는 방송 섭외 중계자 역할을 수행하면서 소속 크리에이터의 방송 출연을 돕는다. 방송 섭외를 받으면 방송지원팀은 의상, 헤어, 소품 등을 지원하며, 이 과정에서 크리에이터 본연의 캐릭터와 이미지를 살리는 것에 초점을 맞춘다. 이러한 섬세한 매니지먼트 덕분에 MBC '무한도전' 등에 출연한 '도티', tvN 'SNL코리아9'과 MBC '뜻밖의 Q' 등에 출연한 '장삐쭈', JTBC '랜선라이프'에 출연한 '엠브로'는 기성 미디어에서 개성을 인정받으며 점차 활동 영역을 넓혀갈 수 있었다.

'커뮤니케이션' 관점에서 본 샌드박스네트워크의 크리에이터 브랜드 커뮤니케이션 전략을 보면 기업 내부 직원의 활동을 지원하고 그들의 만족도를 제고시키는 내부 브랜딩과 콘텐츠 이용자인 고객의 만족도를 높이는 외부 브랜딩으로 구분된다. 내부 브랜딩에서 주목할 점은 소속 크리에이터의 광고 수익을 나누지 않는 것이며, 그 이유는 앞서 언급하였으므로 생략한다.

외부 브랜딩은 타깃인 Z세대와 소통하기 위한 전략으로, 샌드박스네트워크는 Z세대와 특별한 관계를 맺고 두 가지인 '샌드박스 스토어'와 e스포츠 전문 구단인 '샌드박스 게이밍'을 운영한다. 전자의 탄생은 소비자 요구에서 비롯되었다. 도티 모바일앱인 '도티BOX'를 통해 도티 캐릭터가 삽입된 에코백을 판매한 것이 그 시초로, 이벤트성 행사였지만 소비자 반응은 엄청났다. 샌드박스 스토어에서 판매되는 대부분 제품은 일상 용품으로 다양한 구색을 갖추고 주 고객인 10대 취향을 반영한 제품이다. 샌드박스 게이밍에 대해서도 앞서 언급하였다. e스포츠 선수단 운영은 상당한 마케팅 비용을 수반하는 사업이기는 하나, 향후 콘텐츠 확장 가능성과 고객 관계관리 양 측면을 고려할 때 샌드박스네트워크 입장에서는 매우 적절한 전략적 판단이라 여겨진다.

참고문헌

권혜미(2015). 크리에이터가 직접 창업한 MCN, 샌드박스네트워크, 블로터.

네이버뉴스(2020.1.21). 샌드박스네트워크, 인도 MCN 기업 '컨비전'에 지분 투자.

뉴스1(2021.4.27). 샌드박스, 자사 IP 활용한 '라방' 나선다.

국민일보(2020.6.16). MCN 산업, 수익 없는 '빛 좋은 개살구' 될라.

김명수(2015.10.22). MCN 기업 트레져헌터, 10월부터 '판다tv'통해 중국 디지털 콘텐츠 시장 진출, http://www.topstarnews.net/news/article View.html?idxno=157725.

와우테일(WowTale)(2019.7.16). 틱톡, 국내 MCN 파트너사와 상생 비즈니스 모델 협력.

김현정(2018.12). 비즈니스 모델 확 바꿔야 할 때, DBR, 2018년 12월 Issue 2(23호).

넥스트데일리(2019.7.1). 다이아TV, 다이아 페스티벌 위메프서 입장권 단독 판매.

노컷뉴스(2015.11.26). 크리에이터'는 보물, 신나게 '보물 찾기' 중입니다.

뉴데일리경제(2022.12.22). KT '메타라운지', 기업·기관 메타버스 시장 공략 外.

데일리이스포츠(2020.12.15). 샌드박스, KB국민은행과 스폰서십 체결.

동아닷컴(2021.2.15). 유튜버 상위 1% 年6억 넘게 번다.

동아일보(2019.8.24). 취미가 돈이 되는 시대… '크리에이터 미디어'가 세상을 바꾸다.

두신주(2019). 한국과 중국 MCN 비즈니스 모델 비교연구, 중앙대학교 예술대학원.

데일리팝(2018). 1인방송 기획사로 불리는 'MCN', 국내에는 어떤 회사가?

디엠씨(DMC)(2020.12). 2020 인플루언서 콘텐츠 이용 행태 조사.

디지털투데이(2018. 3.29). CJ E&M 창작지원 솔루션 '에코넥션'.

매일경제(2017.7.25). 한류 전파 '1인미디어' 동남아 간다.

머니투데이(2018), 도티, 남다른 '초통령'의 인기… 유재석은 몰라도 도티는 알아.

박상철/이신형(2019). 샌드박스네트워크의 MCN(Multi-Channel Network) 시장 진입 전략, 한국경영학회 Review(KBR), 제23권 제3호, p.

99 – 123.

비즈워치(2020.5.4). MCN 기업들 작년 실적은….

서정준(2018.2.20).‘다이아 티비’, ‘에코넥션’으로 광고주와 크리에이터 잇는다’, http://www.mhns.co.kr/news/articleView.html?idxno=116115.

스포츠서울(2015.12.10). 기업들 ‘크리에이터 미디어’ 주목, 소비자와 소통 나선다.

씨제이(CJ)그룹 공식 네이버 포스트(2019.7.24). 채널CJ, 4만 3천 명이 모이는 ‘다이아 페스티벌’의 경쟁력.

에프엔뉴스(2020.5.9). 트레져헌터, 원브랜드컴퍼니 인수합병.

연합뉴스(2019.9.11). 다이아TV “구독자 10만이상 채널 363개…월수익 평균 300만 원”

웹이코노미(2018.2.20). 다이아티비, 1인 창작자를 위한 솔루션 ‘에코넥션’ 공개.

윤병찬(2018.8.16). 트레져헌터, 크리에이터와 팬을 위한 비디오 콘텐츠 쇼핑몰 ‘크리마켓’ 론칭, http://news.heraldcorp.com/view.php?ud=20180816000649.

이데일리(2019.7.11). CJ ENM 다이아 티비, 광고주－크리에이터 매칭시스템 런칭.

이데일리(2020.11.18). 트레져헌터－엘솔루 크리에이터 해외 진출 공동 협력.

인벤(Inven)(2021.2.10). 샌드박스, 설연휴 책임질 어드벤처 ‘공포의 임상시험’ 공개. https://www.inven.co.kr/webzine/news/?news=251451.

위클리동아(2017.10.3). MCN산업, 레드오션이라고?.

이데일리(2020.3.18). CJ E&M 다이아 tv, ‘기업 브랜드 캠페인 플랫폼’으로 도약.

이투데이(2018.8.17). 트레져헌터, 비디오콘텐츠기반 쇼핑몰 ‘크리마켓’ 전면 개편.

이투데이(2020.4.9). CJ ENM, 광고주－인플루언서 매칭 ‘다이아픽’ 론칭.

장재웅/박재홍(2018). 유튜브 안에 나를 이해하는 친구가 있다. 취향을 스토리로 만들어 Z세대 사로잡아, 동아비즈니스리뷰.

정문영(2020.4.9). 다이아 티비(DIA TV), ‘유픽’ → ’다이아픽’으로 새 출발, http://mksports.co.kr/view/2020/371931/.

조선일보(2021.9.17). 인기 크리에이터 모셔라, 빅테크들 앞다퉈 ‘유료 구독’ 서비스.

조선일보(2020.12.14). [Mint] 유튜버 관리해주는 기획사, 라이브 방송 판매 늘면서 광고·제작까지 영역 넓혀.

지디넷(2019.7.15). 틱톡, 다이아tv 등 국내 MCN과 틱톡커 키운다.

커머스투데이(2020.11.10). 다이아 티비, 파트너 크리에이터 글로벌 진출 지원.

한경닷컴(2018.12.6). 초통령 유튜버 도티가 공동 창업자, 샌드박스 3년새 매출 20배 늘었다.

한경매거진(2020.1.15). '억대 연봉' 크리에이터 키워 내는 MCN.

한국경제(2020.12.29). 月26억뷰 '유튜버 군단' 샌드박스, 해외 간다.

한국포스증권(2021.12.23), 월급 대신 구독료 택하는 창작자들, 크리에이터 이코노미.

크리에이터의
기본 업무

크리에이터 자신의 이해

제1절 크리에이터의 세계

크리에이터 미디어의 주체인 크리에이터(Creator)는 동영상의 창작자일 뿐만 아니라 자신이 만든 동영상을 매개로 자신들의 팬 커뮤니티를 만들어가는 커뮤니티 리더로서 역할을 하며, 채널 활성화 여부에 따라 1인 미디어 기업으로 확장해 가고 있다. 기업이나 기관은 사내방송국의 연장선상에서 유튜브 채널을 개설하고 홍보수단의 하나로 유튜브팀을 운영하기 시작했고, 전통 미디어도 한때 외면했던 유튜브를 중요 매체로 인지하고 콘텐츠를 제작해 유통하고 있으며, 개인은 전업 크리에이터가 아니라 할지라도 자기개발 차원에서 유튜브 채널을 개설하고 있다.

크리에이터를 하지 않으면 시대에 뒤떨어질 것 같은 강박증이 생길 만큼 수많은 사람들이 부푼 꿈을 안고 크리에이터 시장에 뛰어들고 있다. 유튜브 통계 분석 전문업체인 플레이보드의 2021년 공개된 통계에 따르면 당시 국내 유튜브 크리에이터 수가 세계 인구수 대비 미국과 인도를 제치고 세계 1위로 집계되었다. 또한 2020년 말 기준 국내에서 광고 수익을 창출하는 유튜브 채널은 97,934개가 넘어서서, 해당 수치를 인구 대비 수로 계산하면 우리 국민 약 529명당 1명이 유튜브 크리에이터인 셈이라 유튜브 공화국이라는 유행어가 등장하게 된다.

그렇다면 대체 크리에이터의 어떤 점이 현대 사회의 사람들을 매료시켰을까? 이 질문에 대답하기 위해서 우리는 영상, 방송 플랫폼이 어떻게 성장했는가에 대해 알아볼 필요가 있다. 본래 영상 콘텐츠를 지배하고 있던 것은 TV 프로그램과 영화였다. 하지만 2007년 스마트폰이 등장하게 되면서 세상은 빠르게 변화했다. 미국 시장조사기관인 퓨 리서치(Pew Research)가 2019년 세계 27개 국가를 대상으로 조사한 결과를 보면 우리나라 스마트폰 보급률은 95%로 선진 18개국 중 세계 1위이다.

정보통신정책연구원에서 2019년 조사한 결과에 따르면 중고교생의 스마트폰 보유율이 90%를 능가할 정도로 높은 수치를 보이고 있으며, 스마트폰 사용 증가는 사람들을 TV 앞에서 각자의 방 안으로 이동시켰고, 혼자서 가볍게 볼 수 있는 콘텐츠의 수요가 늘어났다. 스마트폰의 보급, 데이터 무제한 정책과 LTE의 빠른 트래픽 호환 등으로 모바일 환경은 빠르게 변했으며 콘텐츠 소비 문화도 변화되었다. 동영상 콘텐츠 소비가 늘어나면서 플랫폼도 성장했으며 크리에이터와의 수익 배분으로 유튜브는 독보적 성장을 하였다. 크리에이터 미디어 연령대도 확대되었다.

또한 같은 기간인 2019년 미국 시장조사기관인 퓨 리서치가 각 국가의 소셜미디어 사용 수준을 조사한 결과, 페이스북이나 트위터, 유튜브 등 소셜미디어 사용자 비율은 같은 국가 그룹 안에서도 큰 차이를 보이는 것으로 나타났다. 선진 국가 그룹에서 소셜미디어 사용자 비율이 가장 높은 국가는 이스라엘로 18세 이상 성인 가운데 77%가 소셜미디어를 사용하는 것으로 나타났다. 우리나라는 76%로 2위를 기록했고 스웨덴과 네덜란드가 각각 73%와 72%로 3위와 4위라는 결과를 볼 수 있다.

코비드19 팬데믹 이후 비대면 시대가 열리면서 소셜미디어 시장은 더욱 활성화되고 있다. 언택트 시대가 되면서 소셜미디어 시장을 찾는 이들도 늘어나고, 유튜브로 개인 콘텐츠 공유가 쉬워지면서 크리에이터 미디어 시장이 활짝 열렸다. 유튜브 시장을 보면 초창기에는 게임 영상이 인기가 많았는데, 발 빠른 방송인들은 자신의 게임 방송 하이라이트를 편집해 유튜브에 올리기 시작했고 이는 큰 성공을 거두기도 했다. 해외에서는 퓨디파이, 한국에서는 대도서관 같은 1세대 유튜버들이 대표적인데, 이들은 방송만 해서 벌던 돈과는 비교가 되지 않을 정도의 수익을 유튜브를 통해 벌어들였다. 이것이 어린 학생들의 희망직업에서 크리에이터가 많은 이유 중 하나이다. 자신이 좋아하는 게임을 하면서 돈을 벌 수 있다는 게 그들에게 너무도 달콤한 유혹으로 다가오는 것이다. 구독자와 조회 수가 그대로 수익이 되어 돌아오는 세상이 열렸다. 대크리에이터 시대의 서막이 열린 것이다. 수많은 사람들이 채널을 개시하고 영상을 올리기 시작했다. 인기를 끄는 영상은 얼마 지나지 않아 유사한 영상들이 올라왔고, 금방 유행에 관련된 영상은 포화 상태에 이르렀다.

아무리 재밌는 것이라도 자꾸 보면 질리듯이 항상 보던 영상에 질린 사람들은 새롭고 특별한 영상을 찾아다니기 시작했고 그에 따라 새로운 여러 주제를 다루는 채널들이 속속 생겨나게 되었다. 소설이나 영화와 같은 창작물에서 나타나는 '클리셰 부수기'를 하게 된 것이다. 하지만 새롭고 다양한 것에는 긍정적인 것만 있는 게 아니었다. 몇몇 크리에이터들은 많은 조회 수를 기록하기 위해 선정적인 영상, 역겹고

혐오스러운 영상, 반인륜적인 영상을 게시하였고, 이 중에는 사회적인 물의를 낳는 영상도 여럿 있었다. 사회적 이슈에 대한 내용을 다루는 일명 '사이버 렉카' 채널, 자신이 사는 국가에 대한 찬양을 늘어놓고 다른 나라를 깎아 내리는 '국뽕' 채널, 확인되지 않은 거짓 정보를 퍼뜨리는 '가짜뉴스' 채널 등은 한국뿐만이 아니라 세계 공통의 사항이다. 유튜브는 이러한 영상들을 줄이기 위해 여러 시스템을 도입했지만 영상 검수가 AI를 활용하고 있는 것이기 때문에 완벽하지 않고, 많은 개선이 필요하다.

이러한 문제들이 끊이지 않고 발생하는 이유는 성공했을 때 그만큼 벌어들일 수 있는 수익이 많기 때문이다. 채널이 성공하면 기본적으로 조회 수에 따라 들어오는 수익 이외에도 광고 등을 통한 부가 수입이 우리가 상상하는 것 이상이며 인기 크리에이터가 되면 수익뿐만이 아니라 사람들에게서의 선망의 시선도 얻게 된다. 방송을 하는 방송인의 경우 유튜브 영상을 통한 방송으로의 유입, 방송을 통한 유튜브로의 유입으로 더 많은 수익을 창출할 수 있다. 유튜버가 방송 프로그램에 출연하는 일도 더는 새삼스러운 일이 아니다.

몇 가지 성공사례를 소개한다. 먼저 교육 영역에서 경제 재테크 콘텐츠인 '신사임당' 채널을 운영했던 주언규 크리에이터는 한국경제 TV PD 출신으로 5년간의 방송국 PD 경험과 홍익대학교 부근에서 자영업 성공 경험, 네이버 스마트스토어 사업 성공 경험을 살려 초창기에는 돈 버는 방법에 관한 자신의 경험담으로 크리에이터를 시작하였다. 경제 재테크 관련 다양한 주제의 영상을 전문가 인터뷰 영상 위주로 만들면서 175만 명의 구독자를 보유하고 있으며 2022년 중반기에 벤처캐피탈 심사역 출신 전업투자자인 디피에게 20억에 매각한 상태이다. 그는 이러한 인기에 힘입어 유재석이 진행하는 tvN 프로그램인 '유퀴즈 온 더 블럭'에도 출연한 바 있고, 유튜브 최적화 AI 분석 앱을 개발해 제2의 비즈니스에 주력하기 시작한다.

SBS PD이자 유튜브 채널인 '문명특급' 진행자이기도 한 재재는 SBS 유튜브 채널에서 지상파 SBS 채널과 타 채널에서 종횡무진 활약하고 있다. 재재는 디지털 콘텐츠를 제작하는 SBS의 '스브스 뉴스' 인턴으로 시작하여 SBS 정직원이 되었으며 스브스 뉴스 내의 '문명특급' 코너를 만들었고 단독 채널까지 갖게 되었으며, 유명 연예인과 인터뷰를 하면서 다양한 콘텐츠로 인기를 얻고 있는 대표적 웹예능 방송으로 자리매김하고 있다.

뷰티 영역에서는 크리에이터인 이사배가 아예 TV 프로그램 고정 멤버로 활약한다. tvN 프로그램인 '나의 영어사춘기 100시간'을 거쳐 MBC 프로그램 '언니네 쌀롱'의 고정 MC까지 꿰찼다. 과거 패션, 뷰티 분야가 톱스타나 연예인의 전유물이었다면 이제는 뷰티 유튜버가 그 자리를 차지하고 있는 흐름이다.

먹방 영역에서는 유튜버인 쯔양은 MBC 프로그램인 '놀면 뭐하니?'와 '안 싸우면 다행이야'에 출연해 활약했으며, 뒷광고 논란으로 문제가 돼서 은퇴를 선언하고 복귀하더니 MBC 프로그램인 '라디오스타'에 출연해 논란 당시 심경과 루머에 대해 이야기하기도 했다. 쯔양은 KBS 1TV 프로그램인 '6시 내고향' 속 '힘내라 전통시장' 코너 고정 리포터로 활동하며 방송에서도 종횡무진하고 있다

'환상거탑'에서 주연인 유리 역할을, '잉여 공주와 화려한 유혹', '끝에서 두 번째 사랑', '아버님 제가 모실게요' 등의 드라마 등에서 조연으로 출연하였던 연기자인 한소영은 2019년 1월, 쏘영이라는 유튜버로 변신을 시도하여 2023년 948만 명의 대형 크리에이터로 급성장하였다. 먹방의 후발주자인 쏘영은 당시 인기 있던 다이어트 관련 홈트

레이닝 등 콘텐츠로 다양한 시도를 하였으나 큰 성과를 거두지 못하였다가 발상을 전환해 레드오션인 먹방 장르에 도전, 주로 해산물을 중심으로 먹방 콘텐츠를 제작했고, 평소 구하기 힘든 특이한 음식과 강렬한 퍼포먼스들을 선보여 전 세계 시청자들의 뜨거운 반응을 얻고 있다.

[그림 7-1] 쏘영(Ssoyoung) 채널 먹방(좌)과 쯔양의 '6시 내고향' 리포터 활약(우)

출처: YouTube

채널을 운영하면서 논란을 빚고 활동을 그만두었던 크리에이터들이 복귀해 활발하게 활동하는 것을 보면, 돈도 돈이지만 인기 크리에이터로서 누렸던 사회적 지위를 그들은 잊지 못해 어떻게든 재기하기 위해 노력하는 것으로 판단된다. 이렇듯 크리에이터로서 성공했을 때 얻을 수 있는 것들이 워낙 많다보니 수없이 많은 사람들이 시장에 모여들었고, 그로 인해 크리에이터 시장은 유례 없는 호황을 이어나가고 있다.

이제는 TV 프로그램으로 성공한 연예인들까지도 채널을 개설해 크리에이터 시장에 발을 들인 지 오래이다. 미디어 중심이 TV에서 유튜브로 이동하면서 유튜브 활동에 집중하는 연예인들이 늘고 있다. 이들은 대중적 인지도를 기반으로 순수 크리에이터에 비해 압도적으로 많은 구독자를 빠르게 확보한다. 더불어 최근 한류의 영향으로 해외 팬들까지 연예인의 공식·개인 채널에 몰려들며 조회 수를 폭발적으로 끌어올리고 있다.

포브스코리아 조사에 따르면 2022년 7월 '2022 대한민국 파워 유튜버' 최상위 30개 채널 평균 추정 연소득은 22억 6,618만 원이었고, 전년도 평균 추정 연소득 15억 3,548만 원에 비해 47.5% 증가했다. 평균치를 보면 평균 구독자 수 517만 명, 평균 누적 시청횟수 19억 건, 평균 누적 업로드 수 1,862건인데, 이 정도 수준이 국내 최고 유튜버들의 클래스라고 말할 수 있겠다. 조사에서 100위권에 신규 진입한 채널(재진입 포함)은 총 60개이며, 상위 30위권에서도 15개가 신규채널이다. 전년도 순위와 비교하면 절반 이상이 교체되었다는 것을 알 수 있다. 게다가 지난 몇 년간 ASMR, 먹방과 키즈 채널이 강력한 우세를 보였으나, 2022년 상위권에는 꿀팁 및 터득법, 여행, 지식정보, 창작물 등 다채로운 채널들이 이름을 올린다. 콘텐츠의 역할이 위안, 엔터테인먼트 중심에서 학습, 정보습득 등으로 서서히 전환하고 있고 틱톡 스타들이 유튜브에 진출해 상위권에 진입한 점도 흥미롭다.

또한 다음 [표 7-1]을 보면 순수 크리에이터 외에 전현직 셀럽의 유튜브 채널을 추정 연소득 기준으로 순위를 매겼다. 최근 셀럽들의 유튜브 활동은 방송을 넘어설 정도로 활발하다. 셀럽들의 순위로는 방탄TV가 1위이다.

[표 7-1] 2022 대한민국 파워 유튜버100_샐러브리티 리그

순위	채널	구독자 수 (만 명)	시청횟수 (억 원)	업로드 (건)	추정 연소록 (원)	전년 순위
1	방탄TV	6960	173.1	1762	136억 840만	1
2	블랙핑크	7550	244.6	395	109억 1,190만	2
3	싸이공식	1730	97.7	119	47억 9,735만	신규

4	세븐틴	809	30.0	1195	34억 5,63만	4
5	선미	144	4.1	236	33억 3,706만	신규
6	에스파	397	7.9	189	23억 6,308만	9
7	있지	748	16.1	724	22억 9,543만	신규
8	(여자)아이돌 공식	404	15.7	333	20억 8,633만	신규
9	임영웅	139	15.6	611	18억 919만	신규
10	침착맨	173	11.8	6222	18억 703만	신규
11	케플러	215	3.6	158	17억 3,664만	신규
12	빅뱅	1480	73.3	776	14억 6,067만	신규
13	nct dream	513	7.8	408	14억 6,028만	3
14	이지금(아이유 공식)	779	16.0	148	14억 6,022만	6
15	아이브	163	2.8	141	14억 5,891만	신규
16	엔하이픈	644	8.3	578	13억 9,211만	신규
17	트레저	619	14.9	477	13억 8,825만	신규
18	위너	396	13.4	576	12억 4,922만	신규
19	흔한남매	240	26.2	948	11억 8,340만	신규
20	숏박스	207	2.3	48	11억 8,105만	신규
21	청하 공식	146	4.3	02	11억 1,386만	신규
22	투모로우바이투게더 공식	947	8.5	1142	11억 1,353만	10
23	레드벨벳	510	10.0	197	11억 1,045만	13
24	쏘영	838	10.2	621	10억 4,431만	11
25	마마무	671	20.7	714	9억 260만	6
26	에이핑크	141	4.7	746	9억 168만	신규
27	박재범	314	9.0	163	8억 3,436만	신규
28	비투비 공식	188	5.5	829	6억 9,625만	신규
29	낄낄상회	153	5.0	429	6억 8,624만	신규
30	KARD	345	7.1	334	6억 1,931만	신규

출처: 소셜블레이드;포브스코리아(2022.8.23)

전년도에 이어 2022년에도 부동의 1위를 차지한 방탄TV는 2012년 출발한 방탄소년단의 유튜브 채널로서, 그들의 백스테이지, 촬영 비하인드, 멤버별 로그, 개인 창작물 등이 업로드된다. 2023년 초 방탄 TV 구독자는 남북한 인구 통계에 육박하는 7,300만 명이며, 추정 연소 득 136억 840만 원으로 글로벌 최상위에 오를 만큼 높은 수준이다. 2 위는 막강한 글로벌 팬덤을 보유한 블랙핑크 공식 채널로 2021년에 이 어 굳건히 그 자리를 지키고 있다. 연소득은 109억 1,190만 원으로 2 위지만 구독자 수는 8,380만 명으로 방탄TV보다 많다. 2022년에 신규 로 진입한 셀럽들도 눈에 띄는데 싸이공식, 선미, 있지, 임영웅, 빅뱅 등 연예인 채널들이 인기인 것을 알수 있다. 다음 [그림 7－2]는 방탄 TV와 블랙핑크 채널을 보여준다.

[그림 7-2] BANGTANTV 채널(좌)과 BLACPINK 채널(우)

출처: YouTube

제2절 크리에이터 활동의 장·단점

수십만, 수백만 구독자를 거느리는 크리에이터 활동의 매력, 장점 은 무엇일까? 가장 큰 장점은 입문이 쉽다는 점이다. 크리에이터 창업 에는 초기 자본이 많이 필요하지 않다. 컴퓨터 한 대, 혹은 스마트폰 하나만으로 크리에이터 활동을 시작할 수 있다. 그렇기 때문에 초등학생에서부터 노년에 이르기까지 연령과 상관없이 모두가 도전할 수 있는 업종으로 진입 장벽이 낮다. 그 예로 어린이가 직접 출연하고 가족이 함께 만드는 채널로 106만 구독자를 가지고 있는 최린 크리에이터는 초등학교 3학년 때 유튜브를 시작해 현재 한영외고 재학 중이다. 초등학교부터 고등학교까지 9년째 크리에이터로 활동 중이며 현재는 공부와 취미, 학교생활 등을 소개하며 꾸준히 방송을 하고 있다.

124만 구독자를 가지고 있는 박막례 할머니는 2023년 현재 76세이다. 의사로부터 '치매를 주의하라'는 소견을 듣고 영상을 찍기 시작하였고 손녀와 함께한 '박막례 할머니의 욕 나오는 호주 케언즈 여행기' 영상이 화제가 되면서 유튜브 활동을 시작했다. 매우 찰진 전라도 사투리를 구사하며, 할머니 특유의 구수한 말솜씨와 유쾌한 욕설 덕분에 친근감을 느껴 좋아하는 사람들이 많다. 거의 모든 영상의 조회 수가 10만 뷰가 넘으며, 인기 급상승 영상 순위에도 자주 등장하는 인기 크리에이터이다. 2019년 8월 13일 다이아 페스티벌 도중 구독자 100만 명을 달성하였으며, '할머니가 즐거운 것을 하는 것'이 이 채널의 주요 목표이다. 그러나 최근 영상을 찍는 손녀이자 채널 운영자인 김유라 PD 결혼 소식이 전해지면서 구독자가 10만 이상이나 줄어들었는데, 이는 김 PD 예비남편이 과거 소셜미디어에 올린 글이 논란을 일으켜 2030 구독자에게 실망을 안겨줘 구독 취소로 이어진 것이다.

[그림 7-3] 마이린 TV 채널(좌)과 박막례 할머니 채널(우)

출처: YouTube

생활 속 어떤 것도 콘텐츠가 될 수 있어 콘텐츠가 무궁무진하며 크리에이터 활동은 시공간의 제약을 받지 않는다. 물론 자신이 어떤 콘텐츠를 하느냐에 따라 상황이 다르겠지만 영상을 편집하고 업로드하는 일은 언제 어디서든 할 수 있다. 만약 양질의 영상을 제작하기 위해 포토샵 같은 유료 편집 프로그램을 사용하거나 편집자를 구하는 경우 어느 정도의 지출이 들겠지만 그럼에도 다른 일을 시작하는 것에 비하면 무척 저렴한 편이다. '제가 ~ 보여드릴게요'라는 레퍼토리로 시작해 주로 무모하거나 웃긴 도전을 하면서 재미있게 노는 모습을 보여주는 '쿠쿠크루' 채널은 엽기, 병맛과 몸개그 등으로 친구들과 노는 것도 콘텐츠가 될 수 있다는 것을 보여주었고, 아이와 재미있게 노는 콘텐츠로 인기를 얻고 있는 '말이야와 친구들' 채널은 놀이, 교육, 체험시간 등으로 나눠서 저연령층 아이들을 위한 주제로 다양한 콘텐츠를 보여준다. 이처럼 우리의 일상 속 살아가는 모든 것이 콘텐츠가 될 수 있다는 것이 크리에이터의 장점이다.

그렇다면 크리에이터 활동의 단점은 무엇일까? 바로 성공의 어려움이다. 수요도 넘치지만 공급도 넘치도록 많은 게 크리에이터 시장 상황이다. 신입 크리에이터로 성공할 확률은 매우 적다. 사이트에 올라오는 수많은 영상 중 자신의 영상이 운 좋게 추천영상이 되어 많은 사람들에게 노출되거나, 유명인에게 언급이라도 되지 않는 이상 기록적 성장은 불가능에 가깝다. 크리에이터 활동을 시작하는 대부분의 사람들이 활동을 그만두는 가장 큰 이유가 이것이다. 방송을 해도 구독자는 오르지 않고 영상을 올려도 조회 수는 유의미하게 늘어나지 않는다. 유명세를 타기 전에는 들이는 시간과 노력에 비해 형편없는 수익을 얻을 수밖에 없다. 초반에는 콘텐츠 제작에 쓰는 시간과 비용이 결과 값에 비해 큰데, 반등할 때까지의 이 시기를 견뎌내지 못하는 것이다.

그럼에도 높은 꿈을 가지고 크리에이터에 도전하는 사람들은 셀 수 없을 정도로 많다. 지금 당장은 최저시급도 안 되는 돈을 벌면서도 나중에 맞이할 성공적인 미래를 상상하며 콘텐츠를 제작하고, 편집하고, 게시한다. 위험을 감수할 정도로 크리에이터로서의 성공이 주는 열매가 매혹적인 것이다.

불특정 다수에게 콘텐츠를 전달하는 일을 하다 보니 소위 '악질'이라 불리는 시청자들의 공격도 자주 겪게 된다. 크리에이터란 시청자와 화면을 사이에 두고 바로바로 연결되는 경우가 많다 보니 그런 사이버 공격에 취약하다. 잘나가는 크리에이터였음에도 악플에 시달리다 활동을 그만두는 사람들을 종종 볼 수 있다. 자신의 인기가 많아지면 많아질수록 그런 사람들이 많이 꼬이게 되는데, 그런 공격을 이겨낼 수 있는 단단한 정신이 크리에이터들에게 요구된다.

▌제3절 크리에이터에 대한 오해와 진실

크리에이터에 대한 오해와 진실이 교차한다. 몇 가지를 정리해서 소개한다. 첫 번째 오해는 '크리에이터 시장이 포화상태라 진입하기에는 너무 늦었다'는 것이다. 결론부터 말하면 정답은 '아니다'이다. 사람들이 크리에이터에 대해 갖고 있는 커다란 오해 중 하나가 유튜브 사용자가 포화상태라서 크리에이터를 시작하기에는 이미 늦었다는 생각인데, 이는 완전히 잘못된 생각이다.

오히려 포화상태라고 생각될 정도로 많은 사람들이 유튜브를 하고 있는 지금이 크리에이터 시작에 있어서 최적기이다. 이것은 경제학적 관점으로 바라보면 한 번에 해소되는 고민이다. 사람이 많으면 수요가 많기 때문이다. 많은 수요는 많은 공급을 필요로 한다. 활성 이용자가 적은 플랫폼은 자연스럽게 도태한다. 수요가 적기 때문에 공급도 적기 때문이다. 새로운 유입들이 많아야 플랫폼 생명줄이 길어진다. 유튜브가 10년이 넘는 세월 동안 침체되는 일 없이 성장할 수 있었던 이유도 많은 사람들이 유튜브를 시작했기 때문이다. 그것이 공급자로서든, 소비자로서든 상관없는 주요 이유는 이들이 프로슈머이기 때문이다.

유튜브를 보는 사람들의 대부분은 단 한 명의 크리에이터만을 구독하지 않는다. 자신의 성향에 맞는 여러 크리에이터들의 콘텐츠를 소비한다. 당연하지만 한 명의 크리에이터는 사람들의 모든 수요를 충족시킬 수 없다. 채워지지 않는 수요를 다른 크리에이터에게서 채우게 된다. 따라서 유튜브 사용자가 많다고 크리에이터가 되기를 망설여서는 안 된다. 오히려 사람이 많은 지금 시작하는 것이 좋다.

두 번째 오해는 '크리에이터는 끼가 넘쳐야 한다'는 것이다. 정답은 '아니다'이다. 사람들이 크리에이터에 대해 갖는 오해가 크리에이터는 끼가 넘쳐야 한다는 생각인데, 반은 맞는 말이고 반은 틀린 말이라고 여기며 뒤에 무게 중심을 두고 싶다. 물론 성공한 크리에이터가 되기 위해서는 최소한 한 가지 부문에서는 끼가 있어야 한다.

하지만 끼가 있어야 한다는 말은 끼가 넘쳐야 한다는 말과는 조금 다르다. 끼가 넘친다는 말은 다재다능하다는 말과 바꿔 쓰일 수 있을 것이다. 물론 능력이 많으면 여러 콘텐츠를 생산해내는 것이 가능하다. 하지만 성공을 위해서 꼭 많은 콘텐츠가 필요한 것이 아니다. 하나의 콘텐츠만으로도 성공을 거둔 크리에이터들을 우리는 쉽게 찾아볼 수 있다. 다재다능한 크리에이터만 살아남을 수 있었다면 어떻게 이렇게 수많은 크리에이터들이 있었겠는가에 대해 묻고 싶다.

또한 사람들은 무엇이든 잘하는 완벽한 크리에이터를 원하는 게 아니다. 흠이 없는 완전무결한 크리에이터는 오히려 성공하기 힘들다. 흔히들 말하는 '인간미'가 있는 크리에이터가 성공하기 더 쉽다. 사람들은 자신과 동질감을 느끼는 사람에게 끌리는 경향이 있다. 시청자의 시선으로 바라보는 크리에이터도 마찬가지이다. 잘하는 게 있으면 못하는 것도 있고, 감정적으로 반응하기도 하는 모습은 크리에이터와 시청자 사이의 거리를 줄여준다.

따라서 생방송 위주의 크리에이터라면 시청자들에게 자신의 약점을 만들어내서라도 드러내는 편이 오히려 필요할 때도 있다. 탈모, 목소리, 키 등 신체적인 부분부터 정말 못하는 게임 분야가 있다든가, 노래를 정말 못 부른다든가 하는 크리에이터의 콤플렉스적인 무언가를 자극하는 행위를 시청자들은 즐기기 때문이다. 그런 행위를 통해 시청자는 크리에이터에게서 동질감과 더 많은 애정을 갖게 되며, 이러한 행위는 하나의 콘텐츠로도 사용 가능하다.

세 번째 오해는 '콘텐츠에는 한계가 있다'이며, 정답은 '아니다'이다. 유튜브 콘텐츠들을 보면 생각지 못한 콘텐츠들로 인기몰이를 하는 것들이 많다. 그야말로 창의력의 한계가 없다는 것을 여실히 보여준다. 신선하고 상상 이상의 콘텐츠만 인기를 얻는 것이 아니라 나와 비슷한 모습으로 살아가는 사람들의 평범한 일상을 담은 콘텐츠도 인기이다.

몇 년 전 강남에 빌딩을 사서 화제를 모은 바 있는 '보람튜브' 크리에이터는 유튜브를 시작하게 된 이유가 아이와 놀아주려는 단순한 이유였다고 한다. 다섯 살 난 딸 보람이와 재미있게 노는 콘텐츠로 인기몰이를 하게 되었는데, 이 채널의 성공 비결은 주변에서 흔히 볼 수 있는 가족의 모습을 담은 것이다. 우리 이웃에 살고 있을 것 같은 보람이가 등장해 노는 모습, 먹는 모습, 공부하는 모습, 여행기 등을 보여주는데, 자연스럽고 친근한 모습이 편안함을 주고 장난감은 어떤 것이 좋은지, 교육은 무엇을 시키면 좋을지 정보를 제공하기도 한다.

　또한 평범한 직장인의 모습을 보여주는 콘텐츠 '강과장', 노년의 삶을 보여주는 브이로그 '꽃할배 패션 브이로그', 자신의 공부하는 모습을 그대로 보여주는 콘텐츠 채널 '홉이(Hyobee)', '노잼봇'까지 나와 비슷하게, 또는 다르게, 여러 모습으로 살아가는 다양한 사람들이 우리와 함께 살고 있기 때문에 콘텐츠의 한계는 앞으로도 없을 것이다.

출처: YouTube

제4절　크리에이터 성공 노하우

　크리에이터로 성공하기 위한 조건을 먼저 다섯 가지로 요약할 수 있다. 첫째, 크리에이터 자신이 즐길 수 있어야 한다는 점이다. 스스로 콘텐츠를 제작하고 채널을 만들어 나가는 과정이 즐거워야 한다. 그러기 위해서는 콘텐츠 주제에 대해 나 스스로 많은 관심과 호기심이 있어야 하고 본인 스스로도 지식을 쌓으며 탐구해 나가는 열정과 에너지가 있어야 한다. 크리에이터의 이러한 태도는 크리에이터의 표정, 행동, 말투, 눈빛을 통해서 사용자들에게 바로바로 전달되기 때문에 진심으로 즐겁게 방송을 하는 것인지, 가식적으로 하는 것인지 감출 수 없다. 크리에이터 스스로 즐길 때 사용자도 그것을 보고 즐기게 되고 자꾸 방문하게 되는 것이다.

또한 나의 채널이 사람들에게 알려지기까지 많은 기간과 노력이 필요하기 때문에 그 과정을 즐기지 않으면 꾸준히 활동을 해 나가는 것은 어려운 일이다. 세상에서 성공한 사람들의 사례를 통해, 자신이 즐기면서 할 수 있는 일을 찾아서 도전했고, 그것이 재능으로 발전하고 성공으로 이어졌다는 것을 우리는 종종 듣게 된다.

'내가 재미있게 할 수 있는 것이 무엇인가? 내가 즐겁게 할 수 있는 것이 무엇인가?'를 찾는 것 자체가 쉬운 일은 아니다. 하지만 끊임없이 찾고 발견해 나가도록 노력하여 재미가 재능이 되고 성공으로 이어지도록 만드는 자세가 중요하다.

둘째, 성실한 자세와 근성이 필요하다는 점이다. 크리에이터를 시작했다면 6개월 이상 매주 정해진 시간에 꾸준히 콘텐츠를 올리는 것을 최소한의 목표로 삼아야 한다. 최소 6개월 이상 동일 주제의 콘텐츠를 지속적으로 업로드할 때 광범위한 팬 층이 형성된다. 누적된 콘텐츠가 많을수록 조회 수가 자연스럽게 증가하는 게 디지털 콘텐츠의 특징이다. 구독자들이 클릭했을 때 늘 새로운 콘텐츠를 보여줘야 하고 계속 업로드 되는 것을 보여줘야 구독자들이 떠나지 않는다. 그러므로 크리에이터로 성공하기 위해서는 성실함과 근성을 가지고, 포기하지 않고 인내하며 꾸준히 노력하는 것이 필요하다. 콘텐츠를 보기 위해 그 시간만 기다리는 구독자들을 위해 시간을 정해놓고 꾸준히 지키는 것은 팬들과의 약속이라는 것을 잊지 말아야 한다.

400만 명이 넘는 구독자 수를 보유한 키즈 크리에이터인 '허팝'은 구독자 상당수가 초등학생인 점을 감안해 하교시간인 5시쯤 영상을 올려 두꺼운 고정 팬층을 확보하고 있다. 크리에이터들은 매주 평균 2~3편씩 올린다. '토이몬스터'의 경우 하루에 2편씩을 공개하기도 했다. 게임 크리에이터들은 뷰티 크리에이터와 비교해 상대적으로 콘텐츠를 자주 올린다. 콘텐츠 제작이 좀 더 쉽기 때문이다. 크리에이터는 또한 댓글에 성실하게 답변해야 한다. 톱스타들과 달리 크리에이터는 소통하기 쉬운 게 강점이다. 구독자 수가 늘면 답변에만 하루 2~4시간씩 걸린다. 1인 방송에서도 스타가 되면 너무 바빠진다. 댓글 달기가 어려워지면 인기도 시들해질 수밖에 없다.

셋째, 구독자와 소통할 줄 아는 교감능력이 있어야 한다는 점이다. 디지털 세대의 관심을 끌기 위해서는 이들의 관심 분야 주제를 짧은 시간 안에 자신만의 매력으로 표현할 수 있는 능력이 필요하다. 인기 크리에이터들은 자신만이 관심 있고 좋아하는 콘텐츠를 제작하지 않는다. 시청자들이 원하는 콘텐츠를 만든다. 그리고 자신의 콘텐츠로 방문자들과 교감하고 참여를 이끌어낼 줄 알아야 한다. 팬들의 댓글 속 의견을 영상에 적절하게 반영해야 한다. 현실적으로 구현하기 어렵다면 그 이유를 알려줘야 한다.

시청자가 자신의 의견을 존중한다는 사실을 인지하는 순간 고정 팬으로 남게 된다. 때로는 구독자들과 직접 만나 얘기를 들어볼 필요도 있다. 댓글로 표현하기 어려운 문제들도 많기 때문이다. 국내외 인기 크리에이터들의 콘텐츠를 꾸준히 분석해 장점을 반영할 필요도 있다. 자신만의 방식을 계속 고집한다면 그 콘텐츠를 지루하고 시대에 뒤떨어질 수밖에 없다. 크리에이터로 성공하려면 끊임없이 진화하고 발전할 수 있는 방법을 모색해야 한다.

넷째, 새롭고 차별화된 콘텐츠를 개발할 수 있는 기획력이 필요하다. 콘텐츠 소비 패턴이 짧고 빨라지고 있다. 새로운 콘텐츠 영역도 늘어날 수밖에 없다. 이때 대중이 좋아하고 즐길 수 있는 콘텐츠를 기획할 수 있는 능력이 중요하다. 아무리 내용이 좋더라도 대중이 열광하지 않으면 인기 콘텐츠와 크리에이터가 될 수 없다. 신선하고 차별화된 콘텐츠가 핵심이다. 대중이 익숙한 분야의 콘텐츠를 새롭게 가공해 보여줘야 한다.

콘텐츠가 너무 새로운 분야이면 대중들의 관심을 받기 어렵다. 그렇다고 익숙한 콘텐츠를 그대로 보여주면 진부하게 느낀다. '구독자들이 자신의 소셜 네트워크를 통해 공유하고 싶어지는 콘텐츠일까?' 질문을 하고 답변을 찾아낸다면 보다 알찬 콘텐츠를 기획할 수 있을 것이다. 또한 '다른 크리에이터들과 협업이 가능한 콘텐츠인가?' 하는 부분도 생각해 보는 것이 필요하다. 다른 크리에이터들과의 협업을 통해 잠재적 팬에게 다가가고 확보할 수도 있기 때문이다.

다섯째, 크리에이터의 진실한 마음과 자세이다. 물질만능주의에 매몰된 크리에이터들이 성공만을 쫓아 진실되지 못한 모습을 보이는 사례가 종종 드러나고 있다. 단순히 구독자를 늘리고 조회 수만 많이 나오면 그만이라는 자세로 방송을 하여 사회적 물의를 일으키는 크리에이터들의 행보는 크리에이터 미디어의 문제점을 그대로 보여주고 있는 사례이기도 하다. 많은 크리에이터들이 자신의 콘텐츠가 사회적으로 어떤 영향을 끼칠지에 대한 고민보다는 '어떻게 하면 많은 조회 수를 얻을 수 있는가? 어떻게 하면 구독자를 늘릴 수 있는가?' 하는 것이 가장 중요한 고민이 되고 있기 때문에 나타나는 현상이다.

이러한 생각과 행동은 순간 구독자를 늘리고 조회 수를 늘릴 수 있을지는 모르겠지만 진실은 언젠가 드러나게 되어 있고 거짓된 말과 행동으로 구독자들은 등을 돌리게 되어 있다. 자신의 이미지를 위해 구독자들을 속이고 가품을 명품으로 속이며 진실되지 못한 행동으로 구설수에 오른 크리에이터를 보면 안타깝기 그지없다. 또한 시청자 중에는 방송이나 영상에서 연출된 내용을 진실이라고 믿고, 현실에서도 그대로 따라 해도 괜찮은 안전한 것이라 느끼는 사람도 있다. 예를 들어 어떤 유튜버는 '집에서 손쉽게 복어 독 제거하는 법'이란 제목의 영상을 올린 적이 있다. 복어에는 맹독이 있어 자격이 없는 사람이 복어를 조리하는 것은 식품위생법상 위법이다. 그럼에도 불구하고 영상을 게시한 것이다. 이는 사람의 목숨을 앗아갈 수도 있는 행동이었다.

전문가들은 사람들이 이런 자극적이고 위험한 콘텐츠에 자주 노출될수록 위험성이 있다는 인식을 못 하게 될 뿐더러 모방 위험성도 커진다고 지적하며 모방을 부추길 수 있는 콘텐츠에 대한 모니터링을 강화해야 한다고 말한다. 잊을 만하면 올라오는 크리에이터의 논란에 대한 기사를 본 적이 있을 것이다. 크리에이터의 사회적 영향력이 올라감에 따라 사회적 책임 또한 올라갔는데, 아직 그 책임을 통감할 만큼 성숙하지 못한 사람들이 많다. 따라서 크리에이터들은 항상 자신의 행동과 발언이 어떤 결과를 초래할지 생각하고, 자신의 말과 행동에는 책임이 따른다는 것을 명심해야 한다. 항상 진실된 마음과 자세로 활동을 하는 것이 바로 성공의 지름길이라는 것을 잊지 말자.

크리에이터로서 성공하기 위한 조건을 습득한 후에는 크리에이터 미디어 방송의 특징에 대한 지식이 필요하다. 먼저 크리에이터 미디어 방송의 자막이 매우 중요한데, 이의 특징은 자유분방함임을 명심할 필요가 있다. 자막을 통해 시선을 집중시키고 재미를 선사하고 더 큰 공감을 불러일으킨다. 자막을 통해 강조하기도 하고 불편한 내용은 자막으로 귀엽게 넘어가기도 한다. 또한 컬러와 흑백을 사용해 속마음을 전달하기도 하고 기쁨과 슬픔을 표현하는 문자를 통해 공감을 형성하기도 하고, 구어체적 자막은 시청자들의 흥미를 끌어올리는 중요한 요소이기도 하다.

[그림 7-5] 와썹맨 채널(좌)과 말이야와 친구들 채널(우)

출처: YouTube

　　컴퓨터의 발달은 TV 방송에도 자막이 도입되게 하는 획기적인 전기를 마련해주었음은 주지하는 바이다. PC의 자판을 두드리는 대로 TV용 자막을 만들어낼 수 있는 CG 장비가 등장했다. CG의 장점은 자막의 신속한 제작, 용이한 수정, 몇 백 장의 자막도 디스켓 한 장이면 해결되는 보관성, 다양한 폰트의 개발에 따라 글씨체가 다양해졌다는 점이다. 자막은 점점 더 세련되어지고 다양해지고 있으며 크리에이터 미디어 제작에서 빼놓을 수 없는 특징으로 자리잡았다.

　　이처럼 방송 자막은 시청자들의 눈과 귀를 묶어두는 데 상당한 효과를 발휘하지만 점차 그 양이 늘어나 문제점으로 대두되기도 한다. 시청자가 봤을 때 불편할 수 있는 자막이나 유행어가 심하게 난무하는 자막은 지양하도록 해야 한다. 소중한 한글을 올바르게 사용하면서 재미와 즐거움을 줄 수 있는 자막을 적적히 사용하는 것도 방송 제작의 노하우라 하겠다.

　　크리에이터가 주시해야 할 두 번째 크리에이터 미디어 방송의 특징은 새로운 문화 현상인 밈(meme) 현상이다. 이는 일종의 모방으로 인터넷을 통해 사람과 사람 사이에 전파되는 스타일이나 행동 따위를 말한다. 밈은 영국의 생물학자, 리처드 도킨스(Richard Dawkins)의 저서인 《이기적 유전자(The Selfish Gene)》에서 소개된 개념으로 언어, 사상, 신념, 태도, 유행이 전달되는 과정에서 유전자 역할을 하는 '문화 전달의 단위' 또는 '모방의 단위'를 일컫는다. 그는 그리스어 어근으로부터 모방을 의미하는 '미멤(mimeme)'을 '진(gene, 유전자)'이라는 단어와 발음이 유사한 단어인 '밈(meme)'으로 만들었다.

이제 문화적 유전자인 밈은 모방을 통해 스스로 복제하고 진화한다는 의미로 쓰이고 있다. 최근에는 SNS 등에서 문화콘텐츠 놀이 현상으로서 유행하여 다양한 모습으로 복제되는 짤방 혹은 패러디물을 이르는 말로도 쓰인다. 예를 들면, 먹방 유튜버가 인기를 끌면 그 방송 시간대에 비슷한 먹방 영상이 올라온다. 젤리와 눈깔사탕이 인기를 끌면 해당 영상이 수없이 올라온다. 특정 행동 1시간 동안 반복하기가 유행하면 그런 영상을 따라 올린다. 이러한 현상을 밈(meme)이라고 부르는 것이다.

비의 '깡'은 밈 현상의 대표적 사례이다. 2017 발표 당시에 노래 '깡'은 주목받지 못했지만 2019년 초부터 다시 조명을 받기 시작했다. '깡'에 대한 관심은 유튜브에 올라온 뮤직비디오 영상에 댓글이 허용되면서 시작되었다. 유튜버 영상에는 하루에 한 번 필수적으로 시청해야 한다는 의미를 가진 '1일 1깡', 깡을 자주 보는 팬덤을 일컫는 '깡팸', 유튜브 영상 추천 알고리즘에서 깡 노래를 계속 추천해주는 '깡고리즘', 비의 팬이 비가 자제해줬으면 좋겠다는 20가지 리스트 '시무 20조' 등 재치 있는 댓글이 달리면서 더 각광받고 유행이 되었다.

밈 현상의 역사를 새로 쓰고 있는 것은 바로 '오징어 게임'이다. 오징어 게임은 넷플릭스 역대 최단 시간 최다 시청 신기록도 세웠을

뿐만 아니라 인터넷 밈 1위를 기록했다. 오징어 게임 밈은 틱톡, 인스타그램, 트위터, 레딧(Reddit) 그리고 페이스북에서 확산하고 있다. 밈 현상은 '오징어 게임' 시청 시간을 끌어올리는 데 기여하였으며 넷플릭스 가입자 수 증가에도 기여한다. 밈 현상은 유행처럼 번지면서 유튜브에서 조회 수로 이어지기에 많은 유튜버들이 이 현상에 동참하는데, 밈과 관련된 유행은 굉장히 빨라야 하기에 조금이라도 늦으면 조회 수에 큰 영향을 주지 못한다.

[그림 7-6] 비의 깡 영상(좌)과 '오징어 게임' 밈 현상과 달고나 뽑기 게임(우)

출처: YouTube

크리에이터가 주시해야 할 세 번째 크리에이터 미디어 방송의 특징은 편집을 통해 지루할 틈을 주지 않은 긴장(Tension; 텐션)을 주어야한다는 점이다. 크리에이터 미디어 영상은 지루할 틈을 주어서는 안된다. 장면을 짧게 편집하고 집중도를 높여주는 효과가 있어야 한다. 텐션은 미국의 평론가 앨런 테이트(Allen Tate)가 문학작품을 설명하면서 만든 용어로 확장과 응축으로 충만한 긴장감을 말한다. 편집을 통해 지루함을 없애주고 충만한 긴장감을 불러오는 영상이 크리에이터미디어 영상에 묘미라고 하겠다.

다음은 크리에이터 미디어 방송 용어들에 대해 알아보자. 크리에이터를 준비하는 예비 크리에이터라면 크리에이터 미디어 용어들에 익숙해져야 한다. 유튜브에서 자주 사용되는 방송 용어들을 바로 알고 활용해 보자.

먼저 콘텐츠의 주요 장르를 이해하는 용어이다. 브이로그(Vlog)는 Video와 blog의 합성어로 영상을 통해 일상을 기록한다는 의미로 크리에이터의 소소한 일상을 영상에 담기 때문에 삶의 모든 것이 콘텐츠의 소재가 되기도 한다. 일기를 쓰는 것처럼 크리에이터의 하루 일과를 셀프 카메라에 담는 것이 특징으로 특별한 주제 없이 자연스러운 생활상을 틈틈이 촬영하고 편집해 올리는 영상을 말한다.

ASMR은 'Autonomous Sensory Meridian Response'의 줄임말로 각각 Autonomous(자율), Sensory(감각), Meridian(쾌감), Response(반응)을 합친 단어이다. 자율과 감각, 쾌감, 반응을 합친 단어라는 점에서도 알 수 있듯이 이 모든 것을 이용해 뇌를 자극해 안정이나 쾌감을 유도하는 감각적인 반응을 의미한다. 우리가 흔하게 알고 있는 백색소음과는 약간의 차이가 있는데, 백색소음은 자연음인 빗소리, 라디오 소리 등의 일상 속에서 들을 수 있는 균등한 소리를 일정하게 들려주며 주변의 소음을 덮어주지만, ASMR은 기분 좋은 안정감이 생기도록 귀를 간질이는 소리가 난다. 예를 들면 바스락거리는 소리나 연필로 글을 쓰는 소리 등을 통해 뇌를 자극하여 심리적인 안정 또는 쾌감을 유도하는 감각적인 반응이다.

하울(Haul)은 영어 사전적 의미로 길게 울다, 울부짖다, 끌고 가다, 차로 나르다, 세게 끌어당기다 등의 뜻이 있지만, 사치 부리기, 흥청망청하기라는 뜻도 공존한다. 유튜브 방송에서 사용하는 하울은 물건을 구매한 후 품평하는 내용을 담은 영상으로 매장에 있는 제품을 대량으로 구입해서 그 제품의 품평을 공유하는 것이다. 실제 상품을 보지 않고 이미지로 보고 원하는 상품을 구입해야 하는 소비자 입장에서는 상품에 대한 신뢰도를 알 수 없으므로 먼저 구입한 소비자의 상품 품평, 즉 리뷰를 보고 많이 의존을 하게 되는데 크리에이터가 구독자들을 위해 제작한 리뷰 영상이라고 생각하면 된다. 언박싱(Unboxing)은 상자를 연다는 뜻으로 구매한 상품의 상자를 개봉하는 과정을 일컫는다. 상자에 있는 것을 꺼내는, 구매한 것을 개봉하는 과정을 보여주는 영상을 찍으며 제품의 장점과 단점, 정보를 공유하기 위한 것이다. 주로 고가 제품이나 소량의 제품을 개봉하며 장단점을 말한다. 하우투(How-to)는 어떤 일들을 하는 방법을 소개하는 영상이다. 일상생활에 활용할 수 있는 생활 팁에서부터 다양한 노하우 등을 알려주는 정보성 콘텐츠가 바로 '하우투'이다. 옷의 얼룩을 제거하는 방법, 차량 내부 세차하는 방법, 드론 만드는 방법에서부터 영어 잘하는 방법, 재테크 방법까지 일상생활에 다양한 정보를 제공하여 많은 사람들에게 공감을 형성하고 있다.

왓츠인마이백(What's in my bag)은 '내 가방 안에 뭐가 있을까'라는 뜻으로, 'WIMB'라는 약자로 부르기도 한다. 가방 안에 있는 물건을 그대로 보여주는 콘텐츠로 주로 연예인들이나 인기 인플루언서들이 자신의 가방 안의 물건을 보여주며 소개하며 자신의 모습을 자연스럽고 친근감 있게 보여주며 구독자들과 소통하는 방송이다.

OOTD(Outfit Of The Day)는 영어 표현 그대로 오늘 자신이 입은 패션을 소개하는 영상 콘텐츠이다. 의상, 가방, 신발 등의 패션 아이템, 코디 방법, 추천 브랜드 등을 소개한다. 커버 영상(Cover video)은 유명한 가수의 노래나 춤을 자기만의 방식으로 소화하여 제작하는 영상 콘텐츠이다. 즉, '아이유'의 '좋은날' 커버 영상이라고 소개되면 일반 크리에이터가 '아이유'의 노래 '좋은날'를 부르는 것이다.

다음은 크리에이터 주요 활동을 정의하는 용어들이다. 셀피노믹스

(Selfnomics)는 개인을 뜻하는 Self와 경제학 Economics의 합성어로 크리에이터처럼 개인이 콘텐츠를 만들어 스스로 수익을 창출하는 사람들이나 자주적이고 독립적인 경제 활동을 의미한다. 겟 레디 위드미(Get ready with me)는 영어 표현 그대로 '나와 함께 준비해요'라는 뜻으로 아침에 눈을 떠서 외출하기 전까지의 메이크업 과정, 머리 손질, 옷을 코디하는 과정을 영상으로 공유하는 것을 말한다. 많은 뷰티 크리에이터들이 '겟 레디 위드미'를 하면서 자연스럽게 자신의 일상을 나누고 화장품의 장점과 단점, 화장하는 방법 등을 있는 그대로 가감 없이 보여주기 때문에 여성 구독자들에게 좋은 반응을 얻고 있다. 반모는 최근 등장한 신조어로 '반말모드'의 줄임말이다. 갑자기 반말을 하는 것보다 '반모할까요?' 의향을 묻고 반말로 대화를 주고받으며 친밀감을 나타내는 크리에이터들이 최근 많아져서 크리에이터 미디어에 새로 등장한 용어이다.

마지막으로 유튜브 채널 개설 후 관리자 페이지에서 채널 관리 및 콘텐츠 제작 시 필요한 주요 용어이다. 먼저 채널 아트(Channel art)는 자신의 채널 상단에 표시되는 배너로, 유튜브 채널 페이지 맨 위에 표시되는 배경 이미지인데, 채널에 대한 정보와 전반적인 분위기를 알려주는 것이다. 자신의 유튜브 채널의 정체성을 알리고 브랜드화 할 수 있는 역할을 하므로 블로그의 타이틀이나 간판 같은 것이라고 생각하면 된다.

썸네일(Thumbnail)은 동영상 미리보기 이미지로 매번 업로드하는 영상의 함축된 광고 이미지나 책의 표지와도 같은 것이다. 시청자가 어떤 영상을 볼지 탐색할 때 바로 보이는 이미지로 시청자들은 처음부터 영상의 전체를 볼 수 없으므로 영상의 제목이나 썸네일을 보고 유입된다. 영상 속 한 장면을 따거나 영상 내용을 요약해서 만들 수도 있

고 자동으로 생성되는 미리 보기 이미지를 선택할 수도 있다

　　대시보드(Dashboard)는 원래 자동차나 항공기 등 운전석 앞에 있는 판을 부르는 말이다. 기계 장치의 작동 상태를 알리거나 조종에 필요한 여러 가지 신호를 표시하는데, 유튜브에서는 유튜브 스튜디오에 들어가면 보이는 첫 화면을 대시보드라고 부른다. 운영 중인 채널의 최근 활동을 확인할 수 있고 유튜브의 새로운 소식을 접하는 공간이다. 관련된 제작 및 활용방법은 8장에서 다루겠다.

참고문헌

머니투데이(2021.2.14). [단독]국민 529명당 1명이 유튜버…세계 1위 '유튜브 공화국'.

서울신문(2022.9.17). 500명 중 1명, 유튜브로 돈 번다…'1%' 수익은?

연합뉴스(2019.10.13). 중고교생 스마트폰 보유율 95%…하루 이용시간 2시간 이상.

케이비에스뉴스(KBS News)(2019.2.11). 국민 95%가 스마트폰 사용…보급률 1위 국가는?

포브스코리아(2022.8.23). [2022 대한민국 파워 유튜버 100] 셀러브리티 리그.

조선일보(2022.8.3). 유튜브 '신사임당' 20억에 팔렸다… "월수입 1억 5,000만 원".

Chapter 8

크리에이터의 채널 최적화 이해

제1절   데이터 분석의 필요성과 이해

　크리에이터에 도전하기로 결심했다면 어떤 콘텐츠로 자신의 채널을 시작할 것인가 결정하는 것이 가장 중요하다. 콘텐츠 주제를 정하는 기본 원칙을 살펴보면 크게 두 가지이다. 자신이 잘할 수 있는 틀을 먼저 정하고 그 안에서 다른 사람들이 운영하고 있는 영상들을 조사해서 가장 적절한 주제를 정하는 방법이 있고, 그 반대로 다른 사람들이 하고 있는 영상들을 우선 조사해서 그중 자신이 잘할 수 있는 주제를 발견해내는 방법이다. 그러나 마케팅 마인드로 채널을 기획하는 것이 제일 중요하다. 구독자들이 무엇을 선호하는지 선호하는 카테고리에서 내가 잘할 수 있는 게 무엇인지 찾아나가는 것이다.

　성공한 다른 콘텐츠들을 충분히 살펴보고 어떤 요소들이 채널을 성공으로 이끌어냈는지 찾아내는 과정은 성공적인 주제를 정할 수 있는 노하우가 될 수 있다. 일반적으로 채널은 한 가지 주제를 가지고 있기 때문에 채널 위주의 조사 방법이 편리하다. 물리적으로 시간을 할애하여 탐색하는 방법도 있으나 인기 있는 콘텐츠를 조사 분석할 수 있는 분석 사이트가 많이 있으니 알아보자.

　　녹스인플루언서(NoxInfluencer; https://kr.noxinfluencer.com)는 채널 데이터 분석, 채널 비교 분석, 실시간 구독자 수 조회 등 다양한 크리에이터 채널을 분석하는 전문적인 데이터 통계분석 서비스를 제공한다. 인기 있는 유튜버는 누구인지, 어떤 카테고리가 높은 순위에 있는지, 인기 동영상과 급상승 동영상은 어떤 것인지 실시간 검색할 수 있어 유튜브 트렌드를 한눈에 볼 수 있고, 어떤 유튜버가 순위에 올랐는지, 내가 좋아하는 유튜버의 수익은 어느 정도 되는지도 알아볼 수 있다. 카테고리 왼쪽 상단에 마우스를 올리면 TOP100 유튜버 순위를 구독자, 급상승, 평균 조회 수, 녹스코어(Noxscore), 하락세, 월 조회 수의 순으로 검색해 볼 수 있다. 유튜브뿐만 아니라, 인스타그램(Instagram), 틱톡(TikTok), 트위치(Twitch)의 순위도 검색할 수 있다.

　　소셜블레이드(Socialblade; https://socialblade.com/youtube/top)는 SNS에서 인기 있는 유튜브 동영상 순위를 보여주는 사이트로 유튜브 순위와 구독자 순위, 조회 수 순위를 확인할 수 있다. 홈페이지 메뉴에서 <Filter by most subscribed>, <Filter by most viewed>를 클릭하면 각각의 순위를 볼 수 있다. 이 사이트에서 특별히 확인할 수 있는 순위는 <Top 100 Networks>로 MCN 사업자 순위를 볼 수 있다. MCN은 콘텐츠 크리에이터에게 여러 가지 기회와 혜택을 제공하며 방송 제작에 필요한 법무, 행정, 세무와 관련된 업무도 지원하며 채널의 비즈니스 모델을 발굴하고 수익을 창출해내는 사업자들이다. MCN을 파악하는 것도 채널의 비전을 생각하는 데 큰 도움이 된다.

[그림 8-1] 녹스인플루언서와 소셜블레이드

채널미터(ChannelMeter; https://www.channelmeter.com)는 조회 수가 가장 많은 유튜브 동영상을 보여주는 사이트로 전체 순위와 카테고리별 순위 검색이 가능하다. 홈페이지에서 <Videos>를 클릭하면 영상 순위와 카테고리별 검색이 가능하다.

제2절 │ 채널 데이터 수집 및 분석 방법

코카콜라는 제약사가 130여 년 전 피로회복제로 개발해 약국으로 납품해 팔았던 강장제였다. 이를 사업가인 아사 캔들러(Asa Candler)가 약품에서 음료로 관점을 전환하고 대중화시킴으로써 오늘날 미국 문화의 상징이자 탄산음료의 대명사인 코카콜라가 되었다. 세상에 새로운 발명은 없다. 새로운 관점과 융합이 곧 발명인 것이다. 세상에 없는 콘텐츠로 크리에이터가 되겠다는 욕심을 가졌다면 그 생각부터 내려놓는 것이 좋다. 세상에 없는 신선한 아이디어로 불후의 명작을 만들겠다는 사명감과 신성한 창작자의 의무와 권리를 내려놓으란 말은 곧 죽음과도 같은 선언으로 들릴 수도 있겠다. 그러나 그 말은 저작권 침해에 관해 불명예를 감수하고 무조건 카피하라는 말과는 거리가 있다.

유튜브에는 전 세계에서 하루에도 수백억 개 콘텐츠가 업로드되며 알고리즘은 많은 구독자가 시청하고 시청 지속시간이 긴 콘텐츠를 품질 좋은 콘텐츠로 인식하여 홈 화면에 노출해 준다. 홈에 노출된 영상은 또 다음 영상에 영향을 미치고, 그 영상은 또 다음 영상에 노출되는 도미노 현상이 일어나 채널이 자생적으로 활성화된다. 그렇다면 어떻게 홈 화면이나 탐색에 노출될 수 있을까? 그것은 바로 레퍼런스(Reference)이다.

레퍼런스의 사전적 의미는 참고, 참조이다. 영상용어에서 레퍼런스는 '참고할 만한 영상'을 의미한다. 말 그대로 영상을 참고하는 것이므로 레퍼런스를 찾아 자신이 제작할 영상에 방향을 잡는 것이 좋은 방법 중의 하나이다. 레퍼런스를 찾을 수 있는 대표 플랫폼으로 유튜브(https://www.youtube.com)와 비메오(https://vimeo.com)를 꼽을 수 있다. 정부 부처, 공공기관, 지방자치단체, 기업들은 대부분 공식 유튜브나 비메오 계정을 가지고 있다. 주제별, 용도별, 스타일별, 기관의 성격별로 찾을 수 있는 레퍼런스는 무궁무진하게 다를 수 있다. 선 제작(Pre-production; 제작 전) 과정에서 레퍼런스를 찾는 것은 중요한 과정이므로 만들고자 하는 영상의 목적과 용도, 길이 등을 참고하여 사전에 준비한다면 도움이 될 것이다.

앞장에서 언급한 유튜브의 대표적인 경제, 성장채널로 성공한 '신사임당'의 크리에이터인 주언규 PD는 당시 채널을 운영할 때 홈화면에 노출하는 섬네일과 제목을 찾아내기 위해 급여 300만 원씩 주는 직원을 두 명이나 고용해 유튜브에서 하루종일 레퍼런스 찾는 데 주력했다고 한다. 참고할 만한 레퍼런스 영상을 선별하는 기준은 현재 운영 중인 채널의 주제, 타깃, 성별, 구독자는 비슷한데 조회율은 상대적으로 폭발적인 영상을 찾아내고 그 영상의 섬네일과 제목을 따라 유사하게 제작하는 방식을 취한 것이다. 신사임당 채널은 이렇듯 반복적으로 레퍼런스 영상을 찾아 따라서 제작하고 올리기를 반복 소위 떡상(급상승) 콘텐츠가 나오면서 나머지 영상까지 영향을 받아 동반 상승하며 채널이 성장하게 되었다 한다. 이런 반복된 경험을 바탕으로 아날로그 방식으로 수집했던 레퍼런스를 이제 AI 솔루션으로 원하는 레퍼런스를 빠르게 찾아내는 노아AI(https://www.knoah.ai/ landing)라는 사이트가 만들어졌다고 한다. 그러나 최근 영상검색 솔루션 노아AI를 사용해 구독자 대비 조회율이 높은 우수 영상을 검색한 후 네이버AI 녹음앱 클로바 노트로 대본을 추축하고 뤼튼AI 앱으로 각색 과정을 거쳐 '리뷰 영어' 영상이 무단복제 사용한 '우주고양이 김춘삼'이란 유튜버로 인해 저작권 논란에 휩싸이게 되었고 노아AI 사이트는 잠정 서비스를 중단하게 되었다고 한다. 아무리 유익한 솔루션도 악용하면 큰 것을 잃게 된다는 좋은 사례가 되었다.

다음은 콘텐츠 업로드 시에 검색 및 조회율을 높이기 위한 방법으로 '검색엔진 최적화'가 필요하다. 이는 올린 영상의 제목이나 설명란, 태그 등이 경쟁력 있게 만드는 것을 의미한다. 검색엔진 최적화를 위해 사용하면 좋은 튜브버디(https://www.tubebuddy.com)라는 사이트가 있다. 일반적으로 유튜브 구독자의 유입동선은 검객, 추천영상, 탐색, 구독 알림을 통해서인데, 검색엔진 최적화를 위한 서비스는 업로드한 영상을 유저에게 잘 검색되도록 제목, 설명, 태그 등을 경쟁력 있게 도와주는 것이다. 나의 영상이 홈화면이나 탐색에 뜰 확률, 즉 검색력을 점수로 수치화해주고 개선할 방향도 제시해준다.

경쟁력 있는 검색 키워드를 찾기 위해 튜브버드(Tubebuddy) 서비스를 설치해보자. 포털에서 튜브버디를 검색해 사이트에 들어간 후, '무료로 설치하기'를 누르고 크롬을 설치하면 된다. 확장프로그램을 추가해 유튜브에 들어가면 메인화면 우측 상단에 튜브버디가 설정 (Setting)된다. '튜브버디 메뉴'를 클릭하고 사용약관을 체크한 후 '가입' 버튼을 누른다. 사용할 계정을 설정하고 인증을 하면 성공 메시지가 뜬다. 설정 후 유튜브 스튜디오에서 '튜브버디'를 클릭하면 많은 기능들의 메뉴가 보일 것이다. 검색 최적화의 기본 설정을 위해 우선 '내계정(My Account)'에서 설정에 들어간다. 검색순위 항목 'My Browser(내브라우저)' 선택 시 나의 축적 데이터로만 검색 결과를 보여주기 때문에 올바른 검색 결과를 볼 수 없다. 좋은 서비스를 정확하게 사용하기 위해 어떤 관문으로 들어가 보느냐가 중요하다. 이전에는 유튜브 이용자 환경에서 검색을 하기 위해 'Incognito'를 썼으나 유튜브가 최근 API (Application Programming Interface) 제한이 변경되어 이 기능의 지원을 멈췄다고 한다. 대안으로 간편검색, 팝업정리, 이미지번역 기능을 내세운 웹브라우저 네이버 웨일이나 마이크로소프트 엣지(Edge) 등으로 사용자 방문 기록인 쿠키나 데이터를 삭제해서 검색 결과를 보면 보다 정확하다. 튜브버디든 다른 방법을 찾든, 이러한 과정이 필요한 중요한 이유는 검색엔진 최적화를 만듦으로써 상위노출이라는 결과를 이끌어 낸다는 점이다.

끝으로 소개하는 내용은 유튜브 제작 과정에 직접적인 정보를 제공하지는 않지만 구독자의 라이프스타일과 트렌드를 파악하는 데 도움이 되는 솔루션들이다. 이들은 이용자의 인사이트가 많이 필요한 사이트들로서, 유튜브를 통해 수익화할 때, 크리에이터 자신이 운영하는 사이트에의 방문 흐름을 파악하거나 소비자들의 성향을 파악해 제품을 소싱할때, 또는 콘텐츠를 기획할 때 참고하면 좋다.

채널 데이터 수집을 위해 필요한 국내 사이트인 네이버 데이터랩 (Naver Datalab; https://datalab.naver.com)은 네이버에서 제공하는 빅데이터 분석 서비스로, 급상승 검색어, 검색어 트렌드 쇼핑인 사이트, 지역통계, 댓글통계, 공공데이터 등의 정보를 제공한다. 국내 이용자가 많은 네이버 데이터 랩은 국내 트렌드를 알아볼 때 유용하다.

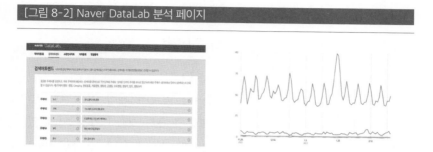

출처: 네이버 데이터랩

채널 데이터 분석 도구로 가장 많이 쓰이고 있으며 일반적으로 크게 알려진 것은 단연 '구글 애널리틱스(Google Analytics)'이지만, 국내 1위 포털사이트인 네이버에서도 애널리틱스 서비스를 제공하고 있다. 이들 모두 무료 제공되며, 회원 가입 후 사용할 수 있다. 주로 스마트 스토어나 자사 홈페이지, 자사몰 운영자들이 많이 사용하는 애널리틱스 분석은 HTML에 자바스크립트를 삽입해 구현한 것이기 때문에 티스토리의 경우 모바일 페이지 접속은 집계되지 않는다.

구글과 네이버 애널리틱스 모두 기본적인 기능은 같지만, 데이터 차이가 존재한다. 네이버 애널리틱스의 장점이라면 날짜별로 통계 서비스가 잘 되어 있으며 접근성이 구글 애널리틱스에 비해 좋고 세분화가 잘 되어 있다는 점이다. 네이버 애널리틱스가 보다 쉽게 사용할 수 있다는 장점이 있는 반면에, 구글 애널리틱스는 그 사용이 다소 복잡하지만 세부적인 데이터로 세부적인 정보를 확인하는 데 더 유리하다.

즉, 구글의 경우에는 큰 단위이어도 세부 정보 확인이 모두 가능하며 검색 통계가 더 정확한 편이고, 기능이 다양하고 우수하다. 구글에서는 애널리틱스 분석 강좌도 별도 운영하니 참고하면 좋다.

▌제3절   채널 개설을 위한 접근 방법

5장에서 간단히 설명한 크리에이터 미디어 제작 유형별로 인기 유튜브 채널들을 탐색해보자. 먼저 게임은 유튜브에서 가장 인기 있는 동영상 주제이다. 구독자 1억 명으로 전 세계 구독자 수 1위 자리를 상당 기간 동안 유지했던 퓨디파이(PewDiePie)는 게임과 엔터테인먼트를 주제로 하여 구독자를 모았다. 국내에서도 게임 영상이 매우 큰 인기를 얻고 있는데, 대도서관TV, 양띵, 잠뜰TV, 대정령TV, 도티TV 등 인기 크리에이터들이 많다.

[그림 8-3] 대도서관 채널(좌)과 잠뜰 채널(우)

출처: YouTube

유튜브에서 인기 있는 주제 중 하나인 먹방은 '먹는다'의 '먹'과 '방송'의 '방'이 합쳐진 신조어이다. 먹방 채널은 종류가 무엇이든 많이 먹는 영상이 인기이다. 특별한 음식부터 구하기 쉬운 음식까지 다양하고 한 가게의 전 메뉴 먹방, 도전 형식의 먹방 영상이 많이 올라온다. 먹방을 주제로 한 대표 채널은 쏘영, 떵개떵, 밴쯔, 도로시, 쯔양, 슈기님, 등이 있다.

출처: YouTube

　한때 폭발적인 인기를 끌었던 주제는 키즈(Kids)이다. 키즈 콘텐츠는 나라별 언어가 필요 없어 전 세계 어린이들이 함께 볼 수 있다는 장점이 있다. 키즈 채널들의 특징은 어린 아이들에게 인기가 많은 장난감, 만화 등으로 콘텐츠를 만드는 경우가 많다는 점이다. 세계적으로 유명세를 갖고 있는 채널 토이푸딩도 장난감을 이용한 애니메이션 콘텐츠를 제작한다. 대표 채널은 토이푸딩, 보람튜브 브이로그, 라바, 핑크퐁, 콩순이, 뽀로로 등이 인기를 얻고 있다. 그러나 '그것이 알고 싶다' 1181회 '키즈 유튜버의 명과 암' 편에서 키즈 유튜버들의 세계를 파헤치며 '아동학대'로 고발당하는 등 이슈가 되면서 2020년 1월부터 아동용 콘텐츠 관련 규정을 발표하고 광고 제한 조치를 하기 시작하였다.

[그림 8-5] 핑크퐁 채널(좌)과 토이푸딩 채널(우)

출처: YouTube

음악에는 국경이 없다. 유튜브에서 가장 많이 소비되는 주제로 다른 분야의 채널에 비해 다른 국가의 사람들에게 접근성이 높다. 기타리스트 '정성하'는 한국 크리에이터 최초로 유튜브 100만 구독자를 달성한 대표적 음악 채널이며 2023년 현재 706만 명 대형 채널로 성장하였다. 연주 영상을 주에 한 번 꼴로 업로드한다. 아카펠라 채널, 비트박스 채널, 악기 채널 등 장르도 다양하다. 멜로디언, 계산기, 자, 각종 장난감 등 독특한 소재를 사용해 연주하는 빅마블 채널도 있다.

[그림 8-6] 정성하 채널(좌)과 빅마블 채널(우)

출처: YouTube

뷰티 유튜버의 주요 소비층은 여성들로, 그들을 위한 메이크업, 꾸미기 영상이 인기가 많다. 메이크업을 다루는 유튜버는 메이크업을, 패션을 다루는 유튜버는 거의 패션만을 업로드하는 경향이 있다. 메이크업을 주제로 하는 채널은 이사배, 포니, 조효진, 회사원A, 라뮤끄 (lamuqe) 등이 있다. 패션 채널은 밤비걸, 미아 등이 있다.

출처: YouTube

요리 채널 경우 초창기에는 사람들에게 유명하고, 친숙한 요리를 만들어 올리다가 시간이 가면서 사람들에게 생소하고 신기한 요리를 만들어 올리는 경우가 많다. 그 이유는 처음에는 인지도를 올리는 것이 우선이거니와, 나중에 가면 소재 고갈로 인해 딱히 올릴 요리가 없다고도 한다. 한국 요리를 세계에 알리며 해외에서도 유명한 망치 (Maangchi) 채널이 대표적이고 에이리스키친(Aeri's Kitchen), 승우아빠, 조성자 할머니가 운영하는 심방골 주부 채널도 인기이다. 음식 자연의 소리가 군침을 돌게 만들고 시청자들의 좋은 반응을 얻고 있다.

출처: YouTube

여행 콘텐츠 경우 국내에서 유럽, 미국 등을 여행하는 것이 인기가 많지만 그 경우 비슷한 영상들이 많이 존재하기에 최근에는 조금 낯선 곳, 잘 모르는 나라, 이색적인 장소를 여행하는 콘텐츠들이 많이 등장하고 있다. 또한 코로나 바이러스로 인한 팬데믹 이후로 여행 콘텐츠에 대한 수요가 많이 늘어 현재 호황을 누리고 있다. 테마파크나 놀이기구 관련 영상, 여행지에서 먹을 수 있는 음식을 소개하는 채널도 인기이다.

출처: YouTube

스포츠 채널은 스포츠 관련 팁이나 기술, 강좌를 보여주는 영상들이다. 국내에서는 축구 콘텐츠가 인기가 많은 편이다. 구독자를 다수 보유한 스포츠 크리에이터의 경우 주 콘텐츠가 축구에 관한 경우가 많다. 그들은 축구 전술, 기술 등을 알기 쉽게 가르쳐주는 영상을 주로 업로드한다. 헬스 채널, 스트레칭, 스케이트보드 채널, 낚시 채널, 스포츠와 코미디를 섞은 채널 등 다양하다. 코로나 이후 홈트레이닝 채널도 인기이다.

[그림 8-10] 다노TV 채널(좌)과 JK아트사커 온라인 채널(우)

출처: YouTube

　각박한 현대사회 유튜브를 힐링의 용도로 사용하는 이용자들이 다수 존재한다. 그런 사람들에게 애완동물 콘텐츠는 마음을 따뜻하게 해주고 위안을 주기도 한다. 최근 애견을 키우는 사람들이 많아지면서 애완동물 훈련 영상이나 사랑스럽고 귀여운 애완동물의 모습을 담은 콘텐츠가 주를 이룬다.

[그림 8-11] 이웃집 백호(좌)와 강형욱의 보듬TV(우)

출처: YouTube

　한국에서 교육은 인생에 있어서 중대사이다. 미취학 아동 때부터 초·중·고, 대학, 직장에 가서도 교육은 끝나지 않는다. 이런 사회에서 공부 콘텐츠는 수많은 사람들의 수요를 갖는다. 유튜브의 경우 시험 문제 해설, 공부 동기 부여, 공부 노하우 콘텐츠 등이 주를 이룬다. 어린이 교육 음악 영상 채널, 과학 실험 채널은 전 세계적으로 인기이다.

[그림 8-12] 공부의 신 강성태(좌)와 Thomas Kim 채널(우)

출처: YouTube

　다음은 채널 개설 시에 유의할 사항이다. 유튜브에 동영상을 업로드하고 다른 사람들과 공유하려면 채널이 필요하다. 이때 유의할 점은 유튜브는 채널 이름 중복 생성이 가능하도록 되어 있기 때문에 서로의 존재를 알지 못할 경우 자신과 같은 채널 이름으로 활동하는 크리에이터가 있을 수 있다는 점이다. 그중 누군가가 상표권 등록 후 상표권 침해 신고라도 하게 되면, 상대 채널은 순식간에 삭제당할 수 있다. 이러한 상황을 방지하기 위해 채널 개설 전 동명 채널이 있는지 확인하는 작업은 반드시 필요하다.

　채널 개설 시 유의할 두 번째 사항은 한 개의 구글 계정을 가지고 여러 개의 채널을 만들고 관리할 수 있지만, 여러 채널이 있어도 채널 간 영상을 이동시킬 수는 없다는 점이다. 또한 한 채널에 있는 동영상을 다른 여러 채널로 분리해서 저장할 수도 없다. 그래서 새로운 채널에 영상을 옮기려면 기존 채널에 있는 영상을 모두 지우고 새로운 채널에 다시 업로드해야 한다. 그렇게 되면 삭제된 영상이 가지고 있던 조회 수를 잃어버리게 되고 그 채널을 사용하지 않으면 구독자까지 잃어버리게 된다. 그러므로 채널을 만들 때 성장 계획을 꼼꼼히 세워 조회 수나 구독자를 중간에 잃어버리는 일은 없도록 하는 것이 필요하다.

채널 개설 시 유의할 세 번째 사항은 채널 이름 만들기 및 핸들 정하기이다. 채널 이름은 그 채널의 정체성을 보여주어야 한다. 사람들은 채널 이름으로 기억하고 재방문으로 이어지기 때문에 채널 이름은 매우 중요하다. 이름은 두 자에서 네 자 사이로 정하는 것이 기억하기 좋다. 쏘영, 허팝, 햄지, 도티, 양땅, 떵개떵, 빅마블, 달빛부부 등을 들 수 있다. 주제의 키워드를 넣은 이름으로 정하는 것이 좋다. 예를 들면, 북스킹, 지무비, 사건파일, 식탁일기, 뷰티라이프 등과 같은 이름이다.

자신의 이름 뒤에 TV를 붙이는 경우도 많이 볼 수 있다. 김미경TV, 한문철TV, 보겸TV, 김창옥TV, 스텔라장TV 등을 들 수 있다. 엉뚱한 이름은 짓는 것도 기억하기 좋은 방법 중에 하나이다. 대도서관, 해물파전 같은 이름을 들 수 있는데, 이 채널은 게임 채널인데 이름이 주는 이미지와 콘텐츠가 달라서 오히려 채널 이름이 더 각인된다. 이름은 변경 가능하지만 이름이 자꾸 바뀌면 구독자에게 혼선을 줄 수 있고 채널의 정체성이 바뀌는 듯한 느낌을 주어 구독자가 이탈할 수도 있다. 그러므로 첫 시작에 신중하게 이름을 선택하는 것을 권한다.

[그림 8-13] 한문철TV채널(좌)과 Stellajang TV(우)

출처: YouTube

채널 개설 시 유의할 네 번째 사항은 캐릭터 정하기이다. 채널 콘셉트와 더불어 중요한 것은 크리에이터의 캐릭터화이다. 홍수처럼 쏟아지는 수많은 크리에이터 사이에서 조금이라도 시청자들에게 돋보이기 위해서는 자신만의 개성이 필요하다. 잘 만들어진 캐릭터의 힘을 우리는 누구보다 잘 알고 있다. 가장 대표적인 장르가 히어로 영화이다. 마블과 DC코믹스 영화가 전 세계 스크린을 사로잡을 수 있었던 이유가 무엇일까? 아이언맨, 캡틴아메리카, 스파이더맨, 토르 슈퍼맨, 배트맨, 등 과하다고 말해도 될 정도의 수많은 영웅들의 이야기에 사람들이 열광하는 이유가 뭘까? 그저 고난과 역경을 극복하고 위업을 이루어낸다는 기본적인 영웅 서사의 구조를 따라가는 것뿐인데 말이다. 그것을 가능하게 하는 게 바로 잘 만들어진 캐릭터화의 힘이다. 비슷한 서사를 따라가도 그 서사 속에서 각각의 영웅들은 서로 다른 반응을 보이며 서로 다른 방법으로 고난을 극복해 나간다. 사람들은 그 과정을 보며 영웅들에게 서로 다른 매력을 느끼게 되는 것이다.

드라마와 예능에서도 캐릭터는 중요하게 작용하는데, 캐릭터 하나로 무명 연예인이 단숨에 스타 자리에 오르기까지 한다. 대한민국의 예능 시대를 풍미했던 예능 프로그램 '1박2일'과 '무한도전'의 경우를 봐도 각각의 배우마다 프로그램 내에서의 캐릭터를 갖고 있는 것을 확인할 수 있다. 소설이나 애니메이션에서도 마찬가지이다. 아무리 내용과 전개가 이상해도 잘 만든 캐릭터 하나가 있으면 사람들은 작품에 불평하면서도 그 캐릭터를 보기 위해 감상을 끊지 않는다. 이런 인기 많은 캐릭터들을 보면 비슷하다는 느낌을 받으면서도 조금씩 다른 매력들을 갖고 있다. 그리고 그 색다른 매력 포인트가 캐릭터를 사람들의 눈길을 사로잡아 인기를 만든다.

확실한 캐릭터로 큰 인기를 얻고 있는 '허팝' 채널의 허재원 크리에이터는 여러 재료를 이용해 실험을 하는 콘텐츠로, 재미는 물론이고 궁금증을 해결해준다. 멘토스와 콜라, 코인티슈, 1,000도 쇠구슬 등을 이용한 실험은 큰 인기를 끈 대표 영상들이다. 구독자 수 390만 명을 보유한 그는 자신이 좋아하는 노란색을 고유색으로 정하고 노란 옷을 입고 영상을 찍는다. 허팝은 재미있고 신기한 실험으로 어린이 구독자들도 많은데 자신을 상징하는 색을 노란색으로 정하고 기발한 실험을 하고 특색 있는 이름까지 만들어, 캐릭터를 잘 확립시킨 대표 크리에이터이다.

[그림 8-14] 허팝 채널(좌)과 워크맨 채널(우)

출처: YouTube

성공적인 캐릭터 확립의 또 다른 예로 '워크맨'의 장성규를 들 수 있다. '워크맨' 채널은 직업 체험 웹 예능으로 인기몰이를 하고 있는데, 세상 모든 직업들에 대해서 알려준다는 좌우명으로 시작한 방송이라고 한다. 장성규가 여러 아르바이트를 직접 체험하면서 매 체험마다 선 넘는 장성규 '선넘규'라 불리며 장성규만의 매력을 보여준다. 장성규의 선넘는 농담, 트렌디한 편집 등을 통해 즐거움을 주면서도 도움이 되는 정보를 전달하며 인기몰이를 하고 있다.

이러한 크리에이터의 캐릭터를 확립하는 과정은 쉬운 일이 아니다. 크리에이터를 막 시작하는 사람들은 카메라 렌즈 앞에 서서 몇 마디 하는 것도 제대로 되지 않고 어색한 자신의 모습을 발견하게 되는 것이 보통이다. 거기에 더불어 자신의 어색한 모습이 담긴 영상을 편집까지 해야 한다는 것이다. 하지만 이는 견뎌내야 하는 부분이다. 크리에이터로 활동하게 되면서 의도했든 의도하지 않았든 연기를 해야 하는 상황이 올 것이다. 그때 본심과는 다른 자신의 모습을 보면서도 어색해하지 않을 정도의 수련이 필요하다. 캐릭터는 한번 정해지면 바꾸는 것은 쉽지 않다. 그러므로 자신의 채널 콘셉트에 맞게, 노리는 시청자 층에 맞는 특색 있는 캐릭터를 구상해 꾸준히 노력하여 그것이 완벽히 자신에게 정착되도록 노력해야 한다.

그러나 유튜브를 하고 싶어도 막상 자신의 실물을 공개하고 활동하기 부담스러울 경우가 있다. 그래서 음성만 노출한다거나 얼굴은 비공개로 하고 바스트컷만 보여 주는 크리에이터도 많다. 최근에는 AI 기술의 대중화로 버추얼 유튜버(Virtual YouTuber), 일명 버튜버도 도전해 봄직하다.

[그림 8-15] 버튜버 키즈나 아이 채널(좌) 이모지 유튜버 알간지 채널(우)

출처: YouTube

현재는 활동을 중단했지만 버추얼 유튜버 장르를 개척한 일본의 가상 캐릭터 '키즈나 아이'는 305만 명의 구독자를 확보하고 여전히 누적 조회를 늘려가고 있다. 하지만 개인이 버추얼 캐릭터를 제작하기에 비용이 부담스럽다면 좀 더 가벼운 대안으로 아이폰의 이모지, 삼성 갤럭시8 이상에서 제공하는 AR 이모지 캐릭터 부캐(자신의 또 다른 캐릭터)를 만들어보는 방법도 있다. 이는 실제 인물보다 훨씬 더 유연한 콘텐츠 제작이 가능하다. 또한 국경을 넘어 충성도 높은 국제적 팬층까지 생길 수도 있다.

반면 가상 인물에 대한 연출이 지나치게 강조될 때 거부감을 갖게 되고 구독자들의 공감과 같은 리액션을 얻기 어려울 수 있으니 호감을 줄 수 있는 캐릭터 설정이 중요하다. '알고 보면 간지 나는 간단한 지식'이란 '알간지' 지식 채널을 운영하는 이모지 유튜버 알간지는 빨간 악마 캐릭터를 오너캐로 설정하고 악마 이미지와 대비되는 똘똘한 목소리로 다양한 지식을 전달하며 104만 구독자를 확보하고 인기를 얻고 있다. 이모지 캐릭터 제작은 갤럭시폰 기준으로 사진 아이콘을 클릭한 후 '더 보기' 메뉴로 들어가면 AR존에서 가볍게 만들고 촬영할 수 있다. 그러나 상업적인 목적으로 사용할 시 저작권 저촉을 받을 수 있다. 장기적인 성장을 기대한다면 ONZENGA(https://naver.me/xagwd0Sz)라는 사이트에서 유료 제작을 할 수 있으니 참고하기 바란다.

채널 개설 시 유의할 다섯 번째 사항은 계정 만들기이다. 유튜브의 경우를 예로 들겠다. 유튜브는 구글에 포함된 서비스라서 구글 계정이 없다면 시작 자체가 불가능하다. 따라서 구글 계정을 만드는 것이 우선이다. 구글 메인 페이지 오른쪽 상단의 '로그인' 버튼을 누르면 로그인 화면으로 넘어가고 이메일 주소를 입력하는 창이 뜬다. 여기서 왼쪽 하단 '계정 만들기' 버튼을 누르면 계정 만들기 화면으로 넘어가고 '계정 만들기' 버튼을 누르면 '본인 계정'과 '내 비즈니스 관리하기' 메뉴가 나온다.

개인으로 유튜브를 관리하고자 한다면 '본인 계정'을 눌러 진행하면 된다. 성과 이름 이메일 주소, 비밀번호를 입력하여 계정을 만들면 된다. 이 모든 사전 준비가 끝났다면 구글 계정에 로그인된 상태로 유튜브 메인 페이지에 들어가 '채널 만들기' 버튼을 눌러 채널을 개설할 수 있다. 채널은 최초 가입 시 적은 계정의 이름과 사진을 이용해 채널 이름과 프로필 사진이 표시되는데, 이는 구글 설정에서 수정할 수 있다. 이는 일반적인 개인 계정을 생성하는 방법이다. 이 계정은 단 한 명이 관리하는 계정으로 여러 명이 관리할 수 있는 브랜드 계정과 구분된다.

채널 개설 시 유의할 여섯 번째 사항은 브랜드 채널 만들기이다. 브랜드 계정이란 개인 계정과 다르게 여러 명이 관리할 수 있는 계정을 말한다. 브랜드 계정은 이메일을 통해 관리자를 초대할 수 있는 계정으로, 이는 편집자 등 여러 명이 함께 운영하거나 MCN에 합류해 함께 일하게 되었을 때 브랜드 계정으로 변경하면 된다. 각각의 관리자는 개인 계정으로 로그인해 해당 채널을 관리할 수 있기 때문에 관리가 용이하다.

개인 계정으로 시작해 규모가 커져 여러 명이 함께 운영하거나 MCN에 합류해 일하게 됐을 때 브랜드 계정으로 변경하는 것이 가능하다. 브랜드 채널 생성 방법은 채널 메인 페이지 오른쪽 상단의 프로필 아이콘을 클릭하며 팝업 메뉴가 뜬다. 여기서 '설정'을 클릭해 계정 설정에 들어가서 '새 채널 만들기' 메뉴를 클릭하면 브랜드 계정을 만들 수 있다. 브랜드 계정은 성과 이름의 구분 없이 브랜드 이름 하나로 계정 설정이 가능하다. 브랜드 이름을 설정하면 채널이 생성되고 브랜드 계정 관리자를 추가할 수 있다. 처음부터 관리자를 추가해 운영할 수도 있고 채널 규모가 커졌을 때 추가할 수도 있다.

제4절　채널 아트와 레이아웃 구성하기

　　채널 아트는 자신의 채널 상단에 표시되는 배너를 말하는 것으로, 채널의 간판, 대문과 같은 역할을 한다. 채널 아트는 채널의 첫인상을 결정하기 때문에 임팩트 있게 만드는 것이 매우 중요하다. 잠재 시청자들은 추천이나 검색을 통해 영상을 본 후에 그 채널의 홈에 들어가게 된다. 그때 채널 아트를 통해 느껴지는 첫 이미지는 그 채널을 계속 구독할지 말지 결정하는 요소로 작용하기도 한다. 그렇기 때문에 채널의 활성화를 위해서는 제작하는 영상의 품질도 물론 중요하지만, 채널 아이콘, 채널 아트 등의 디자인적인 부분도 매우 중요하다.

　　채널 아트는 채널의 성향이나 주제를 한눈에 알아볼 수 있게 해준다. 실제로 시청자의 눈에 보이는 시간으로 보면 적은 부분이다. 하지만 채널을 브랜딩하고 시청자에게 채널의 분위기를 알려주는 중요한 부분이기 때문에 단순하면서도 눈에 확 들어오게 제작하는 것이 좋다. 그림판, 포토샵, 파워포인트 등 제작의 방법에는 제한이 없다. 크리에이터 자체가 캐릭터이므로 자신이 돋보이는 사진을 활용하거나 로고를 만들어 넣는 것도 좋은 방법이다. 얼굴을 비공개한 크리에이터라면 콘텐츠의 정체성이 드러나는 이미지를 만드는 것이 좋다. 하지만 이런 채널 아트를 디자인하는 것에 어려움을 느낀다면 무료로 채널 아트 샘플을 제공하는 사이트를 찾거나 최근에는 재능 거래로 채널 아트를 제작해 주는 경우도 많으므로 의뢰하여 채널 아트를 제작하는 것도 좋은 방법이다.

　　크리에이터 시장이 크리에이터 미디어 산업화되면서 채널 아트 같은 것을 전문으로 의뢰받아도 맡아 하는 사람들이 늘어났으니 디자이너를 찾는 데 있어서, 비용에 큰 부담을 느낄 필요도 없다. 또한 망

고보드나 캔바 같은 앱을 이용하여 스스로 만들 수도 있다. 앱에 들어가면 다양한 디자인으로 이미 만들어져 있으니 마음에 드는 디자인을 선택한 후 편집하여 사용하면 된다. 유튜브의 경우를 보면, 2,560 × 432픽셀, 6MB 이하의 이미지 하나를 올리는 것을 추천한다. '내 채널'로 들어가서 '채널 맞춤 설정'을 선택한 후 '채널 아트 추가'를 선택하면 된다. 몇 가지 사례는 다음 [그림 8-16]과 같다.

[그림 8-16] Pony syndrome 채널아트, 겜브링 채널아트, 김미경 채널아트, 햄지 채널아트(시계 방향)

출처: YouTube

채널 홈 레이아웃이란 시청자 또는 예비 구독자들이 채널을 방문했을 때 보게 되는 첫 화면이다. 여기서 채널의 주제를 알리고 매력을 어필하는 것이 필요하다. 이는 채널의 대문과 같은 역할이며 내 채널의 다양한 영상 목록들이 한눈에 보인다. 채널 아트 밑에 프로필 사진과 구독 버튼이 있고, 그 아래 예고편 동영상을 볼 수 있게 되어 있다. 그리고 바로 그 밑에 채널 목록들이 일목요연하게 정리되어 나온다.

유튜브 시청 추세를 보면 맞춤 알고리즘에 따라 추천된 영상을 보는 것이기 때문에 채널 홈을 꾸미는 것에 대한 중요성이 예전보다는 다소 떨어졌지만 채널의 브랜딩을 위해서라면 빠져서는 안 될 작업이다. 유튜브 홈 레이아웃은 유튜브에서 지정해놓은 틀 안에서 수정하는 정도라 꾸미는 것에 있어 자유롭지는 않지만, 그렇기에 처음 하는 사람도 간편하게 레이아웃을 구성할 수 있다.

'채널 맞춤설정'에 들어가면 홈 레이아웃과 관련된 모든 내용을 설정할 수 있다. 화면 아래쪽에 '섹션 추가' 버튼을 누른 후 콘텐츠 선택창이 나오면 원하는 목록을 선택한 후 '완료' 버튼을 누르면 동영상이 업로드된다. 같은 작업을 여러 번 반복하여 재생 목록 나열로 첫 화면을 예쁘게 만들면 된다. 재생 목록을 등록할 때 업로드한 순서대로 보여줄 수도 있고 조회 수 기준으로 인기 있는 영상순으로 정렬할 수도 있다. 재생 목록 순서는 변경 가능하므로 내 채널 상황에 맞게 변경하는 것도 좋은 방법이다.

채널 예고편이란 위에서 설명한 대로 신규 시청자, 재방문 시청자들이 내 채널을 방문했을 때 가장 상단에 위치하는 콘텐츠를 말한다. 프로필 바로 아래, 재생 목록들 위에 예고편 동영상이 위치해 있고 볼 수 있다. 비구독자와 재방문 구독자 대상으로 나뉘어 있기 때문에 2개의 동영상을 달리 설정해놓는 것이 좋다. 신규 시청자들을 위한 동영상으로는 채널의 특성을 빠르고 쉽게 파악할 수 있는 동영상을 설정하는 것이 좋고 구독자를 대상으로는 반응이 좋았던 콘텐츠를 표시해두는 게 좋다. 파란색으로 표시된 '추가' 버튼을 누르면 그동안 채널에 업로드 한 영상이 나열되는데 그중 하나를 선택해 저장하면 설정이 완료된다. 신규 방문자용으로 1분 내의 짧은 영상이 좋으며 채널의 성격을 잘 파악할 수 있도록 새롭게 제작하는 것이 좋다.

다양한 콘텐츠를 다루는 채널이라면 섹션을 설정하는 것은 기본이다. 콘텐츠의 분류별로 재생 목록을 만들어 섹션별로 구분해두면 각각의 콘텐츠를 즐기기 위해 찾아온 시청자들을 붙잡아둘 가능성이 높아진다. 또한 나중에 크리에이터 자신이 해왔던 것들을 복기할 때도 유용하다.

그렇다면 섹션 설정은 어떻게 할까? 섹션 추가를 누르면 표시할 콘텐츠 유형을 선택해 설정할 수 있다. 표시 가능한 콘텐츠 유형은 다음과 같다. 먼저 동영상은 업로드, 인기 업로드, 쇼츠(Shorts) 동영상, 실시간 스트리밍 중, 이전 실시간 스트림, 예정된 실시간 스트림 등이다. 재생목록은 단일 재생목록, 생성된 재생목록, 여러 재생목록 등이다.그리고 채널은 구독, 추천 채널 등이다. 인기 업로드 동영상을 상단에 위치시키고 그 밑으로 업로드 영상과 재생 목록들을 배치하는 것이 일반적이다. 스트리밍 중점 크리에이터라면 스트리밍을 상단에 띄워 섹션을 설정한다. 어떤 콘텐츠를 상위에 둘 것인지에 대해서는 자신의 채널 성격에 맞춰 선택하면 된다. 인기순으로 동영상을 보이게 하면 채널의 매력을 쉽게 보여 줄 수 있고 시청자들에게 어필하기 쉽다.

반면에, 인기순으로 정렬하면 인기 동영상 순서가 쉽게 바뀌지 않기 때문에 똑같은 화면이 오래 지속될 수 있어서 새로운 동영상이 없어서 업로드가 되지 않는 것처럼 보여질 수도 있다. 업로드 순서대로 정렬하면 새로운 동영상 조회 수를 올리는 것에 도움이 되기도 한다. 섹션 중에 단일 재생목록으로 만든 섹션 경우, '모두 재생' 버튼이 표시되므로 방문자가 한 번 클릭으로 재생 목록에 있는 모든 영상을 시청하게 할 수 있다. 이는 음악, 라디오 방송 등 영상을 틀어두고 다른 것을 하기 좋은 콘텐츠에 유리하다.

화제가 되는 영상들을 보면 대부분 SNS에서 먼저 인기를 끈 다음에, 그것을 통해 시청자가 유입되는 경우가 많다. 다음 [그림 8－17]에서 보듯이 2021년에 큰 인기를 끌었던 '테이스트 훈' 채널의 치즈분수 영상도 먼저 트위터에서 전 세계적으로 인기를 끌어 현재는 1,818만이 넘는 조회 수를 기록하게 되었다.

[그림 8-17] 테이스트 훈 채널

출처: YouTube

이렇게 SNS를 통한 파급력이 상당하고, 시청자들은 자신이 좋아하는 크리에이터들의 일상적인 면모 또한 보고 싶어하는 마음이 상당하다. 아이돌 팬덤과 비슷하다고 볼 수 있다. 좋아하는 크리에이터가 맛있다고 한 식당에 가보거나, 좋다고 한 제품을 사용해보거나, 언급했던 무언가를 해보거나 하게 되는 것이다. 또한 이런 식으로 광고를 얻어내어 SNS를 통한 수익 창출도 가능하기 때문에 구독자가 많아지면 많아질수록 쏠쏠한 부수익을 올리는 것이 가능해진다.

하지만 이러한 SNS 활동에 장점만 있는 것은 아니다. SNS에서 했던 망언 하나로 논란이 일어 시청자가 일시에 빠져버리는 일도 종종 발생한다. 그래서인지 몇몇 유명 크리에이터들은 SNS 활동을 아예 하지 않거나 최소화하여 논란의 여지를 만들 가능성을 차단하는 움직임도 보인다. 하지만 그것은 어느 정도 궤도에 오른 크리에이터들의 상황이고 막 시작한 크리에이터에게는 SNS 활동을 통한 홍보가 필수적이다. 자신의 영상이 운 좋게 알고리즘을 타 인기를 얻게 될 것이라는 요행을 바라는 것보다는 적극적인 홍보를 통해 사람들을 끌어들이고 그것을 통해 인기를 얻는 방법이 더 현실적이다. 영상을 몇 개 게시하지 않았더라도 SNS상에서 화제가 되었다는 이유 하나만으로 수많은 구독자들을 얻어낼 수 있기 때문이다.

물론 훗날 논란이 일 수도 있는 게시물은 아닐까 작성하기 전에 검토하는 습관이 아울러 필요하다. SNS 링크와 설명을 추가하는 방법은 간단하다. 섹션 추가와 같이 '채널 맞춤설정' 난에 들어가 '기본 정보' 버튼을 누르면 위와 같은 화면이 뜨는데, 이곳에서 채널에 대한 설명과 SNS 링크, 메일 주소를 추가할 수 있다. 설명은 채널 아트와 마찬가지로 채널의 핵심 콘텐츠 내용을 단순 명료하게 표시해 두거나, 크리에이터 자신을 소개하는 말로 적어두는 게 보통이다. 이러한 설정들을 꼼꼼하게 해두면 방문자들에게 더 많은 정보를 제시해줄 수 있고 운영자에게도 도움이 된다. 채널이 커지면 커질수록 여러 가지 부가 수입을 얻을 수 있는 기회가 많이 생기는데, 그때 이러한 정보들이 연락망이 되어주기 때문이다.

Chapter 9

콘텐츠 기획 및 제작 환경 구축

제1절 콘텐츠 3W 기획하기

크리에이터는 콘텐츠의 소비 대상(Whom)과 주제(What), 도달 범위(Where)를 기획해야 한다. 크리에이터로 성공하기 위해서는 우선 어떤 대상을 자신의 콘텐츠 소비 계층으로 삼을 것인지부터 기획하자. 누구를 대상으로 하느냐에 따라 콘텐츠의 내용과 전달 방법이 달라지기 때문이다. 남녀노소를 가리지 않고 모두에게 먹히는 콘텐츠를 만들겠다는 꿈같은 생각은 처음에 접어두는 게 좋다. 처음부터 그렇게 시작했다가는 고정 시청자도 제대로 나오지 않는다. 우선 자신의 콘텐츠를 확실하게 봐줄 사람들을 만들어야 한다.

사람들은 여러 부류가 있지만 큰 틀로 나누자면 성별, 연령대로 나뉜다. 남성일수록 스포츠, 테크, 먹방 같은 콘텐츠가 인기가 많고, 여성일수록 뷰티, 브이로그 콘텐츠가 인기가 많고, 젊은 세대일수록 게임이나 공부, 패션과 같은 콘텐츠들이 인기가 높다. 그리고 연령대가 높아질수록 직업에 관련된 내용이나 사회 문화 비평을 다루는 콘텐츠에 높은 관심을 보인다.

[그림 9-1] 리춘수 채널(좌)과 Jane ASMR 채널(우)

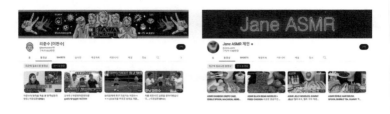

출처: YouTube

　대상(Whom)을 정했다면 자신의 능력과 관심사를 활용해 어떤 내용(What)을 콘텐츠로 잡을지에 대한 실마리가 잡힐 것이다. 그다음부터는 그에 맞춰 영상을 제작하면 된다. 물론 여기서도 몇 가지 방향성을 정하자. 대중적인 콘텐츠 몇 가지를 들자면, 우선 게임 콘텐츠가 있다. 게임은 인터넷 방송을 가장 많이 시청하는 10대에서 30대 사이의 사람들에게 있어 가장 대중적인 콘텐츠다. 특정 유명 게임을 플레이하는 것이 대다수긴 하지만 워낙 여러 종류의 게임이 있어 신규 유입을 모으기 쉽다. 하지만 그만큼 시청자 입장에서 대체할 수 있는 크리에이터가 많다 보니 고정 시청자를 늘리기가 쉽지 않다.

　중요한 것은 게임을 '잘' 하는가 혹은 '재밌게' 하는가이다. 게임 콘텐츠의 경우 '잘' 하는가와 '재밌게' 하는가에 따라 그 느낌이 많이 다르다. 프로게이머의 경우 '잘' 하는 것에, 스트리머의 경우 '재밌게' 하는 것에 초점이 맞춰진다. 프로게이머의 방송을 보는 이유는 팬심도 있지만 일반인과 차원이 다를 정도로 잘하는 모습을 보기 위해서이다. 그들의 화려한 플레이를 보면서 대리만족을 느끼는 것이다. 하지만 일반 스트리머의 경우에는 '재밌게' 하는 방송이 성공한다. 스트리머 중에서도 실력파스트리머라 불리는 게임을 잘 하는 부류가 있지만 그것만으로는 크게 인기를 끌지 못한다. '잘' 하는 콘텐츠만을 원하는 시청자였다면 프로게이머의 방송과 영상을 보면 되지 굳이 일반인의 영상을 시청할 이유가 없기 때문이다. 그래서 일반 스트리머의 방송에서는 방송 도중에 나오는 리액션이 매우 중요하다. 특정 플레이를 하거나 당했을 때 시청자들에게 재밌는 반응을 보여줘야 한다. '샷건'이라 불리는 키보드를 내리치는 행위도 그런 관점에서 인기를 끌어 대표적인 리액션 중 하나가 된 것이다.

[그림 9-2] 감스트 채널 샷건 모습(좌)과 튜브 백현의 Vlog 채널(우)

출처: YouTube

브이로그(Vlog)는 몇 년 전부터 인기를 끌기 시작해 남녀노소를 가리지 않고 두루 인기 있는 콘텐츠 중 하나로 자리잡았다. 브이로그란 자신의 일상을 일기처럼 영상으로 남겨 올리는 것인데, 평범하고 조용한 삶을 올리는 브이로그는 시청자들에게 공감과 잔잔한 힐링을 느끼게 해준다. 그리고 쉽게 접해보지 못하는 일들을 경험하며 찍어 올리는 브이로그는 특별함으로 시청자들을 끌어들인다. 이때 알아둬야할 점은 평범한 일상을 다루는 브이로그의 경우 큰 성공으로 이어지는 경우는 많지 않다는 것이다.

그렇기 때문에 브이로그를 주 콘텐츠로 삼을 생각이라면 시청자수, 댓글에 연연해하지 않는 마음가짐이 우선 필요하다. 자신의 역사를 기록하고 간직한다는 마음을 가지고 시작하는 것이 도움이 될 것이다.

브이로그와 비슷한 부류의 콘텐츠로 여행 리뷰 콘텐츠가 있다. 누구나 가고 싶은 여행이지만 현실의 장벽 때문에 사람들은 여행을 자주 즐기지 못한다. 그런 이들에게 가보고 싶었던, 또 가고 싶은 여행지를 걸으며 일어나는 다양한 상황을 보여주는 여행 리뷰 채널은 부러움의 대상이자 여행 욕구를 대리만족시켜준다. 따라서 여행 리뷰 콘텐츠는 되도록 영상미를 좋게 만드는 것이 좋다. 영상미가 좋아야 영상을 보는 것만으로 직접 여행을 한 것과 같은 빠져드는 느낌을 줄 수 있기 때문이다. 자신이 머물렀던 숙소나 식당 등에 대한 주관적인 이야기를 나누며 여행 노하우와 이동 동선에 대해서도 알려주는 특별함이 있다면 더욱 효과적일 것이다.

만약에 자신의 직업이 전문직인 경우라면 직업생활을 소개하는 콘텐츠를 생각해봐도 괜찮을 것이다. 예를 들어 현직 의사들이 운영하는 닥터프렌즈 채널이나 전직 대법관 출신이 운영하는 차산선생법률상식과 같은 채널들은 일반적으로 사람들이 생각하는 직업에 대한 편견을 해소시켜 주기도 하고 직업과 관련된 질문과 답변을 통해 사람들에게 정보를 전달해주기도 한다. 전문가들을 초빙하여 인터뷰하며 필요한 정보는 주는 채널도 인기이다. 이러한 채널은 장래희망을 고민하는 청소년이나 취업준비생, 해당 업무에 대해 전문 지식을 습득해야 하는 사람들에게 유용하기 때문에 인기가 많은 편이다.

[그림 9-3] 김소형 채널H(좌)과 김작가TV 채널(우)

출처: YouTube

소비 성향이 있고 상품에 대한 지식과 관심이 많은 사람이라면 컨슈머(Consumer) 콘텐츠를 제작할 것을 추천한다. 컨슈머 콘텐츠에는 전자기기와 맛집 관련 채널이 많은데, 조기 채택자적인 자신의 소비론에 입각해 전문적이거나 세부적인 카테고리에서 상품의 장단점을 냉철하게 분석해 사람들에게 알리면 된다. 이 콘텐츠로 인기를 얻게 되면 자신의 영상 하나로 많은 소비자의 흐름을 바꿀 만큼 영향력이 커지게 된다. 따라서 많은 분석과 고찰을 거친 뒤 컨슈머 콘텐츠를 게시하는 신중한 태도가 요구된다.

책, 영화, 음악에 대한 비평을 올리는 문화 비평도 있다. 작품 속에 숨겨진 트릭을 간파해내거나 작품을 분석해 자기만의 해석을 올리는 것으로, 평소에 책을 많이 보거나 콘텐츠 산업에 조예가 깊고 콘텐츠 소비량이 많은 사람들에게 좋다. 얼마나 많은 인풋을 쌓아 왔는가에 따라 비평의 정도나 비교 및 콘텐츠의 계보를 만들어낼 수 있기 때문이다.

[그림 9-4] Itsub 채널(좌)과 G무비 영화 채널(우)

출처: YouTube

만약 먹는 것을 좋아한다면 먹방 콘텐츠도 하나의 길이 될 수 있다. 먹방 콘텐츠는 외국에서도 'MUKBANG'이라는 고유 명사가 되었을 정도로 세계적으로 인기가 있다. 요리 콘텐츠들이 TV방송과 영상 플랫폼들을 가릴 것 없이 인기가 올라가며 자연스럽게 먹방의 인기도 올라가 전망이 밝은 콘텐츠 중 하나이다. 먹방 채널은 상위권을 유지하는 경우가 많다보니 먹방의 스타일도 다양해지고 있다. 놀라움을 금치 못할 정도로 많이 먹는 것에서부터 신기한 음식 먹기, 요리하는 과정까지 보여주며 먹는 스타일 등등 먹방 채널이 워낙 많다보니 음식의 메뉴 선정이 중요한 부분이기도 하다.

한편, 인기와 사회적 파급력을 가장 많이 누리고 행사할 수 있는 콘텐츠는 과연 무엇일까? 그것은 '미디어형' 콘텐츠라고 생각된다. 미디어형은 인터넷 방송과 영상 시장이 커지기 전부터 콘텐츠 시장을 이끌어왔고 지금도 가장 영향력이 크다. 예컨대 뉴스에서 다루지 못한 이슈를 깊이 있게 다루거나, 기자들처럼 사회적 이슈에 대해 객관적 자료를 바탕으로 판단을 내려야 하는 콘텐츠로 주로 한창 뜨거운 주제에 대해 다루다보니 여타 콘텐츠에 비해 초기 성장 속도가 무척 빠른 편이다.

하지만 미디어형 콘텐츠는 자칫하면 금방 논란에 휩싸일 수 있고 시청자 사이에서도 열띤 논쟁이 일어날 수 있기 때문에 자신이 전달하려는 내용에 거짓은 없는지 사회적 물의를 일으킬 수 있는 발언은 없는지 신중히 고찰해야 한다. 사이버보안의 개념이 없던 1996년, 월간지인 《시큐리티 월드(Security World)》라는 IT보안 전문 매체를 발행한 미디어 그룹인 인포더(Infothe)는 인터넷의 보급 및 디지털 대중화와 함께 인터넷 신문 보안뉴스를 서비스하기 시작했으며, 현재는 사이버보안의 핵심 콘텐츠인 다크웹인사이드, 전지적 보안관점 등을 제작해 유튜브 채널인 bntv를 운영함으로써 구독자들의 새로운 뉴스 소비형태에 능동적으로 대처하며 성장하는 미디어로서 좋은 성공 사례를 보여주고 있다.

[그림 9-5] 슈카월드 채널(좌)과 보안뉴스 TV 채널(우)

출처: YouTube

어떤 대상(Whom)에게 어떤 콘텐츠(What)를 전달할 것인지 정했다면 어떤 플랫폼(Where)에 자신의 콘텐츠를 게시할 것인지에 대해 고민해 보아야 할 것이다. 영상만 게시할 것인지, 혹은 방송을 하며 콘텐츠를 전달하고, 편집된 영상은 따로 전달을 할 것인지, 그리고 방송을 한다면 어느 플랫폼에서 방송을 전달할 것인지에 대해서 말이다. 유튜브, 트위치, 아프리카tv, 틱톡 등 수많은 인터넷 방송 플랫폼들이 있고, 플랫폼마다 조금씩 사용할 수 있는 기능이나 주요 이용자 무리의 성향이 달라서 자신의 콘텐츠와 그 플랫폼의 주를 이루고 있는 사람들과 잘 맞지 않으면 성과를 이루어낼 확률이 많이 낮아진다.

따라서 자신의 콘텐츠가 어떤 사람들에게 인기를 끌지에 대해 철저하게 분석해서 자신에게 맞는 플랫폼을 설정해야 한다. 또한 여러 매체를 조합하는 것도 시너지 효과를 낼 수 있는 좋은 방법이다. 실제로 대부분의 크리에이터들이 하나의 매체에서만 활동하는 것이 아니라 여러 개의 매체에서 동시다발적으로 활동하기도 한다. 예를 들면 유튜브에서 활동하는 크리에이터가 인스타그램에서 팬들과 소통하기도 하고 블로그에 쓴 글을 페이스북에 공유하기도 한다. 자신이 기획하고 있는 콘텐츠를 생각해 보고 어떤 매체들과 조합할 수 있는지 점검해 보는 것도 추천한다.

　상기의 과정을 전부 마쳤다면 콘텐츠 기획 단계로 넘어간다. 시작이 반이라는 말처럼 잘 짜인 기획은 높은 품질과 훌륭한 결과물을 위한 필수적 요소이다. 기획 과정은 프리 프로덕션이라고도 불리며 기본적으로 스토리, 시나리오, 스토리보드, 장소 등이 필요하다. 크리에이터 미디어 환경에서도 이러한 기획 단계들이 간소화되어 적용된다. 여기서 스토리는 자신이 시청자들에게 전달할 메인 콘텐츠, 주제이다.

　창작물을 볼 때 중심 주제가 모호하면 그 작품을 온전히 즐기는 것에 어려움을 느끼듯이 방송 콘텐츠도 명확해야 한다. 주제를 정하는 과정은 대단히 중요하며 이 중요성은 아무리 강조해도 지나치지 않다. 주제를 정할 때 다음의 세 가지를 염두에 두자.

　첫째는 자기가 좋아하는 것을 찾는 것이다. 자신의 채널이 사람들에게 알려지기까지 많은 기간과 노력이 필요하다 그러므로 크리에이터에 도전하기로 결정했다면 그러한 과정을 즐기면서 포기하지 않고 꾸준히 활동해 나가야 한다. 언제 자기에게 올지 모르는 막연한 성공을 꿈꾸며 끈기를 가지고 꾸준히 활동하려면 자신이 좋아하는 것을 주제로 정해 콘텐츠를 제작하는 것이 좋은 방법이다. 좋아하는 것을 할 때 보다 즐겁게 할 수 있고 포기하지 않을 수 있기 때문이다. 게임을 좋아하는 사람은 게임을 주제로, 여행을 좋아하는 사람은 여행을 주제로, 먹는 것을 좋아하는 사람은 먹방을 주제로, 쇼핑을 좋아하는 사람은 패션을 주제로 삼는 것이 좋은 예이다.

[그림 9-6] 휘용의삶 채널(좌)과 G식백과 채널(우)

출처: YouTube

　둘째는 남들이 좋아하는 것을 찾는 것이다. 아무리 시간과 노력을 투자하여 콘텐츠를 제작했다 하더라도 사용자들의 눈을 사로잡지 못하면 소용이 없다. 사람들이 좋아하는 것, 관심 있는 것, 이슈가 되고 있는 것 등을 놓쳐서는 안 된다. 어떻게 하면 사용자의 눈을 사로잡을 것인가 하는 것은 중요한 문제이다. 그 예로 통칭 '사이버렉카'라고 불리는 이슈를 찾아 그 주제에 대해 올리는 유튜버들이 다수 존재한다. 김성회의 G식백과 채널의 경우 게임 회사에서 근무했던 경험을 통한 실무 지식을 갖고 게임 업계에서 일어나고 있는 이슈에 대한 이야기를 주 콘텐츠로 다룬다.

　셋째는 자신이 잘하는 것을 찾는 것이다. '내가 무엇을 잘 할 수 있을까?' 가장 자신 있고 장점으로 내세울 수 있는 것을 찾는 것이 좋다. 전문직 종사자 크리에이터들을 그 예로 들 수 있다. 의사가 알려주는 의학 상식, 변호사가 알려주는 법률 상식, 트레이너가 알려주는 운동 방법, 댄서가 알려주는 춤 잘 추는 방법 등등 자신의 직업을 활용해서 잘 하는 것을 나누고 알려주는 채널이 인기를 얻고 있다. 이처럼 자신만의 강점을 살려 주제를 정해보는 것도 좋은 방법이다.

[그림 9-7] 보컬 프렌즈 채널(좌)과 니후 채널(우)

출처: YouTube

이상의 세 가지를 모두 고려해서 주제를 정하는 것이 필요하다. 자기가 좋아하는 것, 남들이 좋아하는 것, 자기가 잘 하는 것의 공통분모를 찾아내서 주제를 정해 보자. 일반적인 방송제작은 프리 프로덕션(Pre-production) → 프로덕션(Production) → 포스트 프로덕션(Post-production)의 과정을 거친다.

프리 프로덕션은 콘텐츠를 기획하는 단계로 콘텐츠의 주제를 정하고 원고작성, 출연자 섭외, 장소 선택, 음악, 동선 체크 등의 과정이 이에 해당한다. 대부분의 경우에 바로 이 기획 단계인 프리 프로덕션 과정이 가장 오래 걸린다. 기획 단계를 철저히 준비할수록 제작 단계가 보다 쉽게 진행된다. 크리에이터 미디어는 기획, 섭외, 촬영, 편집, 업로드, 홍보까지 혼자 감당해야 하기에 작업과정은 최대한 약식으로 적용하는 것이 좋다. 그러나 촬영 편집의 시행 착오를 줄이기 위해 기획에 해당하는 원고 작성을 꼼꼼히 준비하는 습관을 들이는 것이 중요하다.

크리에이터 미디어에서의 대본은 영상의 길이가 길지 않고 내레이션 또는 출연자가 1인인 경우가 많기 때문에 가볍게 쓸 수 있는 편이다. 영상에서의 대본 작성은 중요한 부분을 빠뜨리지 않고 촬영할 수 있게끔 도와주며 나중에 자막 작업을 할 때에도 참고할 수 있다. 또한 라이브 크리에이터인 경우에도 최대한 리얼리티를 살리되 콘텐츠의 전개방향에 대해 기본 구성을 하고 전달하고자 하는 주요 메시지에 대해 멘트를 정리하여 원고(큐시트)를 작성해두면 제작의도에서 크게 벗어나지 않고 사전 리허설과 같은 효과를 얻음으로써 양질의 콘텐츠를 제작할 수 있다.

그렇다면 원고작성은 어떻게 해야 할까? 결론부터 말하자면 굳이 방송이나 영화 시나리오 같은 대본의 틀을 갖추지 않아도 된다. 형식에 얽매이지 말고 처음 채널을 기획할 시에 정했던 주제의 일관성을 유지하며 관련 정보를 스크랩해두었다가 업로드 시점의 트렌드 이슈 등을 고려하여 소재를 정하고 정보에 대한 다양한 검증과 사례 크리에이터의 주관적 팁을 첨부해주면 좋다. 문장을 만들 때 자칫 어설픈 아나운서 보고서처럼 원고를 작성하게 된다면 영상이 딱딱한 분위기를 띠게 되고 오히려 아마추어 느낌이 들게 된다. 지나치게 격식 있는 말투로 원고를 작성하게 되면 구독자들이 거리감을 느끼기 때문에 친근한 대화체로 작성하는 것이 좋다. 크리에이터 미디어 대본은 노트나 스마트폰 메모장 등 자신이 아이디어가 떠오를 때마다 바로 작성하기 편한 툴을 사용하여 별도로 원고를 작성하는 데 시간을 들이지 않는 것이 필요하다. 단, 원고작성과 채널홍보 두 마리 토끼를 잡고 싶다면 블로그 또는 카페 운영을 겸해 원고소재를 스크립하여 글을 모아두면 블로그 글을 영상화하면서 커뮤니티 형성에도 도움이 된다.

그다음 단계인 콘티작성 작업은 원고를 기반으로 하여 구체적으로 어떤 장면을 촬영하고 편집할지를 그림으로 표현하는 단계이다. 집에서 콘텐츠를 만들고 편집하는 경우에는 크게 중요성을 느끼지는 못하겠지만, 꼭 필요한 영상을 필요한 연출로 촬영하려면 콘티의 존재는 필수불가결이라 할 수 있다. 유튜브는 글의 시각화라 해도 과언이 아니다. 글로만 설명된 원고가 아닌 그림이 포함된 원고는 고품질의 영상을 제작하는 데 있어 큰 도움이 된다. 그리고 콘티는 완성본이 아니라 계획이기 때문에 촬영과정에서 언제든지 변경할 수 있다는 점을 명심하자.

제3절 촬영 준비와 스류디오 만들기

크리에이터들은 자신의 채널 특성에 맞는 촬영 도구를 선택해 새롭고 참신한 콘텐츠로 시청자들의 주목을 끄는 방법을 알아야 한다. 도구를 이용해 촬영을 하는가, 아니면 프로그램을 이용해 촬영을 하는가? 이 두 가지에 따라 사용하는 장비이용 폭이 달라진다. 각각의 장비마다 기능적 차이가 다르다. 그렇기 때문에 상황에 맞춰 모든 장비를 사용할 수 있다면 좋겠지만, 처음부터 다양한 장비를 사용하게 되는 경우 활용성도 떨어지고 공간적, 금전적 여유도 부족해질 수 있다. 따라서 각각의 장비들의 특성을 이해하고 목적에 적합한 장비를 가능한 예산 범위를 고려하여 선택해야 한다.

먼저 촬영 장비로 선호되는 것이 스마트폰이다. 유튜브 시장이 성장하는 것처럼 스마트폰의 기술력도 가파르게 성장해왔다. 근 몇 년간 나온 제품들을 보면 중저가의 디지털카메라보다 더 좋은 촬영 성능을 가진 스마트폰도 꽤 보인다. 따라서 많은 크리에이터들이 이미 스마트폰을 촬영장비로 활용하고 있다. 스마트폰의 장점은 항상 들고 다니기 때문에 촬영에 장소나 시간에 따른 제약이 거의 존재하지 않는다는 점이다. 또한 스마트폰 카메라에 있는 부가기능을 활용하면 프로그램 편집을 따로 거치지 않아도 특수 효과를 줄 수 있다. 생방송 위주 크리에이터의 경우 스마트폰을 채팅창을 읽는 용도로 사용하는 경우도 적지 않다. 이렇게 촬영, 방송, 편집이 모두 가능한 스마트폰은 첫 크리에이터 생활을 시작하려는 입문자들에게 매우 훌륭한 장비라고 볼 수 있다.

웹캠은 컴퓨터에 연결해서 사용하는 카메라인데, 게임 콘텐츠, PC 프로그램 콘텐츠를 다루거나 1인 라이브 방송을 하는 경우에 웹캠을 사용하는 경우가 많다. 과거에는 화질이 낮다는 단점이 있었지만 현재에는 화질이 개선되어 충분히 깨끗한 화면을 송출할 수 있다. 또한 다른 카메라나 캠코더와 같은 장비들에 비해 간단하게 설치가 가능하다. 높은 해상도가 필요하지 않는 경우 노트북에 장착된 카메라를 이용하기도 한다. 웹캠의 경우 최근 선풍적인 인기를 누리고 있는 메타버스 방송에서도 몸의 움직임을 트래킹하기 위해 필요한 장비이다. 하지만 컴퓨터가 있는 곳에서만 사용 가능하다는 점과 웹캠 자체의 메모리가 없다는 것이 단점이다.

미러리스(Mirrorless) 카메라는 DSLR(Digital Single-Lens Reflex) 카메라에서 거울을 뺀 카메라이다. 거울이 빠졌기 때문에 무게가 가볍고 부피도 작은 카메라이다. 이는 렌즈 교환이 가능하여 구입할 때 촬영목적에 적합한 렌즈를 선택하는 것이 중요하다. 그리고 영상촬영을 위하여 카메라에 외부 기기의 연결이 가능한지 확인해 보아야 하며, 셀프 촬영이 가능한지도 확인해 보아야 한다. 추가적으로 실시간 방송을 진행할 계획이라면 그를 위한 HDMI 연결단자가 있는지를 확인하고 카메라를 선택하여야 한다.

다음은 VDSLR이다. 이는 DSLR에 비디오 기능이 포함된 카메라를 말하는데, 가격대가 평균 100만 원대로 높은 편이니 촬영공간, 촬영방식 등을 고려하여 카메라를 선택하는 것이 좋다. 미러리스와 VDSLR 같은 기기의 장점은 스마트폰이나 캠코더와 같은 장비에 비하여 화질이 뛰어나다는 점이다. 영상을 녹화하는 것이 목적인 캠코더는 줌기능, 음성녹화 기능이 뛰어난 반면 미러리스 카메라나 VDLSR카메라는 이미지를 받아들이는 센서가 넓고 크기 때문에 보다 선명한 영상을 제공한다. 또한 자동저장이 가능하다는 장점이 있지만 단점으로는 줌인, 줌아웃 기능이 불편하고 녹화시간이 30분 정도로 많지 않다는 점이 있다.

캠코더는 동영상 촬영에 강점이 크다. 길게 녹화를 해야 하는 경우 적합한 장비이다. 디지털 카메라와 다르게 장시간의 촬영이 가능한 캠코더는 영상의 품질 또한 준수한 편이라 가격대가 높은 편이다. 따라서 캠코더를 지속적으로 사용하는 사람이 아니라면 렌털 서비스를 이용하는 것도 고려해볼 만한 방법이다. 캠코더는 부드럽게 줌아웃을 할 수 있고 촬영 중에 쉽고 빠르게 밝기 조정을 할 수 있다는 장점이 있다.

액션 캠은 초소형으로 일반 카메라나 캠코더보다 훨씬 가볍고 신체나 장비에 부착할 수 있다는 장점이 있어서 활동적인 영상제작에 유용하다. 특히 휴대성, 방수기능, 360도 촬영 등의 기능으로 생동감 있는 영상촬영이 가능하며 최근 기술의 발전으로 4K 이상 지원되는 액션 캠의 등장으로 캠코더나 카메라를 대신하여 활용되기도 한다. 또한 좁은 공간도 넓게 영상으로 표현할 수 있는 장점이 있고 수중촬영도 가능해 익스트림 스포츠, 액티비티를 촬영하는 크리에이터들이 애용한다. 어떤 장비를 선택하든 2~3대의 캠을 동시에 사용하고자 할 때 같은 브랜드 같은 기종을 선택해 구매하거나 임대해 화질 등 촬영의 균형을 맞추는 것은 매우 중요하다.

또한 드론을 이용한 촬영은 크리에이터에게 있어서 큰 무기가 될 수 있다. 대한민국은 도시인 경우 드론 비행에 대한 규제가 까다로운 편이지만 서울에는 한강에 드론연습장이 마련되어 있고, 지방의 경우 사전허가 없이도 연습할 수 있는 지역이 많다. 이를 이용해 드론조종 실력을 향상시킨다면 이는 여러 방면에서 사용될 수 있다. 드론 촬영의 경우 구도설정에서 자유롭고 몸이 그곳에 가지 않더라도 드론을 이용해 먼 곳까지 손쉽게 촬영할 수 있다는 장점이 있다. 단점으로는 비행금지 구역 등의 법률적인 문제가 발생할 수 있기 때문에 촬영가능 여부 확인 및 구체적인 촬영기획이 필요하다.

다음은 녹음 장비이다. 영상은 화면과 소리의 결합체이다. 영상을 볼 때 우리는 종종 소리의 중요성을 망각하고는 하는데, 영상의 분위기를 결정하는 것은 소리이다. 소리는 영상을 보는 이의 감각의 여러 부분을 건드리기 때문에 촬영만큼이나 녹음도 중요하다. 여기서 마이크의 중요성이 드러난다. 시청자 입장에서 잡음이 들리거나 음성이 선명하게 구분되지 않는다면 시청하다가 금방 꺼버릴 가능성이 높고 추후 방송 편집 시에도 불편을 느끼게 될 것이다. 따라서 본격적인 방송을 생각하고 있다면 마이크를 포함한 기본 음향 장비들을 갖춰두는 것이 좋다.

1인 방송에서는 주로 콘덴서 마이크가 사용된다. 콘덴서 마이크는 다른 마이크보다 소리의 민감도가 큰 마이크로 소리 전달력이 좋으며 멀리 있는 세세한 소리까지 놓치지 않고 미세한 음성의 변화까지 섬세하게 잡아낸다는 장점이 있다. 하지만 높은 수음력 때문에 소리의 울림 현상이 발생하기 쉬워 스피커의 위치나 각도 등 주변 환경을 잘 세팅해야 한다. 또한 외부 전력이 필요한 마이크가 상당히 많으므로 전력 방식을 확인하고 구매하는 것이 좋다. 일반적으로 하울링과 주변 잡음을 막기 위해 팝 필터를 마이크와 입 사이에 설치하거나 책상에 거치대를 두고 마이크를 공중에 띄워두면 된다. 콘덴서 마이크는 먹방,

ASMR, 노래, 토크 등의 주제에 많이 사용되고 있다.

야외 촬영을 주로 하는 크리에이터는 와이어리스 마이크, 지향성 마이크 등을 사용하는 것이 좋다. 와이어리스 마이크는 카메라와 사람이 멀리 떨어져 있어도 목소리를 또렷하게 녹음하는 것이 가능하다는 장점이 있다. 그러나 음성 녹음 외에 주변 사운드 녹음에는 적합하지 않고 가격대가 높다는 단점이 있다. 지향성 마이크는 한 방향에서 나오는 소리를 집중적으로 녹음하는 마이크이며 휴대성이 좋고 가격 또한 저렴하다는 장점이 있지만 마이크가 향하지 않은 곳의 소리는 제대로 녹음되지 않는다는 단점이 있다.

핀 마이크는 주로 옷에 핀을 고정하여 착용하는 마이크이다. 핀 마이트는 유선과 무선이 있으며 무선의 경우 이동이 편리하지만 가격이 상당히 높고, 유선의 경우 가격이 저렴하지만 선이 있어 불편하고 또 선이 꼬이는 경우가 많아서 정리하기 번거로움이 있다. 핀 마이크는 대부분의 콘텐츠에 유용하게 사용된다. 정밀한 소리가 필요한 경우가 아니라면 핀 마이크 유선부터 사용해 보는 것도 좋은 방법이다.

다음은 조명 장비이다. 카메라는 빛을 시각적으로 표현해내는 장치이다. 즉, 카메라는 빛이 없으면 무용지물이 되어버린다. 또한 밝은 빛은 인상을 환하고 예뻐 보이게 해주며 보는 이들에게 편안함을 준다. 뷰티 관련 콘텐츠를 진행하는 크리에이터들의 영상을 보면 조명들이 밝고 환한 이유가 그것이며, 미용실이나 백화점과 같은 공간이 눈이 부실 정도로 많은 빛을 쏟아내는 이유가 그것이며, 실내 및 야간 촬영에 있어 조명이 반드시 필요한 이유이다.

조명의 종류도 여러 가지가 있는데, 그중에서 크리에이터들이 주로 사용하는 조명은 LED 조명과 스탠드형 조명이라고 할 수 있다. 먼저 LED 조명은 크기가 작아 이동이 편리하고 그 크기에 비해 매우 밝은 빛을 내는 특징이 있다. 단점이라면 그 빛에 의한 눈부심이 꽤 있는 편이기에 제품이나 뷰티 분야 촬영을 하는 경우가 아니라면 일반 방송에는 적합하지 않다. 스탠드형 조명은 사진관에서 증명사진을 찍을 때 주변을 둘러싸는 조명을 축소화시켜둔 조명인데, 빛 반사지가 있어 눈부심이 거의 없지만 부피가 큰 편이라 공간을 많이 차지한다. 이 조명은 사람을 촬영하는 일에 적합하다.

이러한 조명들을 설치하는 일에 있어서 조명이 하나일 경우 그림자가 생겨서 보기에 불편할 수 있기 때문에 주로 피사체 앞쪽에 조명 2개 이상을 설치해 사용하는 편이다. 이렇게 빛은 많으면 많을수록 좋지만 조명의 경우 휴대하기 힘들기 때문에 촬영하는 장소를 고려해 조명의 크기를 정해야 할 것이다. 실내의 경우 한자리에 고정해놓고 촬영하는 일이 많아 공간의 제약을 제외하면 크기에 있어서 큰 제약을 받는 편은 아니지만 야외 촬영의 경우 피사체의 움직임에 따라 무거운 조명을 하나하나 다시 옮겨야 하는 일이 발생할 수도 있기 때문에 상황에 맞춰 조명을 선택하는 것이 좋다.

그 외에 필요한 장비들을 소개한다. 삼각대는 카메라의 흔들림을 방지하고 고정시키기 위한 장비로 촬영과 출연을 동시에 해야 하는 1인 크리에이터에게 필수적인 장비이다. 삼각대는 디지털 카메라용부터 스마트폰용까지 다양하다. 자신의 카메라 무게를 고려하여 선택하는 것이 좋고 높낮이 조절 기능도 반드시 확인해야 한다. 일반적인 삼각대도 있지만 다리가 구부러지는 삼각대도 있고 기능과 종류가 다양해지고 있다.

짐벌은 동영상의 흔들림을 막아주기 위한 장비이다. 짐벌은 자이로 센서와 가속도 센서가 있어서 카메라의 떨림을 최소화한다. 짐벌은 이동 촬영 시에 유용하며 역시 스마트폰용부터 디지털 카메라용까지 다양한 제품이 있다. 하지만 무거운 카메라의 경우 장시간 촬영은 힘들다.

배경지의 경우, 촬영 스튜디오에는 크로마키 기법을 사용하기 위한 크로마키 천을 배경으로 사용하는 경우가 많지만 크리에이터 미디어의 경우 영상 합성이 필요할 때는 크로마키 배경지를 따로 준비해야 하는 경우도 있다. 크로마키 기법은 워낙 많이 사용하기 때문에 전문적인 느낌을 주기 위해 크로마키 배경지는 유용하게 사용될 수 있다. 크로마키 천이 아니더라고 다양한 무늬의 배경지를 활용하여 분위기를 바꿔주고 지루함을 없애주는 것도 좋은 방법이다. 이렇듯 위에서 소개한 장비들은 촬영에 적합한 공간을 확보하고 공간에 맞는 장비를 선택하는 것이 좋겠다.

그렇다면 스튜디오는 어떻게 갖추는 것이 좋을까? 촬영장비도 마찬가지이지만 스튜디오 역시 가볍게 접근하는 것이 좋다. 크리에이터 미디어 산업이 활성화되지 않던 초창기 크리에이터들은 방이나 주방, 거실 등 콘텐츠 주제에 맞는 생활공간 안에서 간단한 장비를 갖추고 시작했다. 크리에이터의 생활공간이 주는 친밀감, 제작의 경제성 등 유튜브스튜디오의 전형이 되어 향후 MCM에 소속되어 활동하는 대형 크리에이터들도 규모 있는 스튜디오보다 크리에이터 생활반경 내에 오피스텔을 지원받아 제작하기도 했다. 수익이 창출되기 전이거나 이제 막 시작하는 크리에이터라면 집에서 가볍게 장비를 갖추고 시작해보는 것을 권한다. 현재는 1인 미디어 산업이 활성화되면서 크리에이터 복합 성장공간을 마련해 촬영장비, 스튜디오 인프라를 조성하고 창작자를 육성하는 기업이나 지자체 정부기관이 많다. 서울시와 서울산업진흥원이 공공 MCN의 역할로 2017년부터 모집육성하는 크리에이터그룹 크리에이티브포스는 연4회에 걸쳐 다양한 크리에이터 미디어를 선발해 스튜디오 대관 및 장비지원까지 하고 있으니 SBA 홈페이지(mybiz. sba.kr) '사업신청 Mybiz' 페이지에 들어가 분기별 공고를 보고지원해 보는 것도 좋다. 이 밖에 한국콘텐츠진흥원, 전파진흥협회, 경기콘텐츠 진흥원, 부산콘텐츠코리아랩, 강원1인미디어콤플렉스 등 전국단위 기관 홈페이지를 검색해 지원정보를 부지런히 살펴보고 도전해보길 권한 다. 그러나 정부기관 및 지자체 지원프로그램은 경쟁이 치열하다. 이에 대응해 음악, 댄스연습실과 원하는 제작 방향에 따라 조명 촬영장비 와 공간 평수를 직접 계획할 수 있는 임대 스튜디오 빌리오(https:// naver.me/x6ZwRaoE) 같은 스타트업 콘텐츠 플랫폼도 생기고 있으니 팁 (Tip)으로 기억해 두자.

제4절 　제작 및 촬영 노하우 습득하기

크리에이터 미디어 시장에는 다양한 카테고리와 콘텐츠, 다양한 크리에이터가 존재한다. 그렇기 때문에 자신의 콘텐츠 유형에 따라 준 비해야 하는 장비에 따라 촬영 노하우도 달라진다. 리뷰 채널은 고정 된 기기로 촬영하고 브이로그는 움직이면서 촬영한다. 단순히 게임이 진행되는 PC 화면만 소개되는 영상도 있고, 손으로 요리하는 모습만 보여주는 영상도 있다. 크리에이터가 추구하는 채널 주제에 맞게 촬영 하여 자신의 콘텐츠가 돋보이게 하는 것이 바로 촬영의 기본기라고 할 수 있다.

촬영을 진행하다보면 한 번에 원하는 장면을 얻어내는 것이 쉬운 일이 아니다. 따라서 원하는 영상이 나올 때까지 여러 번 반복하여 촬 영하는 경우가 많다. 이때 초보자들이 많이 하는 실수가 촬영의 시작과 끝에 여유를 두지 않는다는 점이다. 촬영을 시작할 때, 촬영을 마칠 때 혹은 중간에 NG가 났을 때 사이(Term)를 두지 않으면 편집할 때 영상들을 이어 붙이기에 어려움이 발생할 수 있다. 효과적 촬영을 위한 몇 가지 팁(Tip)을 알아보자.

먼저 촬영 시 카메라를 계속 보면서 말하는 것이 중요하다. 카메라 앞에 서게 되면 혼자 촬영하고 있다 하더라도 긴장되고 떨리는 것이 대부분의 사람들에게서 나타나는 모습이다. 또한 시선을 어디에 두어야 할지 당황되고 눈동자가 심하게 움직이게 되는 경우도 많다. 무대에 섰을 경우라면 관객을 쳐다보며 시선을 이리저리 분산해야 하지만 카메라 앞에 섰을 때는 시선을 분산하면 안 된다. 시선을 이리저리 분산시키면 보는 사람들이 집중하기 힘들고 구독자 입장에서는 크리에이터가 나를 위해 이야기하는 것이 아니라는 생각을 가지게 된다. 촬영을 할 때에는 카메라는 계속 응시하면서 말하는 것이 중요하다. 기계만 쳐다보며 말하는 것이 어색하게 느껴질 경우에는 카메라 렌즈 바로 위에나 옆에 스티커 사진을 붙여 놓고 그 사진을 쳐다보며 이야기하거나, 카메라 렌즈 주변에 계속 응시할 곳을 한 군데 정해 시선처리를 확실하게 하는 것이 좋다. 그렇게 여러 번 반복하면 익숙해지고 카메라를 보면서 말하는 것이 자연스러워질 것이다.

다음은 키워드 시나리오를 만들어 촬영에 임하는 자세가 필요하다. 기획 단계에서 시나리오 작업을 통해 전체적으로 어떤 이야기를 할 것인지 정했다면 나만의 키워드 시나리오를 만들어 카메라 옆에 붙여놓는 것도 좋은 방법이다. 촬영에 임하면서 시나리오만 쳐다보며 방송을 한다면 너무나 아마추어 같은 인상을 주게 되고 방송의 재미가 사라진다. 카메라를 쳐다보면서 구독자들을 쳐다보며 말하는 듯한 인상을 주어야 하는데 그러다 보면 가끔 머릿속이 하얗게 된 듯이 할 말이 생각 안 나는 경우도 발생한다. 그리고 중요한 말을 빠뜨리는 경우도 발생한다. 그러므로 내가 전달하고 싶었던 이야기의 핵심 키워드만 정리해서 카메라와 시선이 비슷한 곳에 붙여놓고 한 번씩 봐 가면서 방송을 하는 것을 추천한다. 물론 전문 방송인들을 위한 스튜디오에는 프롬프터가 있어서 내가 해야 할 멘트를 계속 보여주어 걱정하지 않아도 되지만 크리에이터 미디어로 모든 걸 스스로 해결해 나가야 할 경우에는 키워드 시나리오로 자기만의 특별한 프롬프터를 만들어 활용하는 것을 추천한다.

읽지 말고 말하는 연습을 필요로 한다. 방송을 보다보면 대화를 하듯 자연스럽게 말하는 크리에이터가 있는 반면 대본을 읽는 것 같이 말하는 크리에이터도 보게 된다. 대본을 읽는 듯한 방송을 보면 딱딱한 느낌이 들고 피드백을 하기가 꺼려지는 느낌이 들기도 한다. 하지만 자연스럽게 말하는 방송을 보면 부드러운 느낌이 들고 피드백을 하지 않으면 안 될 것 같은 마음을 가지게 만든다. 댓글을 달고 '구독'이나 '좋아요'를 누르고 싶은 방송은 바로 상대와 대화하는 듯한 방송이다. 전달하고자 하는 내용을 확실히 숙지해서 읽지 말고 말하는 방송을 하는 것을 추천한다.

편집점을 잡고 촬영하는 노하우도 필요하다. 촬영할 때 자신이 기획한 포맷에 맞게 편집점을 잡고 촬영하는 것을 추천한다. 편집점이란 편집할 때는 생각하고 컷을 나누는 지점이다. 편집점을 잡고 촬영을 하면 방송을 진행하는 크리에이터도 중간에 잠시 쉴 수 있고 자연스러운 편집으로 더 좋은 영상을 만들 수 있다. 편집점은 크게 세 가지로 나눌 수 있는데 시작점, 중간점, 끝점이다. 시작점은 처음 말하기 3초 전 시선 처리 후 시작하는 것이 좋다. 중간점은 자료 화면이 들어가는 부분이나 여러 가지 예를 들어 말하는 경우, 잠시 끊어가는 부분으로 역시 사이사이 3초 정도 카메라를 응시하는 것이 좋다. 끝점은 녹화가 끝난 뒤 3초 정도 시선을 처리 후 끝내는 것이다.

흔들리지 않게 촬영하는 기술은 필수이다. 촬영할 때는 카메라를 고정시켜 카메라가 흔들리지 않게 하는 것이 중요하다. 가끔 영상이 흔들려 보는 이로 하여금 어지럽게 하는 경우가 있는데 이러한 경우 방송의 퀄리티가 떨어져 보이고 지속적으로 보기가 힘들어져서 채널을 이탈하게 된다. 방송의 질을 높이기 위해 카메라를 고정시키는 것이 좋은데 대표적인 방법은 삼각대를 사용하는 것이다. 하지만 이동 시 찍어야 하거나 삼각대를 사용할 수 없는 상황이라면 벽이나 테이블에 몸을 기대거나 팔을 고정시켜 촬영하도록 한다. 기댈 물체가 없을 경우에는 카메라를 두 손으로 잡고 팔을 몸에 최대한 붙여 지지하여 촬영에 임한다. 또한 카메라에 손 떨림 방지 기능을 이용할 수도 있고 짐벌을 사용하여 촬영을 할 수도 있다.

실시간 스트리밍을 이용하면 좋다. 실시간 방송은 그 자리에서 시청자들과 질문을 주고받을 수 있는 좋은 방법이다. 유튜브 실시간 스트리밍은 PC 방송의 경우 누구나 할 수 있지만 모바일 방송의 경우에는 구독자 천 명이라는 제한이 있다. 실시간 스트리밍을 통해 라이브 방송을 진행하면 영상 지속 시청 시간이 증가하여 시청 시간을 확보할 수 있고, 시청자들과 소통의 기회가 확대되어 라이브 방송은 점점 증가하는 추세이다. 유튜브 실시간 스트리밍 방법은 간단하다. 유튜브에 접속해 우측 상단 프로필에서 '크리에이터 스튜디오'를 클릭하고 좌측 '실시간 스트리밍'을 클릭하면 된다. '시작하기'를 클릭하고 본인 인증하면 24시간 이후 이용할 수 있다.

[그림 9-8] 삼프로TV 채널(좌)과 보안뉴스TV 채널(우)

출처: YouTube

실시간 스트리밍 라이브 방송으로 인기를 얻고 있는 경제 종합 채 널인 삼프로TV는 2022년 말 기준으로 약 223만 명의 구독자를 보유하 고 있다. '월스트리트 모닝브리핑'(아침 6시30분~7시30분), '오늘아침라이 브'(오전 7시30분~9시30분), '컴퍼니백브리핑'(오후 5시~6시), '퇴근길라이 브'(오후 6시~7시), '백브리핑'(오후 7시~8시30분), '글로벌 라이브'(오후 9 시~10시30분) 등 평일 여섯 차례의 라이브 방송을 진행하는데, 특히 매 일 아침 주식 시장을 진단해 주는 '오늘아침라이브방송 — 경제의 신과 함께'는 라이브 방송의 매력을 잘 보여주고 있어 그 인기와 화제성은 대단하다.

마지막으로 스마트폰으로 동영상 촬영에 도전해 보는 것을 권한 다. 스마트폰의 기술력이 비약적으로 발전하면서 스마트폰을 사용하여 촬영하는 크리에이터들이 늘고 있다. 스마트폰을 사용하면 카메라 장 비에 투자해야 하는 비용을 절약할 수 있고 다른 장비에 비해 사용이 편리하다는 장점이 있다. 스마트폰을 사용해서 좋은 영상을 만들기 위 해 몇 가지 살펴보자.

우선 스마트폰 촬영 시 구도를 잡기 위해 격자 설정을 할 필요가 있다. 카메라를 실행한 다음 톱니 모양의 '설정'을 누른 후 '수직/수평 안내선'을 찾아 클릭한다. 그러고 나서 다시 카메라 화면으로 돌아가면 화면이 9등분되어 있는 격자 모양을 볼 수 있을 것이다. 이 격자무늬를 활용해서 동영상의 수평을 맞추고 주인공을 정가운데 배치하도록 하는 것이 좋다.

이번에는 카메라를 실행한 다음에 상단에 있는 메뉴에서 16 : 9의 비율을 선택하여 맞춰 놓은 것을 권한다. 대부분의 동영상이 가로 화면으로 만들어지는데 가로 화면의 비율은 16 : 9가 가장 적당하다. 물론 세로로 영상을 올리는 경우도 있지만 대부분 가로를 더 선호하므로 촬영 시에도 세로보다는 가로로 촬영하는 것을 추천한다. 그리고 자신을 촬영하는 영상에서는 셀카 모드로 전환하여 촬영하면 되고 격자무늬를 활용하여 좌우 여백과 위아래 여백을 확인하면서 촬영하는 것이 좋다. 또한 격자무늬를 통해 여백을 확인하면서 스마트폰과 자신의 거리를 조절하는데 팔을 쭉 뻗었을 때 카메라가 닿을 정도의 거리면 적당하다.

Chapter 10

편집과 상위노출 최적화

제1절　인기 영상 편집 노하우 갖기

　　편집 노하우 중의 하나인 인트로(Intro)부터 살펴보자. 이는 원래 음악에서 반주 첫머리인 전주를 의미하는 용어인데, 앨범의 머리 곡으로 정착되기 시작하면서 앨범 전체의 주제를 나타내는 성격으로 이용되고 있다. 연주곡, 프롤로그(Prologue), 프렐류드(Prelude) 등의 용어로도 쓰이나, 이제는 인트로라는 용어로 일반화되고 있다. 표현방식도 처음에는 1분 미만의 짧은 연주곡이나 허밍 등을 이용한 것이 많았으나, 점점 다양한 형태로 나타난다. 방송 드라마나 영화, 시나리오, 애니메이션 등에서는 도입부를 말한다. 이에 인트로는 첫 부분, 등장인물의 성격이나 중요 인물을 소개하거나, 장소나 환경을 동시에 공개해 메인 타이틀이 나오기 전에 복선을 깔거나, 이야기의 전제를 보여주는 역할을 하고 있다.

　　유튜브 영상을 시청할 때도 대부분 인트로 영상이 나온다. 이는 채널에 대해 간단히 설명해주거나, 영상의 하이라이트 부분을 보여주는 형태이다. 보통 유튜브 영상 콘텐츠를 시청할 때 시청할지 말지가

단 4초 이내에 결정된다고 한다. 그렇기 때문에 인트로를 넣어 4초라는 시간 안에 관심을 끌어 이용자들을 유지하는 방법은 아주 중요하다고 판단된다.

이러한 역할을 하는 인트로의 종류와 효과에 대해 알아보자. 먼저 하이라이트 인트로는 영상 콘텐츠의 하이라이트 부분을 편집해 만드는 것이다. 가장 재미있는 부분, 사람들이 궁금해 할 만한 부분 등을 잘라서 인트로에 넣어준다면 시청자들의 호기심을 유발할 수 있기 때문에 궁금해서라도 영상을 보게 된다. 하이라이트 인트로를 넣기 위해서는 어느 지점이 흥미를 유발하는지 정확하게 파악해야 한다. 영상을 시청하는 사람들은 정확히 어느 지점이 하이라이트인지 모르기 때문에 해당 영상에서 오래 체류하게 된다. 이러한 것은 정보나 비즈니스, 브랜드 가치를 알리는 정보력에서는 떨어질 수 있을지 몰라도, 뒤에 설명할 정보성 인트로보다는 시청 시간과 조회 수가 올라가기 때문에 더 많이 사용한다.

한편, 정보성 인트로의 경우에는 브랜드를 알릴 수 있는 정보를 넣는 것이 효과적이다. 최근 들어 유명한 크리에이터들이 자신의 패션이나 뷰티 브랜드를 출시해서 직접 입어보고 사용하는 영상을 올리거나 제작 과정을 찍어 브이로그로 올리는 경우가 많아졌다. 이처럼 크리에이터의 다양한 활동을 통해 제품에 대한 신뢰를 쌓는 것이 중요하다. 이러한 정보성 인트로를 본 시청자들은 영상이 끝난 뒤에 제품에 대한 호기심이 생기고 제품에 대한 신뢰도가 형성되어 구매로까지 이어질 수 있다. 브랜드 로고를 넣고 효과음이나 배경음악(BGM)을 넣어 타깃이나 방향을 지목하는 인트로는 광고 느낌이 나서 지루할 수 있는데, 정보성 인트로는 간단하게 브랜드 이미지만 심어주므로 기억에 잘 남는다. 이러한 인트로를 넣으면 시청자들의 호기심을 자극하게 되면 해당 콘텐츠 영상에 오랫동안 체류하기 때문에 조회 수나 시청 시간 등에 효과적이므로, 영상을 다 만들고 난 뒤에 제작해보는 것도 좋은 방법이다.

영상에 가장 잘 어울리는 인트로를 알아내려면 뒤로 한 걸음 물러나서 콘텐츠와 독자를 살펴보는 것도 좋은 방법이다. 또한 채널에서 제작하려는 비슷한 콘텐츠의 인트로 유형을 확인하는 것도 좋다. 인트로는 여러 번 변경될 가능성이 많으므로 자신의 스타일에 맞게 새로운 것을 시도해보는 것을 추천한다. 단, 인트로에서 보여준 편집영상이 과대포장되어 본영상에서 허무하게 다루어지거나 도입 후 30% 이내 노출되지 않으면 중간에 이탈할 수 있으니 주의하기 바란다.

다음은 아웃트로(Outro) 만들기에 대한 노하우를 살펴보자. 인트로의 뜻은 도입부지만 아웃트로는 영상의 마지막에 들어가는 피날레를 의미한다. 이것은 여운이 남거나, 메시지를 강조해서 전할 때 많이 사용한다. 구독자를 늘리기 위해서는 인상적인 마무리도 인트로만큼이나 매우 중요하다. 마지막에 강조하는 정보가 더 기억에 많이 남을 수 있기 때문에 결론을 내면서 마무리하는 방법을 많이 사용한다. 글쓰기에서 많이 하는 미괄식 구성으로 결론 부분에 해결책을 제시하거나 판단과 결정을 내리는 식의 마무리라고 보면 이해가 빠를 것이다. 크리에이터가 반성을 하거나 다짐을 하는 식의 마무리도 괜찮고, 내용에 따라 짐작이나 추측을 하면서 마무리하는 방법도 좋다.

하지만 아웃트로에서 주의할 부분도 있다. 끝날 것같이 이야기하다가 다시 이야기가 시작되고, 한마디 한다고 하면서 서너 마디 덧붙이고, 갑자기 엉뚱한 내용을 추가하면서 지지부진하게 끌고가는 아웃트로는 정말로 피해야 한다. 그리고 대부분의 크리에이터들은 영상의 마지막에 '좋아요'와 '구독'을 넣어 시청자들의 유입을 유도하게 되는

데, 그렇기 때문에 시청자들의 흥미를 유발할 수 있는 인트로와 함께 지속적인 시청자 유입을 할 수 있도록 도와주는 아웃트로도 역시 중요하다.

시청 지속 시간을 늘리는 영상 길이에 대한 노하우도 필요하다. 영상 길이는 카테고리에 따라 차이가 있기는 하지만 보편적으로 5~8분 정도의 길이를 추천한다. 시청자들의 몰입 시간이 점점 짧아지고 있기 때문에 빠른 전개를 핵심으로 삼는 영상 채널들이 의외로 많아지고 있다. 특히 초보 크리에이터의 경우에는 평균 시청 시간이 높게 나오지 않기 때문에 5분 내외의 영상을 추천하고 광고가 들어갈 때는 8분 정도의 길이를 추천한다. 5분과 8분 이상의 영상은 광고의 횟수가 달라지기 때문이다. 8분 이상만 되면 중간광고를 넣을 수 있고, 8분이 안 되어도 시작 전 광고를 넣을 수 있으므로, 광고 수익을 고려한다면 8분 정도의 영상으로 제작하는 것이 가장 적당하다.

영상의 길이는 평균 지속 시간에 영향을 주고, 평균 지속 시간은 추천 영상의 가장 중요한 지표 중의 하나이다. 그러므로 짧지만 알찬 영상을 만들어 짧은 영상을 끝까지 보도록 만들어야 한다. 특히 유튜브에서 조회 수가 올라가는 최고의 방법은 추천 영상으로 되는 것이기 때문에 추천 영상으로 뜨기 위해 시청 시간을 늘리는 것은 정말 중요하다. 알고리즘이 체크하는 조건에 맞추는 노력이 초기에는 필요하다.

초보 크리에이터라면 알고리즘에 올라타도록 해야 하는데, 그러기 위해서는 평균 지속 시청 시간이 45% 정도 나오면 성공이라고 할 수 있다. 초보 크리에이터의 어설픈 영상이 길이만 길면 상대적으로 평균 지속 시간이 떨어져 저품질 콘텐츠로 인식될 확률이 높다. 평균 지속 시간을 늘리기 위해서는 불필요한 부분을 삭제하고 빠른 전개로 영상을 편집하는 것이 좋다. 물론 콘텐츠가 알차고 좋다면 15분 정도 길이도 좋다. 카테고리별로 성격이 다르기 때문에 자신의 채널 콘텐츠에 맞게 제작하는 것이 맞지만, 평균 지속 시청 시간이 낮으면 영상이 재미없는 것으로 간주되고 알고리즘이 외면하는 불행을 겪게 된다는 점을 거듭 염두에 두자.

제2절 동영상 편집 프로그램 소개

동영상 편집을 위한 프로그램은 컴퓨터뿐만 아니라 스마트폰 앱 (App) 등에도 다양하다. 대표적인 컴퓨터 동영상 편집 프로그램으로는 프리미어 프로(Premiere Pro)와 파이널 컷 프로(Final Cut Pro)를 양대 산맥으로 꼽는데, 그 외에도 베가스 프로(VEGAS Pro), 곰믹스 (GOMMIX), 윈도우 무비메이커(Windows Movie Maker)를 들 수 있다. 스마트폰 동영상 편집 프로그램에는 키네마스터(KineMaster), 블로 (VLLO), 프리즘(PRIZM), 비바 비디오(VivaVideo), 쿠이(QUI)를 꼽을 수 있다. 대표적인 동영상 편집 프로그램들을 소개한다.

먼저 프리미어 프로는 포토샵을 만든 어도비(Adobe) 회사에서 공급하는 동영상 편집 프로그램이다. 프리미어 프로 인터페이스는 크게 메뉴 바, 작업 영역 레이아웃 목록, 다양한 패널의 배열로 이루어져 있고, 작업 영역은 컷 편집, 자막 편집, 오디오 편집, 색 보정 등 특정 작업에서 원활하게 편집할 수 있도록 패널들을 정리한 레이아웃을 제공한다. 프리미어 프로의 장점은 어도비가 공급하는 프로그램이기 때문에 다른 어도비 계열의 프로그램과의 연동성이 뛰어나다는 점과 많은 사람들이 사용하는 윈도우 프로그램이기 때문에 서로 작업 파일을 주고받기 편리하다는 점이다. 다양한 무료 동영상 편집 프로그램이 많지만 그 기능이 제한적인 데 비해, 프리미어 프로는 수준 높은 결과물을 제작할 수 있게 하는 다양한 기능을 갖추고 합리적으로 사용할 수 있어서 추천할 만하다.

어도비 홈페이지로 이동해 먼저 무료체험을 선택하여 모든 기능을 제한 없이 7일간 사용해보자. 이메일을 등록하고 결제방법을 지정해주면 바로 설치하고 사용한다. 결제는 두 가지 선택이 있는데, 월별로 매달 3만 7,000원이고 연간은 매달 2만 4,000원 약정으로 운영된다. 7일간 무료사용이 끝나면 유료전환이 되기 때문에 계속 이용할지 여부는 그때 결정해도 좋다.

파이널 컷 프로는 애플에서 공급하는 동영상 편집 프로그램으로, 이의 장점은 쉽게 배울 수 있다는 점이다. 컷 편집의 경우 자르기만 하면 마그네틱 기능으로 알아서 붙는다. 그래서 촬영한 영상을 잘라 주기만 하면 편집이 끝난다. 또한 프로그램의 안정성과 멀티 캠 등 다양한 효과를 쉽게 적용할 수 있다. 하지만 단점은 애플 계열의 컴퓨터에서만 사용할 수 있어서 일반적으로 사용하는 윈도우 OS 사용 컴퓨터에서는 사용할 수 없기 때문에 호환성이 떨어진다는 점이다. 가격도 2023년 현재 환율기준 45만 원대로 꽤 올랐다. 하지만 한번 구입하면 평생 쓸 수 있어 크리에이터들의 부담은 덜 할 수도 있을 것이다. 파이널 컷도 맥 컴퓨터에서 90일간 무료체험할 수 있다. 사용 후 구매를 결정했다면 애플 학생 교육할인 사이트에 들어가 UNIDAYS를 활용해 인증받아 좀 더 저렴하게 구매 가능하니 활용하기 바란다.

곰믹스는 곰플레이어 회사에서 제작한 소프트웨어로 곰믹스 프로와 곰믹스 맥스(GOM Mix Max)가 있다. 곰믹스 프로와 맥스는 가격과 기능에 차이가 있지만, 둘 다 초보자도 쉽게 사용할 수 있는 편집 프로그램이다. 곰믹스 맥스의 단점은 기능면에서 전문성이 타 프로그램에 비해 떨어진다는 점을 들 수 있지만, 장점은 크리에이터에 도전하는 초보자도 쉽게 할 수 있으며 가성비가 좋다는 점이다. 또한 한국인에게 최적화된 쉬운 인터페이스와 한눈에 보기 쉬운 UI/UX 구성, 다양한 프리셋을 이용하여 간단한 조작만으로도 다양한 효과를 얻을 수 있다.

키네마스터는 국내에서 개발한 스마트폰 전용 영상 편집 프로그램으로 무료 앱 버전이라 누구나 부담 없이 시작할 수 있다. 스마트폰의 성능이 높지 않더라도 사용이 가능하며 2023년 현재 155개국, 전 세계 5억 7,000명 이상이 다운받아 사용하고 있어서 정보를 얻기에도 편리하다. 아이폰, 안드로이드폰 모두에서 사용할 수 있고 유료 버전도 다른 편집 프로그램에 비해 저렴하다. 또한 편집 화면 디자인과 편집 방식이 PC용 영상 프로그램과 유사해서 후에 PC로 이동하더라도 빠르게 적응할 수 있다. 처음부터 프리미어 프로 등 전문적인 편집 프로그램을 사용하기 어려운 초보의 경우 쉽고 편하게 사용해보는 것도 좋을 듯하다. 최근 키네마스터는 다양한 템플릿을 카테고리별로 보유하고 있어 스마트폰을 이용해 질좋은 결과물을 만들어낼 수 있다.

블로(VLLO)는 최근 많은 호평을 받고 있는 스마트폰 영상 편집 앱이다. 이 역시 무료 버전이며, 초보자도 쉽게 사용할 수 있어 브이로그 영상을 찍는 크리에이터들에게 인기가 좋다. 영상 비율을 유튜브용, 인스타그램용 등으로 플랫폼에 따라 조절하기 편하게 되어 있는 것이 장점이며, 영상 잘라내기와 화면 사이즈 변경이 용이하고 제공하는 배경음악(BGM)도 다양하다. 하지만 블로의 단점이라면 무료 앱이지만 스티커, 이모티콘, 움직이는 효과 등은 유료라서 사용하다보면 꾸미기 기능이나 필터처럼 취향이나 기호에 따라 선택하는 부분은 돈을 내고 사용해야 한다. 모바일 앱이지만 PC에서 PC 애뮬레이터 블루스택

(Blue stacks)을 다운받아 눌러주면 바탕화면에 블루스택 아이콘이 생성되어 사용할 수 있다.

| 제3절   자막, 배경음악, 효과음 넣기

　　인기 동영상을 보면, 적절한 자막, 배경음악, 효과음 등 다양한 요소를 활용하고 있는 것을 볼 수 있다. 시청자들이 지루하지 않도록 시각, 청각적인 요소들을 끊임없이 채워주는 것은 중요한 작업이다. 먼저 자막을 알아보자. 잘 만들어진 자막은 영상의 집중도를 높여준다. 크리에이터 미디어 동영상들은 대체로 자막이 많이 들어가는 편이다. 자막은 영상의 풍미를 높여주고 원하는 연출을 할 수 있도록 도와주기도 한다. 자막의 많고 적음은 콘텐츠 내용에 따라 달라지지만, 자막이 아예 없는 영상은 밋밋하고 심심한 느낌을 주기 때문에 자막을 적절히 활용하는 것이 좋다. 귀로 듣고 눈으로 보면 더 기억에 많이 남기도 하고, 소리는 듣지 않고 화면만 보는 시청자들도 많이 있기 때문에 자막은 장점으로 작용할 때가 많다.

　　배경음악도 중요하다. 음악이나 효과음은 동영상의 분위기를 결정하고 영상의 질을 높여주는 중요한 요소이다. 똑같은 화면이라도 배경음악이 어떤 분위기인지에 따라 전달하려는 메시지가 달라질 수 있다. 영화를 보면, 어떤 영화는 특정 소리만 들어도 연상되는 것들이 있다. 예컨대 '007 시리즈'의 오리지널 사운드트랙(Original SoundTrack; OST), '스타워즈'의 가공 인물인 다스 베이더(Darth Vader) 등장 OST 등, 기억 속에 각인된 느낌이 특정 소리를 통해 깨어나게 된다. 공포, 스릴러 영화의 경우에도 소리를 바꾸면 공포적인 분위기를 거의 완화시킬 수 있다.

한편, 적절한 배경음악은 동영상을 전문적이고 고급스럽게 만들어 주지만, 적절하지 못한 배경음악은 동영상을 아마추어적이고 편집이 제대로 되지 않은 느낌을 준다는 점도 명심할 필요가 있다. 배경음악에 따라 영상을 오래도록 시청하게도 되고 나가게도 되는 요소가 되기 때문에 어떤 크리에이터 미디어들은 배경음악을 먼저 정해 동영상을 촬영하는 경우도 있다. 따라서 다양한 음악을 구비해놓고 영상에 적절한 배경음악을 선택하는 감각은 크리에이터에게 꼭 필요한 자질이다.

동영상에서는 효과음 역시 아주 특별한 역할을 한다. 효과음은 여러 곳에서 사용될 수 있다. 자막이나 사진이 나타날 때 넣을 수도 있고, 화면전환이 이루어질 때 효과를 극대화하기 위해 효과음을 넣기도 한다. 크리에이터가 추구하는 영상에 따라서 자막을 최소화하고 영상의 미와 음악, 효과음은 적절히 사용하여 분위기를 살리기도 한다. 효과음은 여러 대가 한꺼번에 들어갈 수도 있고, 아예 들어가지 않을 수도 있는데, 콘텐츠의 성격에 따라 또는 크리에이터의 성격에 따라 달라지는 창작물과도 같다. 시청자들의 눈과 귀를 사로잡게 하는 효과음을 적절히 사용하는 것도 크리에이터의 중요한 성공 노하우라고 하겠다. 자세한 내용은 11장 4절 저작권과 오픈소스에서 활용할 수 있는 음원 사이트 등을 참고하기 바란다.

제4절 상위노출 노하우 습득하기

유튜브 검색 결과 시스템의 목표는 시청자들에게 보고 싶은 영상을 찾아주는 것과 장기적인 시청자의 참여도와 만족도를 높이는 데 있다. 시청자들이 보고 싶은 동영상을 찾아주는 것의 원리는 시청자의 ID(Identification)를 기준으로 가장 많이 보는 동영상의 카테고리를 분석하여 비슷한 영상을 노출하게 하는 것이다. 또한 장기적인 시청자의 참여도와 만족도를 높이는 것의 원리는 시청자들이 흥미를 가질 만한 영상이 더 노출될 가능성을 높게 하는 것이다. 동영상 시청 시간, '좋아요', '관심 없음' 의견을 종합해 시청자가 무엇을 좋아하느냐에 따라 알고리즘이 맞춰지게 된다.

결국 시청 시간이 길고 '좋아요'가 많고 방문자가 많으면 유튜브 검색 결과의 상위로 올라가게 되는 것이다. 따라서 자신의 영상을 상위에 노출시키고 싶다면 내부 트래픽을 잘 이용해야 한다. 검색 키워드를 제목과 설명에 추가하고, 관련성이 있는 자세한 설명을 짧은 단락 길이로 작성하고, 인기 탭을 살펴보며 마음에 드는 주제나 틈새시장이 될 만한 주제를 찾는 노력을 계속해야 한다. 이를 돕기 위해서는 유튜브 검색 채널이 아닌 인스타그램 등의 외부 SNS 등을 통한 유입을 보다 확장하고, 채널에 머물게 하기 위한 영상들을 모아두는 것이 좋다.

8장에서 다루었던 검색엔진 최적화를 위한 튜브버드 등을 적절히 활용하면서 홈화면 상위노출이 되는 실무제작 능력을 키워보자. 먼저 영상의 호기심을 유도하는 섬네일(Thumbnail)이 미리보기 이미지로 영화의 포스터, 영상의 표지와 같은 존재, 아니 그보다 훨씬 중요한 존재가 된다. 사람들은 처음부터 영상 전체를 볼 수 없다. 따라서 해당 영상의 섬네일을 보고 유입된다. 섬네일을 보고 관심이 생기면 제목을 확인하게 되고 클릭으로 이어진다. 그러므로 영상의 섬네일만으로 사람들이 그 영상을 시청할 수 있도록 만들어야 한다.

섬네일 이미지에서 매력을 호소하지 못하면 제목을 보여줄 기회도 없이 시청자의 관심에서 멀어질 것이다. 시청자를 유입하기 위해서는 잘 만든 섬네일이 얼마나 중요한지 아무리 강조해도 지나치지 않는다. 시청자의 관심을 끌면서 눈에 띄는 섬네일 이미지를 별도로 제작하는 것이 좋다. 무의식적으로 스크롤을 내리는 시청자의 눈에 들어가 한번 클릭해보게 만들 정도로 눈에 띄어야 한다. 따라서 섬네일은 직관적이거나 과장되거나 심지어 자극적이어야 한다. 물론 섬네일을 너무 과장해서 영상의 내용과 괴리감이 생길 정도로 만드는 것은 추천하지 않는다.

그렇다면 시청자들의 시선을 사로잡는 섬네일을 만들려면 어떻게 해야 할까? 그 노하우를 자세히 알아보자. 첫째, 섬네일 내용과 영상의 내용이 일치해야 한다. 영상 내용과 같지도 않고 자극적인 섬네일을 만들어 시청자 유입을 유도했다면 시청자들은 그 채널에 실망하게 되고 신뢰를 잃어 바로 그 영상에서 나오게 되고 다시는 들어가지 않게 된다. 결국 그로 인해 잠재고객을 잃어버리고 평균 시청률도 떨어지게 만드는 것이 된다. 또한 시청자들은 '마음에 들지 않습니다'를 눌러 자신의 감정을 표현할 수도 있다. 진실함이 결여된 섬네일은 장기적으로 봤을 때 손해라는 것을 잊지 말자.

둘째, 시선을 사로잡는 이미지를 잘 선택해야 한다. 시청자들은 섬네일을 볼 때 텍스트보다 이미지에 더 집중하게 된다. 그렇기 때문에 섬네일용 사진은 따로 찍는다. 섬네일에 들어갈 인물이나 사물의 사진을 미리 찍어놓는 것이 좋다. 인물 중심의 주제인 경우에는 인물의 감정이 잘 드러나는 사진, 표정과 행동이 확실한 사진이 좋다. 사물 중심의 주제일 경우에는 그 사물을 중심적으로 보여주는 사진이 좋다. 음식, 게임, 동물, 제품 등 사물에 초점 맞춘 사진을 선택하자.

셋째, 텍스트는 크게 만들수록 좋다. 많은 시청자들이 스마트폰으로 영상을 보는 경우가 많으므로 글씨가 작아서 스마트폰으로 잘 보이지 않으면 관심에서 멀어지게 된다. 크고 정확한 글꼴을 선택하는 것이 좋은데, 글꼴은 고딕 계열의 글꼴을 추천한다. 고딕 계열 글꼴 중에서도 굵은 글자가 더 좋다. 또한 텍스트에는 외곽선을 사용하는 것이 좋다. 섬네일 이미지 배경이 단색이 아니고 다양한 사진일 경우가 많기 때문에 텍스트가 눈에 확 띄도록 글씨의 컬러를 잘 선택하거나 외곽선이나 그림자 효과, 네온 효과 등 여러 효과를 주어 전달력을 높여주는 것이 좋다.

넷째, 같은 포맷으로 꾸준히 만들어야 한다. 섬네일만으로 '이 영상은 어떤 채널의 영상이구나'를 알 수 있도록 자신의 시그니처 같은 역할을 하도록 섬네일을 만드는 것을 우선 추천한다. 항상 같은 글씨체를 사용하고 같은 컬러의 테두리를 사용한다든지, 글자 위치와 사진의 배치가 비슷하도록 하는 것이 좋다. 통일성 있는 섬네일을 보면 채널이 잘 관리된 느낌을 줄 수 있고 같은 포맷이 반복되어 자신의 시그니처가 되면 채널의 정체성을 구축하는 데 도움이 된다.

다섯째, 사람이나 사물 이미지가 있을 때는 글자를 왼쪽에 배치하고 오른쪽에 피사체를 배치한다. 글자를 왼쪽에 배치하는 방법은 유튜브에서 가장 많이 볼 수 있는 섬네일 스타일이다. 글자가 왼쪽에 있어야 무난하게 읽히며 자연스러운 시선을 유도한다. 글자를 중앙에 배치하는 방법은 이미지보다 텍스트를 강조할 때 많이 사용한다. 글자를 오른쪽에 배치하는 것은 가독성이 떨어져서 잘 사용하지 않는 유형이다.

이제 제목 만들기 노하우로 들어가보자. 제목도 섬네일과 마찬가지로 시청자들을 유입하는 데 아주 중요한 역할을 한다. 클릭을 부르는 제목 만드는 노하우를 알아보자. 첫째, 제목에는 검색되는 키워드를 포함시킨다. 시청자를 유입하기 위해서는 검색을 통해 자신의 영상이 노출되도록 해야 한다. 검색이 잘 되도록 하기 위해서 제목은 아주 중요하다. 영상이 다른 사람들한테 보여지기 위해서는 제목에 있는 키워드가 검색되어야 한다. 그렇게 때문에 제목에는 검색되는 키워드를 반드시 포함시켜야 한다. 이 영상을 찾기 위해 어떤 검색어를 사용할지 생각해보고 그 검색어를 사용하여 영상을 찾아보자. 그리고 조회 수가 많은 영상을 참고하여 제목을 벤치마킹하는 것도 좋은 방법이다. 하지만 제목이 너무 똑같으면 효과가 없으므로 많이 사용된 키워드를 포함시켜 새로운 제목을 만들어내야 한다.

둘째, 숫자를 활용하도록 하자. ~하는 10가지 방법, ~하는 3가지 노하우, ~의 5가지 기능 등 숫자를 활용하여 제목을 지으면 호기심을 유발하고 랭킹을 궁금해서 클릭으로 이어질 수 있다.

셋째, 질문형 제목을 사용하자. '~에 성공하는 비법'이라고 하는 것보다 '~에 성공하는 비법이 있다고?' 하는 식으로 질문형 제목을 보게 되면 평소 궁금하지 않았던 부분까지 궁금해지면서 알아보고 싶은 욕구가 생긴다.

넷째, 제목은 직관적이어야 한다는 점을 명심하자. 추상적인 제목보다 직관적이고 정확한 제목을 더욱 선호한다. 그러므로 추상명사를 사용하기보다는 정확하고 명확한 단어를 사용하는 것이 뇌리에 꽂히는 제목을 만드는 비법이다.

다섯째, 호기심을 유발하고 결정적인 부분은 생략하는 것이 좋다. 예를 들면 '내가 먹어본 최고의 음식, 다름 아닌 …!!!', '~하는 7가지 방법은 바로!!!' 같은 식으로 생략을 하여 호기심을 자극하는 것이다. 가장 중요한 것은 어떤 형태의 제목이든 키워드를 넣는 것을 잊어서는 안 된다는 점이다.

다음은 키워드(Keyword)와 해시태그(Hashtag) 활용하기 노하우이다. 유튜브에서의 키워드는 검색 중심의 플랫폼인 블로그나 인스타그램 등의 SNS와 비교해 그 중요도가 떨어지는 편이다. 물론 상대적으로 중요도가 떨어진다는 말이지 키워드가 중요하지 않다는 말은 결코 아니다. 현재 유튜브는 검색 기능이 점점 확대되고 있는 추세이기 때문이다. 또한 키워드가 중요한 가장 큰 이유는 태그가 알고리즘과의 결속을 만드는 역할을 맡고 있기 때문이다.

유튜브는 트렌드에 매우 민감한 플랫폼이다. 따라서 유튜버는 어떤 이슈, 아이템이 뜨는지 알아야 많은 조회 수를 뽑아내는 영상을 만들 수가 있다. 인기 키워드는 그런 트렌드를 반영한다. 최근 가장 많이 검색하는 단어들이기 때문이다. 자신이 다루는 콘텐츠와 관련된 키워드가 뜨고 있다면 그 기회를 놓쳐서는 안 된다. 이러한 키워드는 제목에 들어가거나 설명란에 해시태그로 활용하는 것이 일반적이다. 여기서 범주가 넓은 키워드의 경우 상위노출이 쉽지 않지만 범주가 좁은 하위 키워드를 잘 사용하면 노출에 더 유리해진다. 따라서 범주가 좁은 키워드를 제목에, 그리고 그것을 포함하는 넓은 범주의 키워드를 해시태그로 끼워넣자.

해시태그란 SNS에서 사용되는 메타데이터 태그로, 해시 기호(#) 뒤에 특정 단어를 쓰면 그 단어에 대한 글을 모아 분류해서 볼 수 있다. 해시태그를 설명란에 #과 함께 작성하면 제목 상단에 파란색으로 글자가 나타난다. 해시태그를 작성할 때 주의할 부분은 글자를 띄어쓰기 하면 안 된다는 점이다. 예컨대 '#유튜브 음식' 이렇게 띄어서 쓴다면 뒷부분 음식 글자는 사라진다. 따라서 반드시 붙여서 써야 한다. 그리고 해시태그는 최대 3개까지만 제목 위에 노출되기 때문에 해시태그 입력 시에는 순서를 잘 정해서 입력하는 것이 좋다. 6~7개 입력을 해도 3개만 노출이 된다.

태그와 해시태그는 비슷해 보이지만 실제는 다른 것이다. 태그는 제목과 설명에 나온 키워드를 다시 한번 적어주는 것이다. 사람들이 검색할 만한 키워드를 최대한 고민해 많이 넣어주는 것이 좋다 블로그나 인스타그램의 경우 태그를 많이 쓰면 문제가 된다는 말이 있지만, 유튜브에서는 태그 작성의 제한이 없기 때문에 태그를 많이 쓰면 쓸수록 좋다. 자신이 만든 영상과 비슷한 주제의 인기 영상은 어떤 태그를 썼는지 궁금하다면 녹스인플루언서 사이트에서 해당 동영상을 클릭하면 우측에 태그목록이 나오니 참고해 작성해보는 것도 좋다. 또한 유튜브 검색바에서 영상 주제의 핵심 키워드를 치면 나오는 연관검색어 관련키워드의 다른 표현이나 흔하게 발생하는 오타 등이 나온다. 그 키워드를 넣어주면 좋다. 단, 자신의 영상과 관련 있는 내용의 태그만 작성해야 한다. 내 영상의 내용과 상관없는 태그, 예를 들어 먹방을 찍는데 뜬금없이 가장 인기 있는 BTS나 블랙핑크를 넣는다면 해당 영상과 함께 노출을 해주는 것이 아니라 오히려 어그로 태그로 패널티를 줄 수도 있고 걸러낸다는 점을 명심하자.

다음은 구독, 좋아요, 시청시간 늘리는 노하우에 대해 알아보자. 초반에 구독자를 늘리는 것은 탑을 쌓는 행위와 비슷하다. 꾸준히 쌓아올려야 탑이 완성되듯이, 구독자 확보에는 크리에이터 본인의 꾸준한 노력이 무엇보다 중요하다. 그렇다면 구독자를 늘리는 방법에는 무엇이 있을까? 우선 영상의 조회 수를 늘려야 한다. 최대 조회 수 이상으로 구독자가 늘어나는 경우는 없다. 따라서 내 채널에 잘될 만한 것들은 모두 해보고, 그중에서 안 되는 것을 제거해나가며 구독자의 이탈을 방지해야 한다. 조회 수를 늘리기 위해서는 볼만한 가치가 있는 영상을 만들어야 한다. 영상에 가치가 있다면 조회 수가 낮게 나와도 구독자는 늘어나고, 그 늘어난 구독자는 훗날 조회 수 폭발의 씨앗이 된다. 영상에 재미와 개성을 담아내고 높은 퀄리티로 제작을 하면 자연스레 구독자는 쌓여갈 것이다.

동영상 제작에서 시리즈 영상은 빠른 시간 내에 많은 구독자를 확보할 수 있는 가장 대표적인 방법 중의 하나이다. 국내 큰 이슈가 되었던 '가짜사나이' 시리즈, '머니게임' 시리즈 등 높은 퀄리티로 제작된 시리즈 영상은 높은 조회 수와 수많은 구독자 유입을 만들어냈다. 알고리즘을 타기 위해 중요한 것은 시청시간이다. 시청자들이 영상을 오래 봐야 알고리즘에서 걸러지지 않고 살아남을 확률이 올라간다. 유튜브는 사람들이 지속해서 오래 보는, 만족도가 높은 영상을 선호한다. 아무리 조회 수가 높더라도 클릭 후 바로 이탈했다면 그 영상은 결코 좋은 영상이 아니다. 여러 번 언급했지만 유튜브에서 좋은 영상으로 판별되는 영상은 10분짜리 영상 기준으로 45% 이상 시청된 영상이다. 이 말은 대부분의 사람들이 영상의 45% 이하를 본다는 뜻이기도 하다.

시청시간을 늘리는 방법에는 여러 가지가 있는데, 그중 하나가 완전한 팬덤을 만드는 것이다. 방탄소년단이나 블랙핑크 같은 거대한 팬덤을 가지고 있는 그룹이 영상을 올렸을 때 1분만 보고 나올 팬은 없다. 또 정보성 콘텐츠가 많을 때 시청시간은 증가한다. 부동산이나 주식 같은 재테크를 중심으로 한 영상처럼 전체 맥락을 다 들어야 정보를 얻을 수 있는 주제는 시청시간이 길게 나온다. 그리고 대부분의 시청자들에게는 친숙한 게임, 먹방, 음악 콘텐츠 스토리텔링이 잘된 이야기 콘테츠 등은 시청시간이 잘 나온다. 재미를 위해 만들고 결말까지 몰입할 수 있게 편집하는 콘텐츠이기 때문이다.

게임의 경우 경기 영상들을 보면 10분 내외로 편집한 하이라이트 영상도 물론 인기 있지만 긴 경기를 모두 담은 풀영상도 인기가 많은 편이다. 게임 또한 정보성 콘텐츠처럼 상황을 분석하고 전개 맥락을 파악하는 재미가 있기 때문이다. 먹방의 경우도 마찬가지이다. 먹는 소리와 음식의 압도적인 비주얼은 시청자들의 눈을 고정시킨다. 음악 콘텐츠의 경우에도 5분짜리 노래가 있다면 1분만 듣고 나오는 시청자들은 많지 않다. 대부분 처음부터 끝까지 듣는 경우가 많기 때문에 음악 콘텐츠의 경우 타 콘텐츠 영상과 비교해 압도적인 시청시간을 자랑한다.

만약 자신이 시청시간이 높게 나오지 않는 콘텐츠를 다루고 있다면 자신의 영상만이 가지는 매력을 만들어나가는 것이 매우 중요하다. 다른 영상에서는 쉽게 찾아볼 수 없는 독특한 개성으로 시청자들의 눈길을 묶어놔야 한다. 물론 이 이야기는 모든 콘텐츠에 적용된다고 하겠다.

크리에이터의
마케팅과
수익 다각화

크리에이터의 마케팅 활동

제1절   채널 홍보와 커뮤니케이션 이해

채널 홍보에서 기본은 자신이 운영하는 SNS에 영상을 공유하는 것이다. 블로그, 인스타그램 등 SNS를 활용하여 설명과 함께 유튜브 링크를 공유하는 것은 자신의 채널을 알리는 가장 기본적인 방법이며, 네이버 카페, 단체 카톡방 등에서 활동하면서 자신의 채널을 알리는 것도 아울러 필요하다. 단, 조심할 점은 자신의 채널을 홍보한다는 느낌이 나지 않게 실제 활동을 하면서 자연스럽게 하는 것을 추천한다. 크리에이터 활동을 시작했다면 온라인 세상에 익숙해져야 하며, 플랫폼 하나만으로는 충분하지 않음을 숙지해야 한다. 블로그, 인스타그램, 페이스북 모두 고유의 장점이 있기 때문에 병행하면서 활동하는 것이 자신의 채널 홍보에도 도움이 된다. 한국인이 가장 많이 쓰는 포털 네이버 검색 시에 노출될 수 있도록 동일 콘텐츠 채널을 네이버TV에 업로드하는 것도 좋다.

그 외에 가족과 친구, 지인에게 자신의 영상 업로드 후 48시간 이내 트래픽이 일어나도록 5명씩만 공유해 달라고 부탁해보자. 네이버 블로그나 페이스북, 카카오톡에 영상을 공유하는 방법은 쉽다. 자신의 영상 하단에 있는 '공유' 버튼을 눌러 콘텐츠 주소 URL을 복사하여 사용하면 된다. 네이버 블로그의 경우 글쓰기에서 공유 주소를 붙여넣으면 된다. 밴드나 페이스북, 카카오톡, 카카오스토리, 트위터 등에서도 영상의 공유 링크를 복사하여 '붙여넣기'를 하면 하단에 영상이 자동으로 삽입된다.

복사와 붙여넣기 방법 이외에도 유튜브를 타 계정에 연결하고 싶으면 '내 채널' 클릭 후 'YouTube 설정'을 클릭하고 화면 왼쪽 '계정 설정' 목록의 '연결된 계정'을 클릭하고 연결하고 싶은 계정의 '연결' 버튼을 클릭해보자. SNS 계정 입력 창이 나오면 정보를 입력한 후 페이스북에서는 '로그인', 트위터에서는 '애플리케이션 승인'을 클릭하면 해당 계정과 유튜브가 연결된다. 인스타그램은 게시물에서 다른 링크를 허용하지 않으므로 1분 내외로 별도의 홍보 게시물을 만들어 올리고 시청을 부탁하는 방식이 좋다. SNS에서 공유할 때는 관심사가 비슷한 사람들에게 공유하는 것이 재공유로 이어질 확률이 높으며, 구독자 1,000명이 생길 때까지는 공유하는 작업을 꾸준히 하길 권한다.

커뮤니티 구성을 권장한다. 크리에이터들에게는 시청자들과 지속적으로 커뮤니케이션하며 시청자들의 의견을 수렴하고 참고하면서 영상을 만드는 것이 반드시 필요하다. 시청자들의 의견이 잘 반영된 영상들은 다시 시청자들을 통해 확산되고 새로운 시청자들의 유입으로 이어진다. 그러면서 충성도가 높은 팬들도 생겨나기 때문에 커뮤니티를 만들어 활발하게 활동하는 것이 중요하다. 커뮤니티는 크리에이터의 영상에 대해 평가하고 조언을 해주는 역할도 하지만, 크리에이터 영상을 홍보해주는 부대가 되기도 한다.

크리에이터가 커뮤니티 활동에 적극적으로 참여하여 좋은 인상을 심어준다면 채널 성장에 큰 도움이 될 것이다. 그렇다면 어떻게 하면 커뮤니티를 활성화시킬 수 있을까? 첫째로, 커뮤니티만을 위한 콘텐츠를 만들어보는 것이다. 즉, 불특정 다수를 위해 영상을 만드는 것이 아니라 정기적으로 커뮤니티 회원들만을 위한 영상을 만드는 것이다. 예를 들면, SNS를 통해 받은 질문에 대해 답변을 해주는 영상이나 커뮤니티 구성원과 함께 이야기를 나누거나 활동하는 영상, 팬 미팅 영상 등 다양한 아이디어와 노력으로 커뮤니티 구성원들을 만족시킬 수 있는 영상들을 만들어나갈 수 있다.

둘째로, 가장 충성도가 높은 팬들을 집중관리하는 것이다. 구성원들 중 적극적이며 영향력 있는 사람들을 공략해 충성도 높은 팬으로 관리하는 것이다. 적극적 팬들을 따로 분리하여 집중적인 커뮤니케이션을 한다면 홍보에 있어 큰 효과를 보게 될 것이다.

셋째로, 커뮤니티 구성원들이 스스로 존재감을 느낄 수 있게 리드하는 것이다. 한 명 한 명 이름을 불러준다든지 댓글에 꼼꼼하게 답변을 해주고 감사의 문자를 보내기도 하면서 당신을 기억하고 있다는 것을 알게 해줄 때 팬들의 충성도는 높아진다. 이렇게 커뮤니티 회원들을 관리하고 소통하다 보면 회원들의 만족도가 높아지고 커뮤니티는 더욱 활성화된다. 이때 안주하지 말고 커뮤니티가 활발하게 돌아가도록 분위기 조성에 힘쓰고 커뮤니티 관리 매니저를 선정해 관리할 수 있도록 하는 것도 좋은 방법이다.

댓글과 합동방송을 통해 시청자를 유입하는 것에도 전념해보자. 다른 채널이나 다른 크리에이터를 통해 나의 채널을 알리는 것이 좋은 채널 홍보 및 커뮤니케이션 방법 중 하나이다. 우선, 자신의 채널과 관련된 인기 채널에 댓글을 다는 방법이 있다. 댓글을 통해 자신의 채널을 자연스레 알리고 유입하는 경우도 있기 때문이다. 그렇기 때문에 채널명과 채널 아이콘을 잘 지어놓아야 채널을 통한 유입이 더욱 용이하게 된다. 또한 다른 크리에이터와의 제휴, 즉 합동방송은 자신의 채널에 큰 홍보 효과를 준다. 크리에이터들 간에 활발하게 교류하고 합동방송을 제작하거나 게스트 출연 요청 등이 가능하기 때문에 이러한 활동을 활용하는 것이 매우 효율적이다.

타 크리에이터와의 제휴 합동방송은 MCN 소속사의 도움으로 이루어질 수 있고 다른 크리에이터의 출연 요청을 통해 이루어진다. 합동방송을 합방이라고 부르는데, 합방을 통해 자연스럽게 서로를 소개하면서 채널을 알리고 자연스럽게 자신의 채널로 더 많은 시청자의 유입을 이끌 수 있다. 합동방송을 할 때는 비슷한 성격의 채널과 합동방송을 하는 것이 효과적이므로 평소 비슷한 주제의 채널과 교류를 해두는 것도 필요하다. 그리고 공모전에 참가해서 인지도를 높이고 다양한 크리에이터와 교류하는 것도 추천한다.

[그림 11-1] 감스트-데프콘/감스트 합동방송(좌), 케인티비-김희철/케인티비 합동방송(우)

출처: YouTube

제2절 알고리즘 이해와 내 채널 데이터 분석

자신의 채널 데이터를 분석 관리하기 전에, 대표성을 띠는 유튜브 알고리즘(Algorithm)에 대한 이해가 필요하다. 알고리즘의 사전적 의미는 어떤 문제를 해결할 때 해결 절차를 알기 쉽도록 필요한 절차, 방법, 명령어 등을 기술하는 논리적인 절차 과정이다. 어떤 알고리즘을 사용하느냐에 따라 문제를 해결하는 시간이나 비용이 서로 다르게 나타나고, 효율적인 알고리즘은 문제 해결의 시간과 노력을 줄여준다.

유튜브 크리에이터 채널에서는 유튜브 알고리즘에 대해 적절한 시청자를 대상으로 유튜브에 올라온 많은 영상들 중 적절한 영상을 적절한 타이밍에 전달하는 방법이라고 설명하고 있다. 유튜브 동영상 댓글을 보면 "알고리즘에 의해 여기로 왔는데 잘 보고 갑니다", "알고리즘이 나를 여기로 이끌었네요" 같은 글이 종종 올라오는 것을 볼 수 있다. 많이 알고 있는 것처럼 유튜브에는 사용자에게 동영상을 추천하는 알고리즘, 즉 일종의 규칙이 있다. 그리고 이러한 규칙이 사람들을 유튜브에 중독되게 만든다. 유튜브 시청자는 알고리즘이 추천하는 동영상을 보는 성향이 강하기 때문에 유튜브 알고리즘의 선택을 받은 동영상의 경우에 조회 수가 갑자기 늘어나는 경험을 하기도 한다.

유튜브 최고제품책임자(Chief product officer; CPO)인 닐모한(Neal Mohan)은 2019년 초, 뉴욕타임스 인터뷰에서 유튜브 이용자들의 시청시간 70%가 추천 알고리즘에 의한 결과이며 알고리즘을 통해 총 시청시간이 20배 이상 증가했다고 말한다. 2010년 초 유튜브 피드에 뜨는 영상은 조회 수 중심으로 인기영상이라 인식하고 추천되었으나, 영상품질이 낮은 일종의 낚시영상이 많아져서 추천 우선순위를 정하는 알고리즘을 2단계로 업그레이드했다고 한다. 결과적으로 이용자들의 만족도를 높이고 유튜브에 오래 체류시키는 것이 유튜브 알고리즘의 목적이다. 따라서 개인 시청 기록 데이터, 영상의 내용, 조회 수, 조회 수 증가속도, 시청 지속 시간, 좋아요/싫어요/댓글/공유, 사용자 참여 정도, 참신성, 채널 내 영상 업로드 빈도, 세션 시간, 지역 등 다양한 요인들을 기반으로 유튜브의 추천 알고리즘이 구성되었다고 한다.

유튜브 CPO 인터뷰에서 보듯이 유튜브는 동영상을 업로드하기 시작한 2005년부터 대략 2012년까지는 단순한 알고리즘으로 동영상을 추천한 것으로 알려져 있다. 바로 조회 수와 시청 시간이다. 하지만 조회 수는 영상을 판단하기에 한계가 있었다는 점이 지적된다. 조회 수를 늘리기 위해 자극적인 제목을 쓰거나, 제목과 어울리지 않는 어그로(Aggressive; 공격적인; Aggro라고 부름) 동영상을 올려 조회 수만 늘리는 경우가 종종 발생하고, 제목과 미리보기 이미지인 섬네일에 이끌려 클릭했다가 형편없는 영상에 실망하는 시청자들이 점점 늘어나게 된다. 조회 수 추천 방식을 계속 사용한다면 유튜브 사용자가 급감할 것이 뻔하다고 유튜브는 파악하기 시작한다.

그래서 대안으로 등장한 알고리즘이 바로 시청 시간이다. 사람들이 오래 시청했다는 것은 그만큼 영상이 시청자들이 원하고 보고 싶어 하는 영상일 확률이 높다고 판단했던 것이다. 하지만 재밌게 봤다는 느낌만으로는 알고리즘의 인정을 받는 것은 물론 아니다. '좋아요'와 '싫어요' 의견과 '관심 없음' 등의 의견도 판단의 중요한 요소가 된다. 즉, 영상을 보았는가, 보지 않았는가 여부, 보았다면 얼마나 오래 보았는가, '좋아요'나 '싫어요'의 의견을 보고 알고리즘이 그에 대한 응답으로 영상을 노출시키는 것이다. 유튜브 알고리즘은 이러한 과정을 통해 시청자가 좋아할 만한 영상을 계속 추천하고 시청자가 유튜브에 오래 머무르게 하는 데 성공하고 있다 그래서 모든 크리에이터가 간절히

"구독, 좋아요 눌러 주세요"라고 외치는 것이다.

2019년 한국언론진흥재단에서 펴낸 '유튜브 추천 알고리즘과 저널리즘' 보고서에서 서울대와 KAIST 공학 전문가들의 도움을 받아 5개 키워드를 대상으로 33만 4,425개의 추천 목록을 분석해 유튜브 추천 알고리즘의 경향을 파악한 바 있다. 그 결과, 유튜브 알고리즘은 방송사가 제공하는 영상, 제목이 길거나 제목 안에 주요 키워드가 많은 영상, 그리고 생중계 영상을 주로 선호하는 것으로 나타났다.

그 외에도 유튜브 알고리즘은 특정 기간에 특정 이슈 영상을 집중적으로 추천하는 경향이 있고, 유튜브 시청자의 시청 시간 중 70%가 추천된 영상을 본 시간으로 나타났다. 가장 중요한 관심사인 동영상이 알고리즘의 선택을 받으려면 어떤 부분을 체크하는 것이 좋은지도 분석되었다. 내용을 보면, 다음과 같이 다섯 가지 결과가 도출되었다. 첫째, 직접 제작한 섬네일이 성과가 높다. 둘째, 제목과 설명문이 겹쳐야 최적화에 유리하다. 셋째, 채널의 첫 영상은 안내 영상으로, 1~3분 정도 분량이 적절하다. 넷째, 태그는 토픽과 관련 있는 인기 키워드로 최대 10개를 넘기지 않는 것이 좋다. 다섯째, 라이브의 경우 종료 후 하이라이트를 제공해야 한다. 크리에이터는 이러한 알고리즘을 잘 이해하고 활용하면서 항상 만족도 높은 영상을 만드는 자세를 가지고 포기하지 말고 도전해보자.

알고리즘에 대해 이해했다면 자신의 채널의 데이터를 분석하고 관리해야 한다. 자신의 채널이 올바르게 성장하길 바란다면 데이터 분석은 필수이다. 유튜브의 경우 24시간 데이터가 누적되고 시청자들의 반응을 확인할 수 있다. 마치 시험성적과 지도교사의 평가를 보듯이 자신의 유튜브 성적표인 '크리에이터 스튜디오'를 자주 들어가봐야 한다.

크리에이터 스튜디오에서 왼쪽 동영상 탭으로 이동한 뒤 분석하고 싶은 동영상을 선택하면 되는데, '분석 탭'에서 조회 수, 시청시간, 도달범위, 참여도, 시청자층, 수익 등의 데이터를 확인할 수 있다. 조회수, 시청시간 분석은 가장 기본적인 것이다. 조회 수를 클릭하면 맨 위에 분석 차트가 나오고 그 차트 아래로 동영상이 순위별로 나온다. 상위 25개의 동영상까지 통계가 나타나므로 기여도가 높은 동영상을 파악할 수 있다. 조회 수 옆에 평균 시청시간도 나온다. 조회 수 통계를 볼 때에는 주간 통계나 월간 통계를 보면 전체적인 경향을 파악할 수 있고, 현재 상승 중인지, 하강 중인지를 한눈에 확인할 수 있다. 지역 버튼을 클릭하면 지역 간 조회 수와 시청 시간도 볼 수 있는데 국가별로 나온다. 어느 나라에서 내 영상을 많이 보는지 살펴보고 특정 국가가 많은 경우 자막 서비스를 하는 것도 더 많은 구독자를 모을 수 있는 방법이다.

인구 통계를 볼 수도 있는데, 인구 통계 보고서에서는 성별의 분포, 연령대별 분포를 확인할 수 있다. 자신의 영상을 많이 시청하는 성별과 연령대를 확인한 후에 향후 콘텐츠를 기획할 때 이를 고려하는 것이 필요하다. 또한 자신의 영상이 어디에서 재생되는지를 볼 수 있는 재생위치는 유튜브 안에서 보는지, 유튜브 밖에서 보는지, 즉 다른 채널 블로그나 페이스북같이 유튜브 영상을 퍼간 외부 사이트에서 보는지 등을 알 수 있다. 그리고 자신의 영상이 주로 어디에서 검색되고 있는지, 트래픽 소스 분석을 할 수 있고 얼마나 다양한 기기에서 동영상을 보는지도 알 수 있다. 기기 유형을 클릭하면 휴대전화 내지 스마트폰, 태블릿, 컴퓨터, TV 등 어느 기기에서 많이 보는지 알 수 있다.

참여 분석 보고서를 클릭하면, 구독자 '좋아요' '싫어요', 즐겨찾기, 댓글, 공유, 특수 효과 보고서를 볼 수 있다. 또한 내 채널을 구독하는 구독자가 충성도 높은 구독자인지 확인하는 방법은 분석 탭에서 시청 자층을 클릭하면 우측에 '내 시청자가 시청하는 채널' 리스트가 나온 다. 그 리스트의 채널 성향이 내가 제작하는 채널의 콘셉트와 유사하 다면 진성 구독자로서 잘 성장하고 있음을 알 수 있다. 그러나 내 채널 이 지식 채널인데 게임이나 요리 채널 리스트 등 무관한 채널이 많다 면 현재 구독자가 내 채널에 악영향을 미치고 있음을 알 수 있기에 채 널 정체성 및 홍보 방법을 다시 고민해야 한다. 이렇듯 정기적으로 자 신의 채널을 분석하여 앞으로의 방향성을 계획하는 데 참고하고, 수익 으로 연결되도록 하는 것이 중요한 과제이다.

제3절 MCN 가입을 통한 마케팅 이해

1장에서 설명했듯이 MCN(Multi Channel Network)은 유튜브가 창 작자인 크리에이터의 생태계를 만들면서 등장했다. 처음에는 SM엔터 테인먼트, 하이브(HYBE), JYP 같은 연예 엔터테인먼트 기업처럼 크리에 이터 또는 채널을 관리 및 지원하는 비즈니스라는 의미로 OVS(Online Video Studio), ITC(Internet Television Company), 유튜브 네트워크 (Youtube Network) 등으로 부르다가 2014년에 MCN으로 통칭하게 되 었다. MCN이 유튜브 기반에서 시작한 만큼 미국에서 태동하고 성장했 다. 대표 MCN으로 어썸니스 TV나 메이커스튜디오, 머시니마 등을 꼽 을 수 있다. 이들에 대해서는 1장을 참고하기 바란다.

여러 유튜브 채널들이 제휴해서 구성한 MCN은 인터넷 스타들의 콘텐츠를 유통하고 저작권을 관리해주고 광고를 유치하는 등 크리에이 터의 매니저 역할을 한다고 생각하면 쉽게 이해가 된다. 크리에이터의 성장이 곧 MCN 기업의 수익으로 이어지기 때문에, 연예 엔터테인먼트 기업처럼 MCN 사업자도 크리에이터 지원과 관리, 성장을 돕는다. 즉, 프로그램 기획, 결제, 교차 프로모션, 파트너 관리, 디지털 저작권 관리, 수익 창출·판매 및 잠재고객 개발 등을 크리에이터에게 지원하는 역할 등을 하고 있다.

이러한 MCN의 역할이 점점 확대되면서 크리에이터 지원을 통해 양질의 콘텐츠를 확보하는 것은 물론이고, TV와 라디오, 오프라인 매장 등에서 다양한 사업으로 연결하기도 한다. MCN은 크리에이터의 인지도를 활용한 브랜드 출시, 제휴 상품 판매, 도서 출간 등 종합적인 매니지먼트 역할을 수행할 뿐만 아니라, 일종의 외주 제작사나 주문형 방송사 역할도 한다. 즉, 크리에이터와 협업해 자체 방송을 만드는 등 다양한 방법으로 콘텐츠를 제작하고 공급한다. 이에 MCN 사업은 기존의 크리에이터 미디어를 관리하고 육성하던 네트워크 비즈니스에서 발전하여 크리에이터뿐만 아니라 디지털 채널이나 플랫폼을 기반으로 진행되는 다양한 형태의 융합 미디어 비즈니스라고 설명할 수 있다.

1장에서도 언급했는데, 국내 대표 MCN은 다이아TV이며 모회사는 CJENM이다. 2015년 5월 국내 기업으로는 최초로 CJENM이 기존의 '크리에이터그룹'을 '다이아TV'로 개명하며 '새로운 사업모델 발굴', '플랫폼 확대', '글로벌 진출'을 기치로 내걸었다.

트레져헌터는 국내 최초 스타트업 MCN으로서 '인터넷 방송계의 SM엔터테인먼트'로 불린다. 2015년 설립 당시 공동창업자 3명으로 시작한 트레져헌터를 창업한 송재룡 대표는 CJENM의 MCN사업팀 팀장 출신으로 유튜브 MCN 사업을 국내 최초로 도입한 인물이기도 하다. 트레져헌터는 '72초TV'를 네이버 TV캐스트에 공급하면서 큰 성과를 거두었고 크리에이터 매니지먼트 외에 콘텐츠 유통, 광고 유치와 더불어 특히 데이터 분석을 특화시켰다. 수집된 데이터를 패턴화하고 그 패턴을 분석해 영상 콘텐츠 기획부터 편집 단계까지 템플릿을 만들어 창작자에게 제공하는 데 힘쓰고 있다.

샌드박스네트워크는 2014년 11월 유명 크리에이터인 도티와 구글 출신의이필성 대표가 공동 창업한 MCN으로 대표 크리에이터로 게임 방송을 전문으로 하는 도티 외에 잠뜰, 애니메이션 더빙으로 유명한 장삐쭈를 비롯하여 게임, 먹방, 음악, 예능, 취미 등 다양한 분야에 걸쳐 태경, 말이야와 친구들, 츄팝, 겜브링, 떵개, 라온, 띠미 등 다수의 유명 크리에이터가 소속되어 있다. 또한 개그맨인 유병재와 MBC 13기 공채 개그맨 출신 크리에이터인 카피추가 전속 계약을 체결해 활동한다. 유튜브 중심채널을 운영하며 창사 3년 만에 빠르고 건실하게 성장한 MCN으로 평가받는 샌드박스네트워크는 풍부한 경험을 바탕으로 잠재력을 갖춘 크리에이터 영입과 육성, 유명인의 성공적 유튜브 안착, 자체 콘텐츠 제작, 콘텐츠IP, e스포츠, 해외 MCN 등 다양한 분야에 도전 중이다.

비디오빌리지는 2014년 11월, 조윤하 대표와 염진호 대표가 공동 창업한 스타트업이다. '페이스북 스타 소속사'로 알려져 있을 만큼 최승현, 안재억, 조섭, 맹채연 등 페이스북 동영상으로 유명세를 탄 크리에이터들이 많다. 뷰티, 키즈, 엔터테인먼트 등 다양한 카테고리의 크리에이터를 지원하며 특히 영상 제작 능력을 길러줘 한 명 한 명이 프로덕션 기능까지 할 수 있게 하려는 게 목표이다. 넥슨, 네이버, LG전자, 20세기 폭스 등 국내 유명 브랜드들과 함께 브랜드 콘텐츠를 제작한 경험을 가지고 있다.

콜랩은 미국 MCN '콜랩(COLLAB)'이 2017년 11월 한국에 설립한 MCN 회사로, '콜랩코리아'나 '콜랩아시아'라 부른다. 콜랩코리아가 소속 크리에이터들에게 주는 가장 큰 혜택이자 차별점은 해외 진출 지원이다. 콜랩코리아의 해외 진출 지원 사례로 소속 채널인 '동네놈들'의 중국 진출이 있다. 이는 중국 내 유튜브 시청이 불가능한 상황에서 유튜브와 유사한 현지 플랫폼에 둥지를 틀 수 있도록 했다. 해외 팬이 많은 채널의 경우 수요를 파악해 필요한 언어로 자막을 달거나, 해당 언어 기반 유튜브 채널을 새로 만들어 운영하는 경우도 있다. 기업 브랜드 채널의 해외 진출을 담당하는 경우도 있다.

한편, 콜랩코리아의 김덕봉 지사장은 2020년 11월에 인사이드 MCM 매체와의 인터뷰에서 유튜브계의 음악저작권협회 기능에 준하는 음원사업도 확장했다고 밝힌 바 있다. 콜랩이 유튜브 내에서 관리하고 있는 음원은 약 300만 개로 알려져 있다. 콜랩은 음원의 원래 소유자인 저작권자에게 수익을 돌려주며, 유튜브계 음악저작권협회 역할을 한다. 대중음악, 인디음악, POP, 월드, OST 등 다양한 장르의 음원을 관리하고 있다. 다만 공격적인 마케팅과는 별개로 단기 계약을 선호하는 경향이 있다.

마지막으로 소개하는 MCN은 아이스크리에이티브(IceCreative)로 2017년 설립했고 패션, 뷰티, 라이프스타일 인플루언서 전문이라 마케팅하기에 좋은 조력자 중 하나이다. 창업자인 김은희 대표는 오랜 기간 동안 뷰티 업계에 종사하면서 머지않아 영상 시대가 올 거라고 직감하면서 뷰티 크리에이터 발굴에 힘썼다고 한다. 발굴된 크리에이터는 씬님, 라뮤끄, 깡나, 로즈하, 다영 등 1세대로 현재도 활발하게 활동하고 있다. 이사배, 씬님을 포함해 국내에서 가장 많은 K뷰티 네트워크를 보유하고 있는 아이스크리에이티브는 전문적인 매니지먼트 시스템을 바탕으로 커머스, 브랜드 제휴, 오리지널 콘텐츠 개발 등을 통한 사업 다각화를 진행하며, 국내 최대 뷰티 페스티벌인 '커밋뷰티'를 통한 뷰티·라이프스타일 트렌드 제시를 통해 브랜드에게 최적 솔루션을 제공한다. 이 외에 많은 MCN들이 생겨나 성장하고 있으니 MCN기업 리스트를 참고하자. 다음 [표 11-1]은 2019년 국내의 한국엠씨엔 (MCN)협회가 제공한 리스트이다.

[표 11-1] 2023년 국내 MCN 기업 리스트

MCN명	웹사이트	대표크리에이터	크리에이터 수	특징
다이아티비	https://diatv.cjenm.com/gate.do	이수현, 지켜츄, 서은이야기,	1400	종합 MCN
동그람이	https://blog.naver.com/animaland human	알렉스, 이용한, 이학범	9	동물콘텐츠 제작 및 웹툰비즈니스
루디엔터 테인먼트	http://www.rudyent.com	진두부, 여우진, 시몬, 비연, 이희루	17	10대 엔터테이너 발굴
미디어자몽	https://zamong.co.kr/creator	릴리가족, 고구마머리TV, 유랑선	231	종합 MCN
비디오빌리지	http://www.videovillage.co.kr	햄튜브, Bebop, 썬캡보이	43	종합 MCN
비엘비 엔터테인먼트	http://www.blbent.com/27	baby jingko, meichan, bestie	550	종합 MCN
샌드박스 네트워크	https://sandbox.co.kr	떵개떵, 뉴욕이랑 놀자, 문별	467	종합 MCN
아이스 크리에이티브	http://www.icecreative.kr	연두콩, 레이나, 온도, 띠미	54	종합 MCN
아이에이치큐	https://ihq.co.kr/ent/	박준형, 오연서, 혜린, BJ 유소나	32	외주제작사 및 MCN
엣지랭크	https://edgerank.co.kr	장기하와 얼굴들, 울랄라세션	36	종합 MCN
크리시아 미디어	http://www.cretiamedia.co.kr	낭이아빠, 김무비, 노래하는하람	184	종합 MCN
콜랩코리아	https://www.collabkorea.com/creators/	Beatbox JCOP, 요리왕비룡, 고성국TV	96	종합 MCN
트레져헌터	https://www.treasurehunter.co.kr	쵸단, 양수빈	211	종합 MCN
프리 엔터테인먼트	https://www.preentertainment.com	똥그램, 글자네, 레고 77	17	게임콘텐츠 제공

출처: 한국엠씨엔협회

MCN에는 초대형 크리에이터에서부터 이제 막 걸음을 땐 초보 크리에이터까지 다양한 크리에이터들이 소속되어 있다. MCN은 소속 크리에이터의 세금 처리, 저작권 침해 대응, 인맥 형성, 컨설팅 등 채널 성장을 지원하고 광고나 PPL에도 도움을 주고 수익 창출할 수 있는 크리에이터로 성장하도록 도와준다. 단, 크리에이터가 MCN의 파트너가 되기 위해서는 일정 수준의 콘텐츠 제작 활동이 따라줘야 하고 구독자 수와 라이브 방송 시청자 수 등 어느 정도 수치를 유지하고 있어야 한다.

크리에이터는 그 정도의 수준에 도달하기까지의 노력을 먼저 해야 하고, MCN에 가입했다고 해서 모든 노력이 결실로 이어지는 것도 아니다. 또한 활동 중인 모든 크리에이터가 MCN에 소속되어 있는 것은 아니며, MCN에 가입했다가 탈퇴하는 크리에이터들도 종종 볼 수 있다. 연예인들이 기획사와 문제가 생겨 계약을 파기하거나 기획사를 바꾸는 경우와 비슷하다고 보면 된다. 서로 원하는 것이나 추구하는 바가 다르면 함께 활동하는 것에 어려움이 생기기 때문에 처음에 MCN에 가입할 때 자신이 나아가고자 하는 방향과 맞는지 꼼꼼히 살펴봐야 한다.

MCN과 크리에이터가 계약할 때 전속 계약서를 작성한다. 하지만 MCN은 연예기획사와 달라서 현행 '대중문화예술 산업 발전업'에 해당되지 않기 때문에 현행법상으로 규제할 수 있는 부분에 있어서는 한계점이 있다. 그렇기 때문에 크리에이터는 MCN과 계약서를 쓸 때 꼼꼼하게 따져보고 불리한 점은 없는지 살펴봐야 한다. 특히 수익배분 부문에서 갈등을 많이 겪게 되는데, 크리에이터가 자신의 구독자 수에 따라 체감되는 느낌이 다르다. MCN의 조건을 보면 대부분 10만 구독자 수까지는 크리에이터가 채널 수익 100%를 가져가지만, 10만을 넘어가게 되면 크리에이터가 60~70%를 가져가고, 추가적인 광고 수익에 대해서도 30~50% 배분하는 경우가 많다.

앞에서도 언급했지만, 통상적으로 대부분의 크리에이터들은 유튜브 광고에서 평균 조회 수당 1원 정도를 받는 것으로 보도된다. 유튜브는 전체 광고 수익 중에서 자사가 45%, 크리에이터가 55% 비율로 나눈다. MCN은 크리에이터 몫인 55%에서 다시 크리에이터와 일정 비율로 나누어 수입을 가져온다. 일반적으로 MCN 사업자와 크리에이터의 수익 배분비율은 3 : 7 정도다. 하지만 회사마다 5 : 5, 6 : 4, 7 : 3, 8 : 2 등 조건이 다르기 때문에 어떤 조건이 나에게 유리한지도 살펴보자.

제4절 저작권과 오픈 소스에 대한 이해

먼저 저작권에 대한 이해가 필요하겠다. 저작권은 문학, 미술, 음악, 사진, 영화, 무용 등 문화 분야의 창작물을 보호하는 권리를 말한다. 이는 저작자가 자신의 저작물에 대한 독점적인 권리를 가지는 것으로 본인이 찍은 사진, 공연, 동영상 등 거의 모든 창작물들은 저작물로 봐도 무방하다. 대부분의 사람들은 각종 음악이나 영화를 온라인에서 구매해본 경험이 있다. 최근에는 금액을 지불하고 각종 문화 콘텐츠를 이용할 수 있는 경로들이 더욱 많아지고 있다.

그렇다면 직접 구매해 소유하고 있는 영화와 같은 영상물 등을 자신의 방송 그리고 영상에서 직접 공개를 하는 것은 괜찮을까? 그렇지 않다. 이는 명백한 저작권 침해로 불법이며 법적 조치가 될 수 있다. 각종 사이트에서 돈을 내고 구매한 것은 해당 콘텐츠를 즐길 권리, 시청할 권리를 구매한 것이지 영화와 영상 음악 등 해당 내용을 직접 구매해 소유하고 있는 것이 아니기 때문이다. 따라서 이를 직접 시청하고 관람하는 것은 아무 문제가 없지만, 이를 허가 없이 방송을 통해 불특정 다수에게 공개하는 것은 항상 조심해야 한다. 저작권법 제10조(저작권)를 보면 다음과 같다. ①저작자는 제11조 내지 제13조의 규정에 따른 권리(이하 '저작인격권'이라 한다)와 제16조 내지 제22조의 규정에 따른 권리(이하 '저작재산권'이라 한다)를 가진다. ②저작권은 저작물을 창작한 때부터 발생하며 어떠한 절차나 형식의 이행을 필요로 하지 아니한다.

SNS 발달과 함께 더욱 증가한 저작권 분쟁은 크리에이터와도 밀접해 있으며, 제대로 알고 늘 조심하는 자세가 반드시 필요하다. 콘텐츠의 제작과 게시에 사진이나 폰트, 음악 등을 잘 모르고 사용했다가 엄청난 합의금을 물어야 할 수도 있다. 또한 저작권에 대해 크게 신경 쓰지 않고 콘텐츠를 제작하다가 채널이 날아가버릴 수도 있다. 특히 MCN과 계약되지 않은 크리에이터 경우에 저작권 위배 문제로 수익을 박탈당하거나 소송에 휘말리는 경우도 많다.

스트리머들의 생방송과 편집되어 올라온 영상들을 비교하면 방송 중 음악이 켜졌을 때는 통편집되어 게시되는 모습을 종종 보게 되는데, 바로 저작권 때문이다. 물론 저작권자를 가진 원저작자가 저작권을 침해받은 영상을 통하여 얻는 홍보 효과가 뛰어나 법적으로 대응하지 않는 경우도 있다. 하지만 그렇다고 해서 저작권을 무시하는 태도를 가져서는 아니 되며, 크리에이터라면 CCL에 대해 알고 있어야 한다.

CCL이란 'Creative Commons License'의 줄임말로, 저작권자가 저작자 표시, 비영리, 변경 금지, 동일조건 변경 허락의 네 가지 옵션들을 선택하여 저작물에 적용하고, 이용자들은 그 저작물에 첨부된 라이선스를 읽고 저작물을 이용함으로써 저작권자와 이용자 사이에 허락 계약이 체결된 것으로 간주하는 국제적 약속이다. 이러한 CCL은 여섯 가지로 나뉜다. 먼저 BY는 저작자 이름, 저작물 제목, 출처 표시를, BY-SA는 저작자 표시, 변경 가능, 원저작물과 동일한 라이선스를 적용하는 것을, BY-NC는 저작자 표시, 영리목적 사용 금지를, BY-NC-SA는 비영리, 동일조건 변경 허락을, BY-ND는 저작자 표시, 변경 없이 사용을, 그리고 BY-NC-ND는 비영리, 변경 금지를 뜻한다.

이렇게 구분된 CCL을 제외하고 저작권 보호 기간이 지났거나, 저작권 만료 또는 저작권자가 저작권을 포기한 저작물의 경우에는 CC0로 표기된다. 이는 'Creative Commons'의 약자로, 아무 조건 없이 누구나 자유롭게 사용할 수 있는 저작물이다.

포털 검색 옵션에서 '렛츠씨씨(Let's CC)'를 입력하고 검색하면 글로벌 서비스의 API를 이용하여 이용자들이 많이 사용하는 사진, 클립아트, 음악, 문서의 대표 서비스들을 모아 하나의 화면으로 검색 결과를 보여주는 CCL 콘텐츠 전문 검색 서비스를 이용할 수 있다. 이는 CC Korea가 운영하고 있는데, 사용자들이 즐겨찾기를 많이 한 콘텐츠를 검색 결과의 상단에 노출시킴으로써 양질의 CCL 콘텐츠를 쉽게 찾을 수 있도록 하여 기존 검색 서비스와 차별화하였다. 그 외에도 유튜브 오디오 보관함 등의 오픈 소스들을 모아둔 사이트들이 있으면, 이용하면 쉽게 찾을 수 있다.

'2차적 저작물'에 대한 저작권법 이해도 요구된다. 이는 타인의 원저작물을 각종 방법을 통해 창의적으로 재구성한 창작물을 의미한다. 해당 창작물은 독자적인 저작물로서 보호된다. 각종 영상을 다양한 특수효과나 순서 배치 등을 활용해 재구성한 편집 영상의 경우에도 '편집

저작물'로서 2차 저작물과 같이 그 권리가 보호된다. 저작권법 제5조(2차적 저작물)를 보면 다음과 같다. ① 원저작물을 번역·편곡·변형·각색·영상제작 그 밖의 방법으로 작성한 창작물(이하 '2차적 저작물'이라 한다)은 독자적인 저작물로서 보호된다. ② 2차적 저작물의 보호는 그 원저작물의 저작자의 권리에 영향을 미치지 아니한다. 또한 제6조(편집저작물)를 보면 다음과 같다. ① 편집저작물은 독자적인 저작물로서 보호된다. ② 편집저작물의 보호는 그 편집저작물의 구성부분이 되는 소재의 저작권, 그 밖에 이 법에 따라 보호되는 권리에 영향을 미치지 아니한다.

한편, 2차 저작물이 독자적 권리를 가진다고 해서 타인의 저작물을 무단으로 복제, 사용해서는 아니된다. 따라서 2차 저작물을 창작하기 위해서는 반드시 원저작자의 허가를 받아야 한다. 허가를 받는 방법은 원저작자에게 직접 연락을 하는 것이 가장 기본적이지만, 저작재산권의 경우에는 타인에게 양도가 가능하기 때문에 대부분 협회 등에 저작재산권을 양도해놓은 경우가 많으므로 각종 협회에 연락해서 원저작물 사용에 대한 허가를 받을 수도 있다. 음악의 경우를 보면, 한국음악저작권협회(https://www.komca.or.kr), 함께하는 음악 저작인협회(http://www.koscap.or.kr), 한국음반산업협회(http://www.riak.or.kr)가 있고, 영화/영상의 경우에는 한국영화제작가협회(http://www.kfpa.net)가 있다.

유튜브에는 동영상 저작권을 직접 관리하는 알고리즘 시스템인 '콘텐츠 ID'가 있다. 이에 대해서는 8장에서 언급하였다. 상기해보면 이는 원저작권을 가진 기업이나 개인이 자신들이 만든 영상이나 음악 등을 유튜브에 올린 후, 자신들의 콘텐츠와 일치하는 음악이나 영상이 사용된 제3자의 영상이 발견되었을 때 원저작자인 자신들의 소유권을 인정하고 해당 콘텐츠에 대한 통제권을 원저작자에게 부여하게 하는 시스템이다.

콘텐츠에 대한 통제권은 세 가지 권한을 주는 것을 의미한다. 즉, 제작한 영상에 대한 차단, 수익화, 추적이 이에 해당된다. 먼저 '차단'이란 말 그대로 다른 사람이 원작자의 영상이나 음원을 무단으로 올렸을 경우, 해당 영상이 유튜브에 업로드 되는 즉시 다른 사람이 보지 못하도록 차단하는 것이다. '수익화'는 다른 사람이 원저작자의 영상이나 음원을 올렸을 때 해당 영상에 광고를 붙여 발생하는 광고 수익을 저작권자가 가지고 가는 것을 말한다. 마지막으로 '추적'이란 자신의 콘텐츠와 동일한 동영상에 대한 조치를 일단 보류하고 그 대신에 시청률 통계 보기를 통해 정보를 추적하여 해당 콘텐츠가 인기를 끌고 있는 국가 등의 세부 정보를 얻을 수 있는 것 등이다.

이처럼 유튜브의 '콘텐츠 ID' 시스템에서는 다른 사람의 영상이나 음원을 사용한 영상은 원저작권자가 그 통제권을 갖게 되기 때문에, 유튜브에 업로드하더라도 수익화할 수 없는 상황이 발생할 수 있다. 영상 내에 내가 직접 부른 노래나 연주가 들어간다 하더라도 해당 음악의 작사 및 작곡에 대한 저작권이 나에게 있지 않으면 저작권자의 동의 없이 사용하는 것은 저작권 위반이므로 항상 주의해야 한다.

저작권을 위반하지 않고 음악을 사용하기 위해서는 유튜브가 제공해주는 저작권 문제가 해결된 음원을 사용하거나 저작권 무료 사이트나 기타 저작권 해결 음원을 사용하거나 구입해야 한다. 유튜브가 유료로 제공하는 음원은 유튜브 내 오디오 라이브러리(www.youtube.com/audiolibrary)에서 구입 가능하다. 또한 저작권 무료 사이트로는 자멘도(www.jamendo.com)나 프리 뮤직 아카이브(www.freemusicarchive.org) 등이 있다.

'No Copyright Music'을 검색해 관련 소스를 찾아볼 수 있으나,

이 경우에도 그 음원이 단순히 사용만 허락된 것인지, 수익 창출까지 가능한 것인지 반드시 살펴보고 사용해야 한다. 저작권에 관계없이 음원을 사용할 수만 있는 경우에 사용하는 것 자체로는 전혀 문제가 되지 않지만 '수익 창출'이 발생할 경우에 그 수익이 저작권자에게 돌아갈 수 있다. 하지만 만약 수익 창출도 가능한 음원이라면 영상 관련 수익이 저작권자에게 배분되지 않고 크리에이터에게 돌아오게 된다. 그러므로 '저작권 프리'라는 말만 듣고 음원을 사용했다가 저작권 침해 신고를 받고 창출된 수익마저 저작권자에게 반납해야 하는 경우가 발생하지 않도록 사용 전에 반드시 짚고 넘어가자.

이러저러한 저작권에 대한 스트레스에서 벗어나고 싶다면 일정 금액을 지불하고 소스를 사용할 수 있는 유료 사이트를 이용하는 방법도 있다. 대표적인 음원 사이트로는 아트리스트(Artlist; www.artlist.io), 에피데믹(Epidemic; www.epidemicsound.com), 엔바토(Envato; http://elements.envato.com) 등을 들 수 있는데 1년 단위 결제를 통해 사이트 내 모든 소스를 자유롭게 사용할 수 있다. 1년 기간 결제뿐 아니라 소소 개별 구매도 가능하므로 비용을 따져보고 이용하는 것을 추천한다.

해외에는 다양한 무료 영상 소스 다운로드 사이트가 존재한다. 이역시 사용 전에 단순히 이용만 가능한 것인지, 상업적 이용이 가능한 것인지, 수정 후 이용이 가능한 것인지 등에 대해 반드시 확인 후 사용하는 것을 권한다. 대표적인 사이트로는 픽사베이비디오(http://pixabay.com/videos), 비디보(https://www.videvo.net), 픽셀스(https://www.pexels.com/videos), 비틀러리(http://vidlery.com) 등이 있다.

참고문헌

거북이미디어전략연구소(2023.1), 구글 직원이 알려주는 유튜브 알고리즘 작동 원리, https://gobooki.net, 2023년 1월 11일 검색 결과.

디센터(Decenter)(2020.12.13). [인사이드MCN] 김덕봉 콜랩코리아 지사장 "유튜브 채널 해외 진출 돕는다 … 가능성 열려 있어".

오세욱/송해엽(2019). 유튜브 추천 알고리즘과 저널리즘, 한국언론진흥재단 보고서.

이코노미조선(2021.8.10). [단독 인터뷰] 유튜브 이인자 닐 모한 최고제품책임자(CPO) "돈 버는 유튜버 전 세계 200만 명 돌파 최근 3년간 유튜버에게 36조 원 지급", 410호.

Chapter 12

크리에이터의 수익 다각화

| 제1절   크리에이터의 수익구조 이해

　유튜브 통계 분석 전문업체인 플레이보드에 따르면, 2020년 유튜브 광고 수익 창출 채널이 가장 많은 국가는 49만 6,379개를 가진 미국이다. 이는 인구 666명당 1개 채널로, 인구 대비 크리에이터 수로는 한국에 비해 적은 편이다. 한국보다 인구 대비 수익 창출 채널 수가 많은 국가는 버진아일랜드, 안도라 같은 인구 수가 적은 도시국가나 작은 섬나라들이다. 국내 크리에이터 미디어 시장은 2018년 3조 9,000억 원에서 2021년 6조 원으로 커졌다. 하지만 개인 운영 크리에이터 대부분 방송하기에 급급하고 부가가치가 있는 수익을 높이는 일에 대해서는 시도조차 못하고 있는 것이 현실이다. 한편, 2019년 국내 유튜버들의 1년 평균 수입액은 3,152만 원으로 확인되었는데, 성공한 크리에이터는 기업에 버금간다.

　크리에이터라면 자신의 콘텐츠로 수입이 발생해야 하고, 수입을 발생시키기 위해 더 좋은 콘텐츠를 제작해야 하며, 그 수입으로 인해 더 양질의 콘텐츠가 만들어져야 한다. 이러한 선순환을 통해 콘텐츠를 제작하는 사람뿐만 아니라 콘텐츠를 소비하는 사람도 이익을 얻을 수 있어야 한다. 유튜브 광고 수익을 보면, 추정 수익과 추정 광고 수익으로 나뉜다. 추정 수익에는 채널 멤버십, 구독제인 유튜브 프리미엄, 슈퍼챗을 포함한 모든 수익 유형이며, 측정 항목은 '수익' 탭에서 확인된다. 추정 광고 수익은 내 콘텐츠에 광고가 게재되었을 때 발생한 수익으로, 광고주는 광고 세팅 시 특정 기기, 인구 통계, 관심 분야를 타기팅할 수 있고 특정 크리에이터 영상을 맞춤 세팅해 게재할 수 있다.

2장에서 수익 모델에 대해 개관하였는데, 여기서는 보다 실무적으로 각각에 대해 살펴보자. 먼저 광고 수익 배분 경우의 유튜브를 상기해보면, 구독자 1,000명 및 연간 누적 시청 4,000시간 이상이어야 광고를 삽입할 수 있다. 미디어 산업은 광고 기반으로 성장했다. 광고주인 기업이나 관공서 등에서는 새로운 제품, 서비스, 정책 등이 나오면 미디어 회사에 광고비를 책정하고 집행한다. 유튜브에서도 마찬가지이다. 유튜버 영상을 보려고 클릭한 시청자가 광고에 노출되는 대가로, 광고주는 해당 유튜버에게 광고비를 주는 것이다. 광고 옵션에 따라 수익이 다르기 때문에 모든 크리에이터들이 같은 광고 수입을 얻는 것은 아니다. 통상 배너 형태 오버레이 광고 단가가 낮고 동영상 광고 형태인 인스트림 광고 단가가 높다. 건너뛰기 가능한 동영상 광고의 경우 일정 시간 이상 시청을 해야 수입이 발생하고, 오버레이 광고나 컴퓨터 오른쪽 상단에 뜨는 디스플레이 광고의 경우 시청자가 클릭해야 크리에이터에게 수익이 발생한다.

다음은 후원금이다. 크리에이터를 생각하는 시청자들의 마음이 담긴 후원금이기에 더 큰 책임감을 가져야 하는 돈이다. 페이팔(Paypal)이나 통장 계좌번호를 공개해 후원을 받는 경우가 있는데, 국내에서는 개인 후원 계좌로 후원금을 받으면 '증여'로 분류되고 한 사람에게 50

만 원 이상 후원을 받으면 증여세를 내야 한다. 개인이 아니라 법인의 경우에는 법인세가 부과된다. 또한 크라우드 펀딩(Crowd funding)을 통해 후원을 받기도 한다. 사업 계획을 알리고 후원을 받아 제품이나 공연을 기획, 제작하고 후원자들에게 제품이나 티켓을 제공하는 것이다. 펀딩 활동으로 사업을 확장해 나가는 방법도 있지만, 이는 인지도와 신뢰를 쌓아야 가능한 일이다.

크리에이터 제작 광고 수익인 간접광고(Product Placement; PPL)는 필요한 위치에 제품을 갖다놓는 것을 말하며, 원래 영화를 제작할 때 각 장면에 사용될 소품을 적절한 장소에 배치하는 것을 일컫던 말이다. 광고주에게 대가를 받고 영상 속에 자연스럽게 등장시키는 광고로서 크리에이터 콘텐츠 시청자들이 많아지면서 개인에게 PPL 요청이 들어오는 경우가 많아졌다. 해당 제품을 간접적으로 소개하는 방식이기 때문에 광고에 대한 거부감이 없고 자연스럽게 해당 제품을 등장시켜 보여주는 것이므로 크리에이터들이 선호하는 수익 방식이다. 의도적으로 연출시키는 방법을 온셋(On Set)이라 하는데, 이는 등장만 시키는 것보다 단가가 좀 더 높다.

또 다른 크리에이터 제작광고 수익은 브랜디드 콘텐츠이다. 이는 브랜드의 목적을 달성하기 위해 제작되는 모든 콘텐츠로, 브랜드가 원하는 설득적 메시지를 일방적으로 전달하는 것이 아닌 소비자에게 정보, 오락, 문화적 가치를 제공할 수 있는 콘텐츠에 브랜드를 담아내는 방식으로 제작된다. 브랜드의 가치가 담기면서 콘텐츠로 인식되는 일종의 간접광고라 보면 된다. 시청자들은 광고인 것을 알면서도 크리에이터의 개성이 담긴 콘텐츠로 인식하는 경향이 있다. 주로 스토리를 담아내거나 코미디 요소가 있거나, 감동을 담아내기도 한다. 크리에이터의 창의력이 수익으로 직결되는 것이다.

다음은 크리에이터가 상품 판매 수익을 얻는 경우이다. 제휴 마케팅의 경우 크리에이터는 콘텐츠를 통해 해당 제품을 소개하거나 서비스를 추천하면서 수익을 얻는다. 추천을 통해 현물 협찬을 받거나 수익을 얻기도 하지만, 크리에이터가 추천하는 제품이나 서비스가 판매되었을 때 수익으로 연결될 수 있다. 해당 제품이나 서비스를 소개하고 판매되는 수량에 따라 수수료를 받는 것이 일반적인데, 오래전부터 인기 있는 마케팅 방식이지만 판매로 연결되어야 수익을 낼 수 있으므로 판매가 되지 않았을 때 노력의 대가를 얻지 못할 수도 있다는 단점이 있다.

크리에이터의 콘텐츠나 캐릭터를 활용한 상품을 만들어 수익을 얻을 수도 있다. 2장에서는 이를 IP 기획 수익이라고 명명하였다. 2차 콘텐츠 판매로 채널 콘텐츠의 특성을 살려 다른 콘텐츠를 제작, 판매하는 방법이 있다. 영화나 연극, 웹툰 같은 다른 콘텐츠 형태로 재탄생시켜 판매하는 것을 들 수 있고, 캐릭터를 활용하여 굿즈(Goods) 상품을 만들어 판매하는 것도 방법이다. 최근 크리에이터들이 기획하고 판매하는 굿즈가 시장에서 돌풍을 일으키고 있다. 완판이나 조기 매진되는 사례가 잇따르면서 크리에이터가 직접 또는 구독자 요청에 의해 굿즈 아이템을 제작하는 시도도 증가하고 있다. 크리에이터들의 굿즈는 의류, 패션 잡화에서부터 문구, 오피스 용품, 그리고 채널과 콘텐츠 장르에서 기인한 '맞춤형' 아이템까지 다양하다. 자신의 채널과 콘텐츠에 독특한 콘셉트나 고유 캐릭터가 있는 경우, 그런 것을 활용하여 흥미로운 굿즈 아이템을 만드는 것도 좋은 방법이다.

이상에서는 크리에이터 관점에서의 수익구조를 실무 중심으로 설명하였는데, 그 외에도 기타로 분류되는 수익 모델들이 있음을 명심하자. 먼저 현물 협찬이다. 이는 현금이 아니라 현물을 협찬받는 방법이다. 블로그나 유튜브, 인스타그램에서 오래전부터 많이 진행해 오던 방식인데, 업체가 크리에이터에게 제품을 직접 보내주고 해당 제품의 후기를 콘텐츠로 제작해 올려달라고 요청하는 것이다. 이런 경우에는 크리에이터가 제품을 협찬받기도 하고 제품과 현금을 함께 협찬받기도 한다. 최신형 스마트폰, 가전 용품, 화장품, 패션 용품 등 협찬을 통해 홍보하고 그 대가로 제품을 받는 것이다.

이러한 협찬으로 연결되려면 어느 정도의 인지도가 쌓여 인플루언서가 된 인기 크리에이터 경우에 가능하다. 최근에는 1,000명 미만의 충성도 높은 구독자를 확보한 마이크로(Micro) 인플루언서가 된 크리에이터들에게도 저렴한 콘텐츠 제작비를 지불하고 큰 효과를 기대하는 사례가 많다. 크리에이터와 광고주를 에이전트하는 대행사가 성행하기도 한다.

교육 서비스를 통해서도 크리에이터는 기타 수익을 기대할 수 있다. 즉, 콘텐츠 자료와 경험, 노하우를 바탕으로 강의를 하거나 컨설팅을 해서 수익을 올릴 수 있다. 꾸준한 크리에이터 활동과 다양한 콘텐츠를 통해 전문가로 인정을 받게 되고 전문성을 가지고 대수의 사람들에게 강의를 할 수 있다. 요리 크리에이터는 요리 전문가로, 뷰티 크리에이터는 뷰티 전문가로 라이프 스타일 크리에이터는 자기 계발 전문가로 초빙되기도 한다. 해당 지식이 쌓이면 전문성을 가지고 다양한 곳에서 강의를 할 수 있다는 장점이 있고 원데이 클래스를 통해 수강생을 모집하여 수익을 얻을 수도 있다. 또한 책을 발간하거나 컨설팅, 상담, 코칭, 멘토링 역할을 통해 지식을 전달하고 다른 사람들에게 도움을 주면서 수익으로 연결되기도 한다. 지식 전달 서비스를 통해 수익을 얻기까지 부단한 노력과 자기 계발, 노하우가 있어야 한다.

크리에이터는 플랫폼의 유료 구독제와는 별도로 자신의 콘텐츠를 직접 유료화시켜 유료 회원만 볼 수 있도록 만들 수 있다. 이를 구독 채널 멤버십이라고도 부른다. 이는 구독자가 월별로 특정 크리에이터에게 일정 비용을 내고 제한된 콘텐츠를 시청할 수 있는 유료 등급제로서 채널별로 금액, 배지(Badge), 혜택, 분류 등 세부 설정을 해서 콘텐츠를 수익화하는 제도이다. 이는 일반 구독과 달리 메인 화면에 '구독' 버튼 옆에 '가입'이란 버튼을 눌러 가입하게 되어 있다.

유튜브의 멤버십 운영 자격은 현재 구독자 1,000명 이상이면 승인되며 유튜브 파트너 프로그램(YPP)에 가입되어야 하고 18세 이상만 신청 가능하며 음원의 저작권 경고를 많이 받았을 경우와 키즈 채널은 승인 불가이다. 유튜브 채널 설정 기준 및 신청 방법의 상세 설명은 유튜브 고객센터에 들어가 파트너 프로그램을 통한 수익창출 채널 멤버십에서 확인할 수 있다. 주로 교육, 경제 분야에서 콘텐츠 유료화가 이루어진다.

그 외에도 크리에이터는 다른 사람의 콘텐츠 제작을 돕거나 대신 제작해주는 외주 제작을 통해서도 수익을 얻을 수도 있다. 콘텐츠가 필요한 곳은 많지만 콘텐츠를 잘 만드는 사람은 드문 시대이므로 훌륭한 콘텐츠 제작을 노하우로 가지고 있다면 외주 제작자로도 활동할 수 있다. 현재 많은 크리에이터들이 자신의 콘텐츠를 제작하면서 외주 제작도 겸하며 수익을 올리고 있다.

| 제2절 유튜브 수익 창출과 쇼츠 이해

앞에서도 예로 간단히 소개한 유튜브의 수익 창출 조건에 대해 좀 더 자세히 들어가보자. 우선, 두 가지를 만족해야 한다. 만 18세 이상이거나 법적 보호자의 동의가 있어야 광고를 통한 수익 창출 신청을 할 수 있고 유튜브 파트너 프로그램(YPP) 자격 요건을 갖추어야 한다. YPP에 참여 신청을 하려면 기한 제한 없이 구독자 수가 1,000명 이상 되어야 하고 지난 12개월간 유효한 공개 동영상 시청 시간이 4,000시간 이상이어야 한다. 이제 막 크리에이터에 도전했다면 이 조건을 충족시키기까지 상당한 시간이 걸린다. 그렇기 때문에 처음부터 수익으로 스트레스를 받기보다는 좋은 콘텐츠를 즐겁게 만든다는 자세로 영상을 꾸준히 업로드하는 자세를 가져야 한다.

꾸준히 활동하는 동안에 조건이 충족되었다면 수익 창출 신청을 한다. 유튜브 메뉴에 유튜브 크리에이터 스튜디오로 들어가 왼쪽 아래 '크리에이터 스튜디오 이전' 버튼을 클릭하여 '채널' 탭에서 '상태 및 기능'으로 들어간 후 '수익 창출' 항목에서 '사용'을 누르면 된다. 유튜브 자체에서 검토가 끝나면 수익 창출이 시작되었다는 메일을 받는다. 이때 계좌는 반드시 거래가 가능한 계정의 주인인 본인 계좌로 등록하고 핀을 받아야 향후 수익 발생 시 입금을 받는 데 문제가 없다. 간혹 계정 주인과 다른 가족의 계좌 등을 등록해 회복하기 힘든 곤란에 빠지곤 한다.

유튜브에서의 수익 원천은 광고주가 유튜브에 의뢰한 광고비에서부터 출발한다. 모든 미디어 산업이 광고 기반으로 성장했듯이 유튜브도 마찬가지이다. 광고주들은 유튜브에 광고비를 주고 광고를 의뢰하고, 광고들은 유튜버 채널 중 판매 타깃과 채널 시청층이 일치하는 영상에 분배된다. 영상을 보려고 클릭한 시청자가 광고에 노출되는 대가로 광고주가 해당 크리에이터에게 광고비를 주는 것이다.

2017년 기준으로 대부분의 크리에이터들은 통상 유튜브 광고에서 평균 조회당 약 1원을 받았고, 이 금액은 점점 오르기 시작한다. 광고

비로 제공되는 모든 수익이 100% 크리에이터에게 전달되는 것은 아니며, 수익 중 45%는 유튜브가 가져가고 55% 정도만 애드센스를 통해 크리에이터에게 입금된다. 후원금 성격의 슈퍼챗 수익 정산 비율의 경우에는 크리에이터 대 유튜브가 70 : 30이지만, 영상 앞에 붙는 광고 수익 정산 비율은 55 : 45이다. MCN은 55%에서 다시 크리에이터와 일정 비율로 수입을 나누며, 일반적으로 MCN과 크리에이터 수익 배분 비율은 3 : 7 정도이다. 이에 대해서는 2장에서 언급했다.

2장에서도 설명했듯이 유튜브 광고 유형은 크게 여섯 가지이다. 상기하면, 인비디오는 동영상 시작 후 하단에 등장하며 소비자가 원하면 광고를 닫을 수 있다. 배너 광고는 동영상 옆이나 추천 동영상 목록 위에 표시되는 광고로 추천 동영상 오른쪽과 동영상 추천 목록 상단에 게재되는 '디스플레이 광고'와 반투명하게 동영상 하단 20% 부분에 게재되는 '오버레이 광고', 유튜브에 다른 영상을 링크하는 카드를 활용한 '스폰서 카드'가 있다.

인스트림 광고는 동영상 재생 전이나 도중 혹은 끝난 후 삽입되는 30초 이하 광고로, 건너뛸 수 있는 인스트림 광고와 건너뛸 수 있는 인스트림 광고로 나뉜다. 전자는 트루뷰 광고로, 이용자가 5초 간 광고를 본 후 광고를 건너뛰거나 나머지 광고를 볼 수 있는 선택권을 가진다. 시청자가 실제 광고를 시청한 시간에 대해서만 광고료가 지불되는 트루뷰 광고는 시청자들이 단순 광고가 아닌 또 다른 콘텐츠로 소비하게 만든다.

범퍼 애드는 건너뛸 수 없는 짧은 광고로 6초의 짧은 시간이지만 시청자가 거부감 없이 광고 시청을 하게 되어 짧지만 강력한 효과가 있다. 짧고 굵게 임팩트를 주는 광고로 PC보다는 모바일 환경에서 최적화되어 있다. 마지막으로, 마스트헤드(Masthead) 광고는 유튜브 메인 페이지에 접속했을 때 가장 상단에 보이는 가장 비싼 광고로 노출 지면이 크고 한 광고주만 보여준다.

2장에서도 언급했듯이 동영상 플랫폼 광고비 책정 기준은 크게 세 가지이다. 상기하면, 광고 설치 건당 과금하는 CPI(Cost Per Installation), 1,000회 광고 노출의 비용을 책정하는 CPM(Cost Per Mille), 클릭 또는 조회 수에 의해 과금하는 CPCV(Cost−Per−Completed−View)이다. 보통 CPM을 널리 사용하지만 광고 단가는 국가에 따라 차이가 크다.

블로거들의 추정치로 보는 유튜브 CPM당 수익은 노출되는 국가에 따라 많은 차이가 나기 때문에 광고 단가가 낮은 국가의 경우 조회 수가 더 많아도 광고 단가가 높은 국가에 비해 수익이 적을 수 있다. 실제 계약에서는 CPCV 방식으로 최종 광고비를 결정하는 경우가 많다. 이는 광고가 노출될 때 끝까지 시청한 '컴플리트(Complete)'의 비율에 따라 과금하고 수익 배분한다. 가령, CPM이 2만 원이고, 컴플리트 비율이 50%이면 1만 원을 수익으로 친다.

다음은 쇼츠의 변화와 수익창출에 대해 알아보자. 틱톡과 인스타그램의 짧은 동영상에 대항하여 만든 유튜브 쇼츠가 현재 급변하고 있다. 광고 도입, 카페24와 제휴와 이커머스 도입, 쇼츠와 유튜브 본 채널과의 연계, 섬네일 선택 등이다. 차례로 살펴보자. 먼저 쇼츠의 광고 수익은 롱폼 영상과 달리 1분 미만의 짧은 영상이라 광고를 넣지 않고 쇼츠 펀드를 통해 광고 수익을 배분했었고, 15초~3분 분량 동영상 사이에 재생되는 광고 수익을 공유한다고 발표했었고, 최종 수익은 매달 합산되어 지급된다. 지급액은 조회 수와 음원 라이선스 비용에 따라 달라진다. 음원 라이선스 비용은 영상에 포함된 곡목에 따라 달라지겠지만 음원을 전혀 사용하지 않는다면, 광고 수익을 크리에이터와 배분한다. 그러나 영화, 드라마 등 원본 영상이 아니거나 조회 수가 조작된 경우에는 광고 수익을 받을 수 없다. 기존에 조성되었던 1억 달러 규모의 쇼츠 펀드는 폐지되고, 이제 수익 창출을 하려면 유튜브 파트너 프로그램(YPP) 자격 요건을 갖추어야 한다. 따라서 유튜브 파트너 자격도 일부 변경되었다.

변화된 자격 요건을 살펴보자. 기존 창출 조건을 유지하고 추가로 90일 동안 가입자 수 1,000명과 쇼츠 조회 수 1.000만 회를 달성하면 쇼츠 전문 크리에이터로서 YPP에 신청할 수 있으며, 향후에 팬 펀딩으로 슈퍼챗, 슈퍼 스티커, 슈퍼 땡스까지 도입되면 큰 수익을 창출할 기회가 생기는 것이다. 무엇보다 2023년 가장 최근 이슈는 유튜브가 카페24 제휴를 통해 이커머스 시장에 진출한다는 것이다. 관련 내용은 3절 크리에이터와 커머스 관계성에서 다루어보겠다.

수익 창출 외에도 쇼츠 활성화를 위해 변화를 이해해야 쇼츠를 통한 수익을 극대화할 것으로 보인다. 기존에는 쇼츠가 유튜브 본 채널과 별개로 운영되었다면 이제 유튜브 본 채널과 상호 연계성을 가지게 된 것이다. 쇼츠에 영상을 많이 올려도 본 채널 구독자에게 알림이 가거나 쇼츠 피드에 노출을 해주는 일이 없었다. 그래서 크리에이터들 중에서는 본 채널과 전혀 관련 없는 주제의 영상을 자주 그리고 많이 올리고 본 채널로의 유입을 고정 댓글로 링크를 걸어 유도하곤 하였다. 이에 대다수 크리에이터들은 유튜브 본 채널과 연계가 안 되는 쇼츠가 무익하다고 회의감을 나타내었다. 하지만 2022년 11월 중순부터 쇼츠를 올리면 자신의 채널의 쇼츠를 안 보는 롱폼 구독자에게 알림이 뜨고 쇼츠가 노출되기 시작한 것이다. 이에 채널 성장을 위해 주기적으로 롱폼 콘텐츠 제작해 업로드해왔던 크리에이터들은 다소 압박감에서 해방될 수 있을 것 같다.

한편, 그동안 롱폼인 유튜브 본 채널과의 연계성이 없음을 장점화하여 쇼츠와 롱폼의 주제를 이원화해 1개 계정으로 각기 다른 주제의 채널을 운영하는 것을 장점으로 누렸다면, 2022년 11월부터 생긴 쇼츠와 본 채널 간 연계성 때문에 관련 있는 주제로 업로드해야만 구독자 이탈을 막을 수 있게 됐음을 명심해야 한다. 제작의 부담을 줄이고 싶다면 주제의 일관성을 위해 본 채널 영상의 하이라이트를 1분 미만으로 짧게 편집해 티저 광고 영상처럼 쇼츠로 업로드하는 방법도 좋을 것이다. 반면에, 지금까지 본 채널의 주제와 다른 방향으로 쇼츠 영상을 업로드했다면 새로운 쇼츠 계정으로 채널을 만들어서 올려야 할 것이다.

또한 그동안 쇼츠 영상 업로드 시에 영상 중 일부 장면이 대표 화면으로 랜덤 설정되어 의도하지 않은 컷을 섬네일처럼 써야 했다면, 이제는 직접 컷을 선정해서 업로드할 수 있게 되었기 때문에 클릭율 상승에 기여하는 기능이 하나 더 추가된 것으로 이해하면 될 것이다. 하지만 기능의 업데이트는 계정별 테스트를 거쳐 한 번에 업그레이드 되거나 안드로이드 또는 iOS 기반 스마트폰 버전 먼저 시작되는 경향이 있기 때문에 PC 버전 업그레이드될 때 당장 적용이 되는지를 확인하기 바란다. 한편, 유튜브의 최고제품책임자(CPO)인 닐 모한은 유튜브 공식 블로그를 통해 라이선스가 있는 음악을 사용해 광고 수익을 받지 못한 크리에이터들을 위해'크리에이터 뮤직 프로그램'을 도입하고 주로 모바일 환경에서 재생되었던 쇼츠를 TV에 최적화된 쇼츠 플레이어 버전도 출시했다고 발표한 바 있다. 혁신적으로 변화해 가는 쇼츠에 주목하고 이를 통해 수익 다각화할 수 있는 콘텐츠 제작에 관심을 가져주기 바란다.

제3절 크리에이터와 커머스 연계성

2장에서 언급했듯이 팬덤이 견고할수록 커머스에 접근하기 유리하다. 시청자들은 자신이 좋아하는 크리에이터를 신뢰하기 때문에 자신이 좋아하는 크리에이터가 자주 사용하는 제품을 믿고 구매한다. 그래서 기업들도 잠재고객들이 모여 있는 채널을 찾아 접촉하고 있으며, MCN들도 제품이나 서비스를 잘 소개하고 신뢰를 줄 수 있는 크리에이터들을 육성하고 있다. 수익을 창출하게 하는 커머스는 여러 가지로 진화하고 유형화된다. '미디어 커머스'는 콘텐츠를 활용하여 마케팅 효과를 극대화하는 전자상거래로서, 제품을 판매하는 행위를 미디어 콘텐츠로 표현하여 콘텐츠 소비와 제품의 판매가 동시에 이루어진다. 유튜브에서 영상을 통해 제품을 소개하고 판매가 이루어지는 것, 인스타그램에서 사진을 통해, 블로그에서 글을 통해 상품을 소개하고 판매하는 것 등이 그 예이다. '숍(Shop)' 기능 추가가 증가해 미디어 커머스 수익 창출은 더욱 활발해지고 있다. 초기 커머스가 TV 홈쇼핑이라면 페이스북, 인스타그램, 유튜브 등 소셜미디어가 성장하면서 소셜 커머스, 크리에이터 커머스로 확대되고 있다.

라이브 커머스는 온라인 플랫폼을 통해 실시간 라이브 방송으로 상품 및 서비스를 판매하는 방식으로서, 미디어 커머스의 부분 집합이다. 국내의 경우만 보면 채팅으로 소비자와 소통하면서 상품을 소개하는 스트리밍 방송으로는 네이버의 '쇼핑라이브', 카카오의 '톡딜라이브', 티몬의 '티비온라이브', CJ올리브영의 '올라이브', 롯데백화점의 '100라이브' 등이 대표적이다. 이의 장점은 양방향 소통이 가능하다는 것이다. 소비자는 온라인으로 간편하게 상품에 대한 설명을 들을 수 있고, 질문도 가능하다. 의류 경우 직접 쇼 호스트에게 원하는 의류 착용을 요청하여 적극적인 의사소통이 가능하다. 확신을 가지고 구매한 소비자는 제품에 대해 정확한 이해 후 구매로 이어지며 환불을 줄일 수 있어 매출 증대에 도움이 된다. 편집이 가능한 미디어 커머스와 달리 실시간이며 진행 시간도 긴 편이라서 제품에 대한 이해와 재치 있는 진행이 필요하다. 라이브 방송에 익숙한 크리에이터들이 많이 도전하며 소통과 쇼핑을 결합해 재미를 극대화하여 쇼핑 이상의 문화로 자리 잡는다.

유튜브는 2022년 '라이브 쇼핑(라이브 커머스)' 기능을 출시할 계획을 발표하였다. 유튜브의 최고제품책임자(CPO)는 2022년 유튜브 로드맵에 라이브 쇼핑 공식 출시를 포함했다고 발표했다. 이미 2021년에 일부 크리에이터 대상으로 라이브 쇼핑 기능 베타 테스트를 진행했는데, 국내에서는 뷰티 크리에이터인 '씬님'이 테스트에 참여했다. 유튜브 라이브 쇼핑은 네이버 '쇼핑라이브'와 비슷해, 실시간으로 상품을 소개하고 태그 버튼을 누르면 구매 페이지로 연결되는 기능, 시청자들과 채팅이 가능한 기능 등을 통해 크리에이터가 신제품을 출시하거나 단독 혜택을 공개, 쇼핑 후기 등을 전하면서 시청자와 교류할 수 있는 시장이 확대될 것으로 보인다.

앞서 언급했듯이 2023년 최대 이슈는 쇼츠와 호스팅 서비스를 하고 있는 카페24 제휴를 통한 커머스 시장 진출이다. 이는 현재 운영 중인 카페24 스토어를 손쉽게 유튜브에 연결해 제품을 보다 간편하게 노출하고 직접 판매하는 것이다. 유튜브 스튜디오에 들어가 '수익화'를 클릭하고 '쇼핑탭'에서 스토어를 연결하면 된다. 이때 해당 이메일은 카페24와 유튜브 이메일 모두 동일해야 한다. 참고로, 쇼핑탭은 수익 창출 자격 요건을 갖춘 채널에만 뜬다. 쇼핑 영상은 유튜브 탐색에 새롭게 인기 상승 중인 쇼핑 동영상, 실시간 라이브쇼핑 등을 한눈에 볼 수 있게 업그레이드됐다. 자사몰을 운영하고픈 크리에이터라면 카페24에 스토어를 개설해 소싱이 가능한 상품을 갖춘 후 쇼핑 영상을 준비하거나, 상품력이 좋은 스토어와 제휴를 맺어 쇼핑탭에 연결하고 쇼핑 영상을 통해 발생한 매출의 수익을 배분하는 것도 좋다.

　　다음은 소셜 네트워크 서비스(SNS)를 통해 이루어지는 전자상거래인 소셜커머스에 대해 알아보자. 이는 페이스북, 트위터 등을 활용해 이루어지며, 일정 수 이상의 구매자가 모일 경우 파격적인 할인가로 상품을 제공하는 공동 구매 판매 방식이다. 상품 구매를 원하는 사람들이 할인을 성사시키기 위해 공동 구매자를 모으는 과정에서 주로 SNS를 이용하기 때문에 이런 이름이 붙었다. 이는 상품을 팔기 원하는 거래처와 협상을 잘 해서 소비자가 혜택을 받아갈 수 있도록 하는 방식으로서, 구독자가 어느 정도를 확보했을 때 좋은 조건으로 계약을 할 수 있다. 팬덤으로 구독자를 확실하게 확보하지 않으면 수익으로 연결되기 쉽지 않다는 점을 명심하자.

　　크리에이터 혼자서 커머스 활동을 할 수도 있지만, 많은 경우에는 MCN들의 도움을 받거나, MCN이 자체적으로 커머스 활동을 하기도 한다. MCN은 다양한 크리에이터와의 협업이 가능하기 때문에 뷰티, 패션, IT, 식음료(Food and Beverage; F&B) 등 다양한 종류의 제품을 소화할 수 있다는 장점이 있다. MCN은 미디어를 기반으로 커머스 시장으로도 영역을 넓혀가고 있다.

　　2장에서도 언급했는데, 샌드박스네트워크는 다음 [그림 12-1]처럼 크리에이터 IP를 활용한 종합 쇼핑몰인 '샌드박스 스토어'를 운영 중이며, 소속 크리에이터인 도티와 도도한 친구들의 브랜드 굿즈를 활용해 백화점에서 팝업 스토어를 성공적으로 집행하여 대통령상을 수상한 바 있다. 풍월량, 장삐쮸, 하하하 등 인기 크리에이터 IP를 활용하여 다양한 상품들이 판매되며, 크리에이터와 연계한 캠페인은 매번 높은 매출을 일으키고 있다. 인기 게임 크리에이터 풍월량 굿즈는 약 7초 만에 매진되었고 샌드박스의 이스포츠(eSports) 구단인 샌드박스 게이밍의 유니폼은 팬들의 호평을 받으며 1차 준비 수량이 완판되기도 하였다. 샌드박스 스토어의 홈페이지에 들어가면 문구, 패션, 토이, 리빙, 디지털, 기획전으로 카테고리를 나누어 다양한 제품 판매가 진행되고 있다.

[그림 12-1] 샌드박스 스토어(좌)와 아이스크리에이티브 팝업 스토어(우)

출처: 샌드박스네트워크 홈페이지

그 외에도 샌드박스네트워크는 헬스케어 브랜드인 닥터모조의 상품 포스쳐빗 밴드에서부터 레그릴랙싱 패치까지 '총 몇 명', '예랑가랑', '파뿌리' 등 10명의 인기 크리에이터들과 브랜디드 콘텐츠를 제작한 바 있고, 여러 상품들을 기획하고 판매하고 있으며, GS25를 통해 오프라인 채널로도 확대하여 크리에이터 IP를 활용한 상품을 기획하여 판매한다. 먹방 크리에이터인 '떵개떵'과 협업하여 도시락을 기획, 출시했으며, 애니메이션 크리에이터인 '총 몇 명'과 협업하여 발렌타인데이, 화이트데이셋트 상품을 기획 출시한 바 있다.

트레져헌터는 '헌터 패밀리'로 불리는 자회사들로 조직을 구성해 영역을 확장 중인데, 뷰티 영역은 '레페리'가, 패션과 팝업스토어 매칭은 '라튜오인터내셔널'이 맡고 있으며, '스타이엔엠'은 푸드 산업을 담당한다. 트레져헌터는 내부 사업팀인 '트레져아일랜드'를 설립하면서 본격적으로 미디어 커머스에 박차를 가하기 시작해, 소속 크리에이터인 '꾹TV'를 중심으로 키즈 콘텐츠 사업, 브랜드 파트너십 계약 등 사업을 확장하면서 커머스 경쟁력을 강화하고 있다.

유튜브와 SNS 플랫폼 중심으로 다양한 콘텐츠를 제작, 공급하고, 이를 구매와 연결하는 마케팅 시스템을 제공하는 트레져헌터는 푸드 크리에이터 분야를 대표하는 캐릭터 '꼬양'을 출시했다. 이는 향후 개발 출시될 게임, 뷰티, 뮤직 등 각 카테고리별 전문성과 재미를 보유한 패밀리 캐릭터들과 함께 이모티콘, 인형 등 캐릭터 상품, 웹툰, 뮤직비디오 등 다양한 콘텐츠와 상품을 선보인 바 있다. 트레져헌터가 보유한 인플루언서 네트워크를 활용해 건강 기능에 관한 각종 제품의 공동 기획과 제조, 유통뿐만 아니라 인플루언서 커머스를 위한 오프라인 행사를 진행하며, 브랜디드 콘텐츠를 통해 활발한 마케팅 활동을 펼치고 있다.

커머스에 특화한 MCN인 아이스크리에이티브는 뷰티 크리에이터 김다영과 함께 휴대폰 그립톡을 제작해 4일만에 1만 개가 넘는 판매고를 올린 바 있고, 라카이 코리아(Lakai Korea)의 제안으로 성사된 협업 제품인 스니커즈는 이승인 크리에이터가 직접 제작에 참여하였다. 이승인은 일상, 패션, 뷰티 콘텐츠로 44만 명의 구독자를 보유하고 있으며 'Cozy Life'를 주제로 따뜻하면서 다정한 일러스트 디자인으로 좋은 반응을 얻었으며, 이승인의 반려견이 그려진 티셔츠는 오픈 1시간 20분 만에 완판을 달성하였다. 구독자 수 40만 명을 보유한 뷰티 크리에이터, 밤비걸은 유튜브를 중지한 1년 반 동안 지나온 날들에 대한 이야기를 담은 '유튜브를 잠시 그만두었습니다' 에세이를 정식 출간하였는데, 크리에이터로 활동하면서 느꼈던 진솔한 감정과 가족, 연애 관계에 대한 내용도 솔직하게 담아내며 작가로도 화제를 모은 바 있다.

아이스크리에이티브는 '커밋 스토어'를 운영 중인데, 크리에이터 기반 라이프스타일 플랫폼으로 브랜드와 인플루언서가 콜라보한 큐레이션 박스부터 IP브랜드, 굿즈, 콜라보, 크리에이터들이 선정한 뷰티 제품들을 모아놓은 '커밋박스' 등 다양한 콘텐츠를 통해 크리에이터 기반 뷰티 패션 라이프스타일 플랫폼으로 확장해나가고 있으며, 자사 첫 PB 메이크업 브랜드로 '하킷(hakit)'을 론칭하여 커밋 스토어 및 콘셉트, 무신사 등 대표 플랫폼에 입점하여 온라인 판매 채널 확대에 나서고 있다.

미디어 커머스가 소셜커머스로 진화하면서, 크리에이터는 콘텐츠 크리에이터에서 커머스 크리에이터로 변신하기도 한다. 특히 한동안 유튜버 뒷광고 사태와 라이브 커머스 시장 성장을 계기로, 콘텐츠 크리에이터는 커머스 크리에이터로 진화하게 된다. 커머스 크리에이터 양성과정이라며 교육생을 모집하는 기관도 늘어나고 있으며 플랫폼 사업을 하는 기업에서도 커머스 크리에이터 육성에 나서고 있다. 커머스 크리에이터는 영상 기획 단계부터 상품 판매를 염두에 두고 상품 판매 · 마케팅 관련 콘텐츠를 기획 · 제작 · 방송하는 크리에이터를 말한다.

국내 주요 인플루언서는 대부분 '콘텐츠 크리에이터'였다. 먹방, 요리, 영화, 정치, 아동 등 자신만의 독보적 콘텐츠를 바탕으로 수백만 구독자와 팬덤을 거느렸다. 연예인 못잖은 인기를 누렸지만, 지속되는 문제는 수익 모델이다. 조회 수 기반의 임의 광고(구글 애드센스), 구독자 후원(슈퍼챗, 별풍선 등), 기업 제휴의 광고 제작(브랜디드, PPL 등)을 통해 돈을 벌었지만, 뒷광고 논란이 불거지면서 가장 큰 수익원이었던 기업 제휴 광고 제작에 제동이 걸렸다. '유료 광고 포함'이 표시된 영상은 콘텐츠에 대한 소비자의 집중력과 선호도를 떨어뜨렸고, 이는 광고 효과 감소로 이어져 유튜버와 기업 모두 타격을 입었다.

그 대안으로 떠오른 것이 바로 커머스 전문 크리에이터이다. 이들은 아예 대놓고 기업을 홍보하는 '앞광고'에 능한데, 대표 사례가 '네고왕'이다. 네고왕은 황광희 씨가 기업 대표를 직접 찾아가 제품을 이용해보고 가격 협상을 벌이는 것이 주 내용이다. 시청자는 황 씨가 기업 대표를 만나 소비자를 대변하며 반값 흥정을 벌이는 것에 카타르시스를 느낀다. 여기에 쏠쏠한 할인 혜택도 누릴 수 있어 기업 광고인줄 알면서도 영상을 챙겨보게 되고, 실제 구매까지 하게 된다. 황광희 씨가 사실상 커머스 전문 크리에이터 역할을 한 것이다.

[그림 12-2] 달라스튜디오 네고왕 채널(좌)과 함경식TV(우)

출처: 달라스튜디오

특정 분야에서 전문성을 인정받은 유튜버들은 '라방(라이브 커머스 방송)'의 쇼 호스트로 활약한다. 2020년 위메프 자료에 의하면 구독자 182만 명을 거느린 먹방 유튜버인 '입 짧은 햇님'과 위메프와 손잡고 진행한 소상공인 상품 홍보 라방인 '어디까지 팔아봤니'에서 초당 12개 이상 상품을 판매했고, 90분 진행 방송에서 '쿡솜씨 협동조합 순대볶음', '모시촌 협동조합 모시가래떡', '남원 김부각협동조합김부각' 등

3개 식품을 시식하며 2만 6,000여 명 동시 접속, 6만 5,000개 판매, 3억 원 이상 판매고라는 놀라운 실적을 올렸다.

메이크업 아티스트인 함경식 크리에이터가 운영하는 '함경식TV'와 뷰티 크리에이터 '로즈픽스'도 2021년 카카오커머스 라방에서 뷰티 제품링 코스알엑스 패드를 소개하고 피부 관리 팁도 설명하며 5,000세트 이상을 팔았다. '와디의 신발장' 채널을 운영하는 와디크리에이터는 반스애너하임 컬렉션 선 공개 라방에 출연해 브랜드의 역사, 제품 디테일을 소개하며 시청자 수 38만 명을 기록했다. 캠핑 전문 채널 '네미누TV'의 네미누 크리에이터도 야외에서 내셔널지오그래픽 캐빈하우스 텐트 판매 라방을 진행해 4억 원 이상 판매고를 올렸다.

전자상거래 플랫폼인 티몬(Timon)은 국내 이커머스 업계 최초로 동영상 플랫폼인 틱톡과 전략적 제휴를 맺었고, 커머스 전문 크리에이터 육성을 선언했다. 티몬은 2021년 12월, 인플루언서와 상품 기획을 함께하는 '위드티몬' 브랜드를 론칭했고, 중소기업유통센터와 협력해 틱톡 크리에이터인 '먹스나' 등과 콜라보로 라이브 방송도 진행했다. 고기 커머스 전문 크리에이터인 '정육왕'과 함께 한우 등심 상품을 출시해 완판 성과를 낸 티몬은 정육왕 유튜브 채널에 공개한 '소비자가 진짜 원하는 한우 등심을 구매하는 방법'이란 영상에서 정육왕이 육가공장 담당자와 상품을 기획하는 단계부터 소개했다. 제품을 기획하고 가격을 책정하는 모든 과정을 공개했다.

또한 티몬은 라이브 커머스 웹 예능인 '쑈트리트 파이터'를 통해 연예인 등 셀럽의 캐릭터와 제품 간 시너지를 극대화한 방송을 잇따라 선보였다. 이연복 셰프는 즉석 요리팁과 함께 후라이팬을, '소는 누가 키울 거야, 소는?'의 유행어로 알려진 개그맨인 박영진 씨는 한우를 생방송으로 판매해 호응을 이끌어냈다. 티몬은 티몬 소속 쇼 호스트와 크리에이터를 활용한 영상 콘텐츠를 지속 제작하고 있으며 식품, 생활용품, 뷰티 등 주요 상품 판매와 연계할 수 있는 콘텐츠를 점차 확장시켜 나가고 있다.

이처럼 소비자가 자신이 좋아하는 크리에이터의 추천을 믿고 구매하는 '팬덤 소비'가 점차 확산되고 있다. 제품력이 좋고 저렴하기만 하다면 크리에이터의 추천은 소비자에게 '광고'보다 '정보'로 받아들여진다. 국내 커머스 전문 크리에이터가 중국의 왕홍처럼 진화할 것으로 보이는데, 중국에서는 왕홍이 제조사와 직접 협상해 단독 상품을 최저가에 판매하고, 자신의 이름이나 캐릭터를 따서 PB 상품을 선보이기도 한다. 다른 채널에서는 접하기 힘든 상품 구성과 저렴한 가격 덕분에 팬은 물론, 일반 소비자들도 믿고 구매하니 제조사 입장에서는 훨씬 효율적인 타깃 마케팅이 가능하다.

2장에서도 언급했듯이 국내에서도 크리에이터 PB 상품 시장이 활성화되고 있다. 크리에이터 굿즈몰인 '마플샵'에 따르면, 2021년 10월 기준 9,362명의 커머스 전문 크리에이터가 자신의 캐릭터를 이용한 굿즈 상품 약 12만 개가량 판매했다고 한다. 정부에서는 이미 2021년 8월 미래 유망 신직업 14개 중 하나로 커머스 크리에이터를 선정, 육성 계획을 발표한 바 있고, 중소벤처기업부 산하 중소기업유통센터에서는 500명을 목표로 커머스 전문 크리에이터 교육 과정을 운영하고 있다.

이처럼 앞으로는 SNS에 '바로 구매' 기능이 추가되며 연예인, 홈쇼핑 쇼 호스트, 인스타그래머, 유튜버 모두가 커머스 전문 크리에이터로 변신하게 될 것으로 전망된다. 소비자는 구매 후기와 경험을 다시 SNS에서 공유, 소통하며 크리에이터에 대한 팬덤과 소속감을 더욱 키워나가게 될 것이다. 업종과 분야마다 커머스 전문 크리에이터가 자신의 팬덤을 키워나가며 하나의 거대 유통 채널로 자리매김하게 될 것으로 기대된다. 따라서 단순히 말만 잘해서는 안 되고, 진정성 있게 팬들과 공감, 소통하며 니즈를 분석해 어떤 상품을 얼마나 더 저렴한 가격에 소싱하는가가 커머스 전문 크리에이터의 성패를 좌우하게 될 것으로 보인다.

▌제4절   메타버스 크리에이터의 가능성

3장에서 언급했듯이 메타버스 크리에이터는 신기술·융합분야에서 메타버스 캐릭터·아이템을 개발하는 새로운 직업이다. 국내 대표적인 메타버스 플랫폼 제페토에는 증강현실(AR) 아바타 서비스가 있다. 얼굴인식과 증강현실(AR), 3D 기술 등을 이용해 '3D 아바타'를 만들어 다른 이용자들과 소통하거나 다양한 가상현실 경험을 할 수 있다. 메타버스 크리에이터는 메타버스 안에서 아바타들이 사용할 3D 아이템을 제작하는 직업을 말한다. 아바타의 외형(의상, 헤어, 메이크업, 액세서리 등)을 꾸미는 아이템이나 건축물의 모양, 배경물 등을 만드는 것을 모두 포함한다. 아바타 디자이너, 메타버스 건축가, 메타버스 콘텐츠 크리에이터 등을 메타버스 크리에이터로 이해할 수 있다. 메타버스의 분야가 넓어질수록 메타버스 크리에이터의 진출 분야도 무궁무진하게 확장될 것으로 예상된다.

메타버스 플랫폼 제페토에 최근 20·30대 사용자가 늘어나고 있는데, 가장 큰 이유는 크리에이터가 유입됐기 때문이란 분석이 있다. 크리에이터는 옷이나 액세서리 등을 만들어 가격을 책정하고 제페토에서 판매해 수익을 얻는 것이다. 이곳에는 이미 100만 명 이상이 크리에이터로 활동하고 있으며, 매달 수백·수천만 원의 수익을 올리는 스타 크리에이터도 등장하고 있다.

메타버스 분야가 확장되면서 크리에이터의 역할도 점점 확장되고 다양해지고 있기 때문에 메타버스 크리에이터가 되려면 우선 구체적으로 어떤 분야의 크리에이터가 되고 싶은지 고민하는 것이 필요하다. 제페토 크리에이터는 아이템 크리에이터, 월드맵 크리에이터, 제페토 피드 콘텐츠 활동을 주로 하는 크리에이터 등으로 구분된다. 아이템을 제작하고 싶다면 시각디자인이나 3D모델링 쪽 공부를 하는 것도 좋고, 월드맵 크리에이터가 되고 싶다면 공간디자인이나 3D캐드와 같이 공간을 다루는 디자인 툴(도구)을 배워두는 것도 도움이 될 것이다.

메타버스 크리에이터가 가상공간에서의 실질적 활동 주체로 굉장히 중요한 역할을 하고 있기 때문에 메타버스가 제대로 돌아가려면 현실과 다른 가상공간에서 사람들이 삶을 지속할 수 있는 요소를 마련해 주는 것이 필요하며, 이미지나 영상 콘텐츠를 만드는 능력이 요구된다. 새로운 직업으로 떠오르고 있는 메타버스 크리에이터는 우리 삶의 한 부분으로 점점 자리를 잡아가면서 앞으로 역할이 더욱 확대될 것이며, 꼭 필요한 인력으로 인기 직업으로 떠오를 것으로 전망하고 있다.

2022년에는 'GS25'가 메타버스 플랫폼인 제페토의 인기 크리에이터 '렌지'와 협업을 통해 GS25 전용 아이템을 판매했으며, 'GS25'는 역삼동 GS타워에서, 메타버스 플랫폼에서 차별화 상품 판매를 위한 'GS25X렌지' 아이템 출시 기념 행사를 진행했다. GS25와 협력을 진행하는 크리에이터 '렌지'는 58만 명의 제페토 팔로워를 보유한 제페토의 유명 크리에이터이다. 아바타용 의류 및 아이템을 제작, 판매하고 있으며 현재까지 약 1,000여 종 이상의 아이템을 제작했다. 누적 판매량이 100만 개 이상인 제페토를 대표하는 TOP 크리에이터로 알려져 있다. 출시한 상품은 'GS25 맛있성(Castle) 삼김이 왕자' 맵 속의 품위와 매칭을 고려한 드레스, 예복, 로브, 머리띠, 치킨봉 등 5종이다. 구입 방법은 제페토에서 GS25 공식 계정 'Prince 지에스리오(gs25_gsrio)'를 검색한 후 아이템 샵에서 구입이 가능하다. GS25는 '렌지'와의 마케팅 콜라보를 시작으로 향후 지속적으로 다양한 크리에이터들과의 활발한 콜라보 및 신진 작가 발굴, 육성을 통해 메타버스 생태계 발전에 기여할 것으로 기대된다.

___ **참고문헌**

미라클매경(2022.4.12). 글로벌 크리에이터 기업 젤리스맥, 한국시장 진출.
블로터닷넷(2022.5.1). [스타트업 돋보기] 나만의 굿즈 주문 제작해주는 '마플코퍼레이션'.
엠비앤(MBN)뉴스(2020.8.28). 유명 유튜버 '입짧은햇님'과 손잡은 위메프, 방송 1초당 12개씩 팔았다.
지디넷(ZDNet)(2021.12.22). 티몬, 인플루언서 공동기획 자체 브랜드 '위드티몬' 출시.
코스인코리아닷컴(Cosinkorea.com)(2022.11.30). 라이브 커머스 시대, 화장품 업계 마케팅력 집중 나선다.
하이프비스트(2021.2.15). 전 세계 '인구 대비 유튜버 수' 1위 국가는 바로 한국이다.

Chapter 13

유튜브 커뮤니티 참여 가이드

제1절 시작하기와 커뮤니티 구축

크리에이터 실무를 마무리하면서 간과해선 안 될 기본에 대해 유튜브 중심으로 체크해보고자 한다. 이는 유튜브를 이제 막 시작하려는 초보는 물론이고 이미 성공한 크리에이터들도 정작 놓치고 가는 부분들이다. 유튜브 채널 개설부터 콘텐츠 제작 채널 성장에 이르기까지 관련된 수많은 도서와 인기 크리에이터들의 성공담, 유튜브 제작 노하우를 전달하는 콘텐츠를 보다보면 그야말로 더 큰 혼란에 빠지게 된다. 어떤 정보가 유의미한 정보인지 알 수가 없다. 한마디로 정보의 과유불급이다.

유튜브는 맨 투 맨 대결이 아닌, '맨 투 슈퍼 알파고 알고리즘' 대결이라 표현해도 과언이 아니다. 문제가 발생해도 유튜브 내부 종사자와의 소통은 거의 불가능에 가까우며, 이메일 역시 메타데이터를 통한 차가운 회신을 받고 밑도 끝도 없이 기다리거나 미궁에 빠져 있기 쉽기 때문이다. 누구 하나 명확한 답을 주지 않는다. 유튜브 운영체제 또한 불안정하여 어느 날 갑자기 구독자나 조회율이 갑자기 업 다운될 때도 있다.

따라서 라면 하나를 끓여도 제조사가 제시해주는 레시피대로 잘 따라하면 최적화의 맛을 내는 요리가 되듯이, 유튜브에서도 수시로 업그레이드되는 유튜브 커뮤니티 가이드 및 정책을 꼼꼼히 확인하는 것이 가장 정확한 대응 방법 중 하나임을 항상 기억하자. 많은 이들이 의외로 상품 속에 있는 사용설명서를 잘 안 본다. 그러나 이 책을 읽고 여기까지 오신 독자라면 유튜브 사용법을 교과서를 보듯 함께 탐색해보는 것도 의미가 있을 것 같다. 그럼 먼저 유튜브 고객 센터 주요 메뉴를 같이 살펴보기로 하자.

먼저 유튜브 고객센터를 검색하면 바로 아래 화면이 뜬다.

[그림 13-1] 유튜브 고객센터 검색 시 뜨는 화면

 YouTube 시작하기
채널을 만들고 관리하는 데 필요한 모든 것.

 커뮤니티 구축
시청자를 찾고, 육성하고, 커뮤니티를 구축하기 위한 팁과 요령.

 YouTube에서 수익을 창출하는 방법
YouTube에서 수익을 창출하는 방법을 모두 알아보세요.

 채널 성장
제작, 소통, 성장에 도움이 되는 도구.

 정책 및 가이드라인
YouTube 규칙에 대해 자세히 알아보세요.

 참여 방법
YouTube에서 크리에이터를 지원하고, 인정하고, 축하하는 방법

출처: YouTube 고객센터

유튜브를 시작하기 전에 꼭 준수해야 할 두 가지를 먼저 유념하자. 하나는 커뮤니티 가이드이고 다른 하나는 저작권에 대한 선 이해이다. 전자는 유튜브에서 허용되는 콘텐츠를 규정하고 유튜브를 커뮤

니티 조성을 위한 안전한 공간으로 만들도록 도와주며, 후자의 경우에는 많은 국가에서 개인이 원본 저작물을 만들면 창작자가 자동으로 저작권을 소유하며 해당 저작물을 사용할 배타적 권리를 소유하게 된다. 저작권 보호를 받는 콘텐츠가 포함된 동영상을 업로드하면 해당 동영상에 유튜브가 제공하는 콘텐츠ID 소유권 주장이 제기되거나 저작권 삭제 요청으로 인해 동영상이 삭제될 수 있다.

이 두 가지를 염두에 두고 유튜브 메뉴로 들어가보자. 크게 도움말 센터, 커뮤니티, 크리에이터 팁으로 나뉜다. 도움말 센터에서는 계정 설정 및 관리 채널을 성장시키는 방법과 파트너 프로그램을 통한 수익 창출을 안내하고 유튜브 정책 및 저작권에 대한 정보를 제공한다. 커뮤니티에서는 동영상 업로드 및 채널 관리 댓글과 게시물 스토리 등 구독자와 소통하는 방법인 커뮤니티 가이드라인을 제시하고 있다. 다음 [그림 13-2]에서 제시하듯이 크리에이터를 위한 전문가 조언, 내부 팁, 활기찬 분위기를 통해 동영상을 세계에 공유하는 데 도움을 준다.

[그림 13-2] 유튜브 시작하기 팁

첫 동영상을 게시하기 전에

첫 동영상을 게시하기 전에 채널 기본사항을 설정하세요. YouTube에서 설정 방법과 설정을 빠르게 조정하는 방법의 안내에 따라 바로 동영상 만들기를 시작할 수 있습니다.

나만의 목소리 찾기 ⌄

채널 브랜딩 맞춤설정하기 ⌄

제작 계획 세우기 ⌄

내 채널 시작하기

자, 이제 훌륭한 콘텐츠를 만들었습니다. 다음 단계는 무엇일까요? 다음 해야 할 몇 가지 단계는 동영상을 게시하여 첫 시청자를 모으고, 시청자를 늘리는 방법을 계획하는 것입니다.

YouTube 스튜디오에서 업로드하기 ⌄

재생목록을 정리하고 만들기 ⌄

내 동영상 실적 확인하기 ⌄

최신 소식과 기능 알아보기 ⌄

출처: YouTube 고객센터

　　유튜브 채널을 성장시키고 상호작용을 일으키는 흥미진진한 콘텐츠를 제작하고 대화를 관리하는 기본 방법을 알아볼 수 있는데, 크리에이터 성공의 기본은 궁극적으로 구독자와 소통하는 커뮤니티를 구축하는 데에 있다.

[그림 13-3] 유튜브 내 커뮤니티 구축하기

스토리   Shorts   실시간 스트리밍   Premieres 동영상   커뮤니티 게시물

스토리는 7일이 지나면 만료되는 짧은 모바일 동영상입니다.
스토리를 사용하면 손쉽게 팬과 상호작용하고 동영상을 게시하는
중간중간에 소통을 지속할 수 있습니다.

스토리에 대해 자세히 알아보기 ↗

스토리에 대한 동영상 시청하기

시청자와 소통하는 방법

채널 팬들과의 소통은 크리에이터가 해야 하는 중요한
일 중 하나입니다. 좋은 아이디어를 떠올리고, 새로운
제작 방법을 고안해 내고, 당장 업로드할 동영상이 없을
때에도 소통을 이어 나가세요. YouTube에서는
커뮤니티의 참여 등을 도울 수 있는 도구를 제공합니다.

콜린과 사미르의 팁: 댓글로 커뮤니티 만들기

소통을 이어 나가기   ⌄

댓글 관리하기   ⌄

유해 댓글 처리하기   ⌄

제목과 설명이 여전히 중요할까요? | 카리나 프라고조와
함께하는 마스터 클래스 #2

새로운 시청자와 팬 찾기

YouTube에는 새로운 시청자를 유치하는 데 도움이 되는
다양한 방법이 있습니다. 자막에 사용되는 단어
선정에서 협업할 크리에이터 선택까지 사람들이 내
채널을 발견하는 데 도움이 되는 간단하면서 전략적인
팁을 알아보세요.

현명하게 협업하기   ⌄

메타데이터 알아보기   ⌄

동영상에 자막 추가   ⌄

출처: YouTube 고객센터

크리에이터의 아이디어를 수익 창출로 발전시키는 다양한 방법들
이 유튜브에 존재한다. 전통적인 광고에서부터 상품 및 맴버십 판매까
지 다양한 방법으로 채널과 동영상에서 수익을 창출할 수 있다. 다음
[그림 13 – 4]에서 제시되듯이, 유튜브에서는 유튜브 파트너 프로그램
인 YPP에 참여하면 다양한 방법으로 수익을 창출할 수 있게 된다.

[그림 13-4] 유튜브 수익 창출 소개

YouTube 파트너 프로그램

YouTube에서는 Shorts, 실시간 스트리밍, 긴 형식 동영상 등
다양한 형식으로 콘텐츠를 만들 수 있습니다. YouTube는
크리에이터가 제작하는 모든 콘텐츠에 대한 보상을 받을 수
있도록 하기 위해 노력하고 있습니다. 자격요건을 충족하여
YouTube 파트너 프로그램에 참여하는 크리에이터는 다양한
방법으로 수익을 창출하고 1:1 지원과 Copyright Match Tool을
이용할 수 있습니다. 크리에이터들은 직원을 채용하고
본격적인 운영에 나서 성공적인 비즈니스를 구축하고 있으며,
YouTube에서 지난 3년 동안 크리에이터, 아티스트, 미디어
기업에 지급한 500억 달러 중 상당 부분이 크리에이터에게
지급되었습니다.

자격요건을 충족하시나요? ⌄

YouTube 파트너 프로그램 참여 시 받을 수 있는 혜 ⌄
택

수익을 창출하고 YouTube 파트너 프로그램에 가입하는 다양한
방법

01 광고 수익 및 YouTube Premium ⌃

YouTube 광고 작동 방식

내 채널에서 디스플레이, 오버레이, 동영상 광고를
게재하여 광고 수익을 창출하세요. YouTube Premium을
이용하는 구독자가 내 콘텐츠를 시청하면 구독료의
일부가 지급됩니다.

광고 운영 방식에 대한 크리에이터 팁 확인하기 ↗

출처: YouTube 고객센터

유튜브에서 수익을 창출하려면 다음 단계를 따라야 한다. 먼저 유튜브의 채널 수익 창출을 위한 YPP가 마련되어 있다. 여기에서 참여를 신청하면, 표준 검토 절차에 따라 유튜브 정책과 가이드라인을 준수하는 채널인지 여부에 대해 검사를 받게 된다. 또한 광고주 친화적인 콘텐츠 가이드라인은 콘텐츠가 광고주에게 적합한지 여부를 판단하는 데 사용되는데, 적합한 경우에는 광고 수익을 공유할 수 있게 된다. 광고주 친화적인 콘텐츠에 해당되려면 대부분의 잠재고객에게 적절하고 음란물이나 약물 사용과 같은 민감한 내용을 포함하지 않아야 한다. 이 가이드라인을 위반하는 동영상은 부적절한 콘텐츠로 신고할 수 있음을 항상 명심하자.

수익 창출 경로를 알았다면, 이제 자신의 채널을 한 차원 높이려는 노력을 해야 할 것이다. 하지만 어디서부터 시작해야 할지 모르는 크리에이터를 위한 정보가 다음 [그림 13-5]에서와 같이 유튜브 고객센터에서 파악될 수 있다. 여기서는 시청자에게 다가가는 방법과 데이터 분석을 자세히 소개하고, 검색 원리에 대해 설명하며, 콘텐츠의 신선함을 유지하기 위한 다양한 정보를 제공한다.

[그림 13-5] 채널 성장에 도움되는 도구

시청자에게 다가가는 방법

최근 동영상의 시청자가 갑자기 늘어난 이유를 알고 싶으신가요? 시청자가 동영상을 어떻게 찾아왔는지 이해하면 도움이 될 수 있습니다. YouTube의 추천이 작동하는 방식 및 채널의 노출수에 영향을 주는 요소에 대해 알아보세요.

시청자와 알고리즘 ⌄

동영상 추천 방식 ⌄

편성 계획하기 ⌄

데이터를 기반으로 결정하기

채널 분석을 자세히 살펴보면 채널 개선에 도움이 됩니다. 데이터를 이용해 시청자와 시청 습관에 대해 알아보고, 수익을 창출할 기회를 찾아보세요.

분석 자세히 알아보기 ⌄

시청자 파악하기 ⌄

수익 창출 기회 찾기 ⌄

시청률 동향 이해하기: YouTube 분석의 신규 및 재방문 시청자 데이터

채널의 생기와 활기를 되찾는 방법 | 리아드 케이와 함께 하는 채널 진단

콘텐츠의 신선함을 유지하기

충성도 높은 시청자층이 있더라도 내 채널을 좋아할 만한 시청자를 놓치고 있을 가능성은 언제나 존재합니다. 다음은 새로운 시청자를 더 많이 유치하는 데 도움이 되는 몇 가지 도구와 팁입니다.

협업 고려하기 ⌄

YouTube 실시간 스트리밍 사용해 보기 ⌄

콘텐츠 방향 전환하기 ⌄

보조 채널 시작하기 ⌄

출처: YouTube 고객센터

가이드라인과 정책은 유튜브 커뮤니티를 모두에게 안전하고 재미있고 즐거운 공간으로 유지하기 위해 마련되었다. 유튜브 크리에이터는 커뮤니티의 일원으로서 커뮤니티를 보호하고, 유튜브가 제작, 공유, 시청을 위한 긍정적 공간으로 유지될 수 있도록 협력해야 한다. 크리에이터의 놀이터인 유튜브가 유튜브다운 모습을 지켜나가기 위해 모두의 노력이 필요한데, 다음 [그림 13-6]은 정책과 가이드라인의 역할을 제시하고 있다.

[그림 13-6] 정책과 가이드라인의 역할

정책 및 가이드라인의 역할

YouTube 정책 및 가이드라인의 목표는 크리에이터, 시청자, 광고주로 이루어진 커뮤니티를 보호하고, 이 과정에서 크리에이터가 자신의 책임을 다하도록 장려하는 것입니다. 정책 및 가이드라인에서는 YouTube에서 허용되는 것과 허용되지 않는 것을 설명하고 이를 플랫폼 전반의 모든 콘텐츠에 적용합니다.

정책 및 가이드라인이 중요한 이유 ⌄

크리에이터가 정책 및 가이드라인에 주의를 기울여야 하는 이유 ⌄

수익 창출에 미치는 영향 ⌄

YouTube 크리에이터 책임 이니셔티브

콘텐츠를 제작할 때 어떤 정책에 유의해야 하나요?

YouTube 정책의 핵심은 크리에이터가 채널에 게시할 수 있는 콘텐츠와 게시할 수 없는 콘텐츠를 규정하는 것입니다. 몇 가지 중요한 부분을 살펴보고 알아야 할 점을 살펴보겠습니다.

01 커뮤니티 가이드   커뮤니티 가이드는 YouTube를 시청자, 크리에이터, 광고주 모두가 환영받는 커뮤니티로 만드는 데 도움이 됩니다. 이 가이드를 위반하는 콘텐츠는 수익 창출에 사용할 수 없으며 YouTube에서 삭제됩니다.

02 저작권

03 증오심 표현 및 괴롭힘   커뮤니티 가이드 보기 ↗

04 잘못된 정보   커뮤니티 가이드에 대한 크리에이터 팁 확인하기 ↗

출처: YouTube 고객센터

유튜브 정책 및 가이드라인의 목표는 크리에이터와 시청자, 광고주로 이루어진 생태계 커뮤니티를 보호하는 것이다. 이 과정에서 크리에이터가 자신의 책임을 다할 것을 장려하게 된다. 따라서 정책 및 가이드라인에서는 유튜브에서 허용되는 것과 허용되지 않는 것을 설명하고 있으며, 이를 유튜브 플랫폼 전반의 모든 콘텐츠에 적용하게 된다.

또한 유튜브 정책의 핵심은 크리에이터가 채널에 게시할 수 있는 콘텐츠와 게시할 수 없는 콘텐츠를 규정하는 것이다. 커뮤니티 가이드는 유튜브를 시청자, 크리에이터, 광고주 모두가 환영받는 커뮤니티로 만드는 데 도움이 되며, 이 가이드를 위반하는 콘텐츠는 수익 창출에 사용할 수 없으며 유튜브에서 삭제됨을 명심하자.

▎제4절　유튜브 커뮤니티 참여 방법

마지막으로 유튜브 커뮤니티 참여 방법이다. 리소스를 활용하거나 새로운 기술을 배우거나 업적을 축하할 준비가 되면 유튜브에서는 유튜브 커뮤니티에 참여할 기회를 준다. 크리에이터는 유튜브 커뮤니티 게시글을 통해 별도의 SNS를 사용하지 않아도 유튜브 내에서 시청자와 소통할 수 있다. 시청자들은 게시글에 댓글을, 유튜버는 공지사항, 이벤트 등의 소식을 올릴 수 있다. 구독자 수 1,000명이 넘는 크리에이터에게는 커뮤니티 탭이 생긴다. 즉, 1,000명을 넘으면 최대 1주일 후에는 커뮤니티 탭이 표시되는데, 채널 시청자층이 키즈로 설정되면 유튜브 커뮤니티 탭 사용이 중지되어 자격 요건을 충족하더라도 게시물을 만들 수 없음에 유의하자.

[그림 13-7] 커뮤니티 가입 가이드

어워즈

크리에이터 어워즈는 크리에이터가
쏟은 열정과 노력에 대한 인정과 감사를
표하고 주요 성과와 기록을 축하하는
프로그램입니다.

크리에이터 어워즈 보기 →

크리에이터 리서치

오늘날의 YouTube를 만든 것은
크리에이터들이기에, 이제 YouTube의
미래를 그려나가는 데 있어
크리에이터들의 도움을 받고자 합니다.
사용자 설문조사에 참여하여 의견을
공유해 주시면 YouTube를
크리에이터와 시청자는 물론 전 세계를
위해 보다 나은 공간으로 만드는 데
도움이 됩니다.

YouTube 개선에 참여하기 →

YouTube FanFest

YouTube FanFest는 전 세계
크리에이터를 한데 모아 크리에이터
커뮤니티의 생생한 경험을 나누는
특별한 실시간 이벤트입니다.

FanFest 정보 ↗

크리에이터 리서치

여러분의 생각을 공유하여 YouTube 개선에 참여할 의사가
있으신가요? 연구 조사에 참여하려면 신청하세요.

YouTube 개선에 참여하기 →

크리에이터 리서치에 참여하여 YouTube가 새로운 기능을 기획
하고 테스트하도록 도와주세요

출처: YouTube 고객센터

이상에서 유튜브 커뮤니티 참여 가이드를 간단히 소개하였다. 유튜브는 지금 이 시간도 빠르게 진화하고 있다. 더 상세한 정보는 성공서적을 읽는 마음으로 유튜브 고객센터를 직접 들어가 메뉴를 클릭하여 탐독하길 권한다. 끝으로 문제가 발생할 경우 급한 마음에 찾으면 안 보이는 숨어 있는 고객센터에 문의하는 방법 네 가지로 소개하며 크리에이터 실무를 마무리한다. 첫째, 구글 고객센터 02 – 531 – 9000, 둘째, 유튜브 고객센터 080 – 822 – 1450, 셋째, 유튜브 help센터, 마지막 넷째, 내 채널 스튜디오에서 고객센터로 의견 보내기이다.

또 한 가지 방법으로는 유튜브와 1 : 1 채팅으로 소통하여 해결할

방법이 있는데 이는 야속하지만 유튜브 파트너 프로그램(YPP)에 가입
되어 있어야 한다. 즉, 수익 창출 조건인 구독자 1,000명 시청 시간
4,000시간에 도달해야 가능하다는 뜻이다. 발명가 에디슨은 "성공을
확신하는 것이 성공의 첫걸음이다"라고 말했다. 유튜브는 특히 변화가
큰 플랫폼이다. 실시간 업데이트되는 정책과 트랜드를 놓치지 않길 바
라며 크리에이터로서 여러분의 성공을 확신하고 기원한다.

김 용 순

김용순 대표는 연세대학교 언론홍보대학원 방송문화콘텐츠 전공 석사 학위를 취득하였고, 현재 디지털 콘텐츠 스튜디오인 진진코믹스의 대표로 있으며, 동시에 인포더미디어그룹(보안뉴스 bntv)의 디지털미디어 사업본부 총괄 부대표를 겸직하고 있다.

1991년 방송 및 영화제작사인 진진엔터테인먼트필름, 1994년 TNT프로덕션, 2003년 통합마케팅 더머스커뮤니케이션, 미디어네트워크 관계사를 차례로 창업하여 2017년까지 KBS2(체험 삶의 현장, 아침방송 여유만만 등), MBC(특종TV 연예, 일요일일요일밤에, 신동엽신장개업, 무한도전 등) 파일럿 기획 및 외주제작과 삼성물산(유튜존, 삼성플라자, 홈플러스 전문점 유통, 100여 종 패션브랜드 마케팅 등), 현대건설(힐스테이트, 하이페리온 등), 포스코(유비쿼터스 더샵 등) 및 문화관광부, 보건복지부 등 정부 기관, 지방자치단체 홍보 공익 캠페인 기획, 제작, 연출, 브랜드 개발, 런칭과 스토리텔링 마케팅을 수행하며 제31회 상공의 날 산업자원부장관상, 제39회 보건의 날 국무총리상, 블록체인콘텐츠 부분을 수상한 바 있다. 급변하는 방송 제작 및 마케팅 환경의 변화에 따라 2017년부터 크리에이터 미디어 콘텐츠 제작과 디지털 마케팅 최적화에 집중하여 연구해 왔으며 2018년 크리에이터인 쏘영(929만)을 발굴해 채널을 기획하고 운영하였고, 현재는 서울예대 등 대학에서 디지털 미디어 출강, 영주시 홍보전문위원 활동, 한국보안 산업의 중심, 시큐리트월드, 보안뉴스 유튜브 채널인 bntv를 제작 총괄하고 있다 .

저자 약력

▪▪ 송 민 정

송민정 교수는 스위스 취리히대학교에서 커뮤니케이션학 박사학위를 취득하였고, 현재 한세대학교 미디어영상광고학과 부교수로 재직 중이다. 1995~1996년 스위스 바젤에 있는 경영경제 컨설팅 기업인 프로그노스(Prognos AG)에서 [미디어와 통신(Media and communication)] 부서의 전문 연구위원을 시작으로 1996~ 2014년 KT경제경영연구소 수석연구원으로 연구원 생활을 영위하였고, 2014년 성균관대학교 휴먼ICT융합학과 대학원의 산학협력교수를 거쳐 2015년부터 한세대학교 교수로 재직 중이며, 연세대학교 언론홍보대학원 등에서 미디어경영론과 미디어산업론 등을 강의하고 있다. 한국방송학회, 한국여성커뮤니케이션학회 협력이사, 한국미디어경영학회 감사, 한국사이버커뮤니케이션학회, 대한경영학회, 디지털경영학회 등에서 부회장을 역임했고, 현재 스마트사이니지포럼 감사와 KTV 방송 자문 등을 맡고 있다. 대표적인 단독 저서로 《정보콘텐츠산업의 이해》, 《인터넷콘텐츠산업론》, 《디지털 미디어와 콘텐츠》, 《모바일 컨버전스는 세상을 어떻게 바꾸는가》, 《빅데이터가 만드는 비즈니스 미래지도》, 《빅데이터경영론》, 《에너지데이터경영론》, 《디지털 전환 시대의 미디어경영론》 등이 있다. 미디어 경영 관련 주요 영문 논문으로는 Meta's Metaverse Platform Design in the Pre-launch and Ignition Life Stage(2022), A Study on NaverZ's Metaverse Platform Scaling Strategy(2022), A Study on the Organizational Resilience of Netflix (2022), A Study on the Business Model of a Fan Community Platform 'Weverse' (2021), A Study on the Predictive Analytics Powered by the Artificial Intelligence in the Movie Industry (2021), Over-The-Top (OTT) Platforms' Strategies for Two-Sided Markets in Korea (2021), A Comparative Study on Over-The-Tops, Netflix & Amazon Prime Video: Based on the Success Factors of Innovation (2021), A Case Study on Partnership Types between Network Operators & Netflix: Based on Corporate Investment Model (2020), A Study on Artificial Intelligence Based Business Models of Media Firms (2019), Trust-based business model in trust economy: External interaction, data orchestration and ecosystem recognition (2018), A Study on Trust ICT Business Models: Based on Disruptive Innovation Theory (2018), A Case Study on Kakao's Resilience: Based on Five Levers of Resilience Theory (2017), A Study of Media Business Innovation of Korea Telecom (2016), Global Online Distribution Strategies for K-Pop: A case of "Gangnam Style" (2015), A Case Study on Korea Telecom Skylife's (KTS's) Business Model Innovation – Based on the Business Model Framework (2013), Case Study on Hybrid Business Model: kt's Olleh TV Skylife (2012) 등이 있으며, 주요 국문 논문으로는 한류의 비즈니스 확장에 관한 연구: 창의성 유형 모델 기반으로 (2018), IoT 기반 스마트 사이니지 비즈니스 모델 개념화: 4대 스마트 커넥티드 프로덕트(SCP) 역량 중심으로(2017), 글로벌 5대 MCN 미디어 기업들의 비즈니스모델 연구: 파괴적 혁신 이론을 토대로(2016), IoT 기반 스마트홈 비즈니스 유형 연구: 플랫폼 유형론을 근간으로 (2016), 동영상 스트리밍 기업인 넷플릭스의 비즈니스모델 최적화 연구: 비즈니스 모델 혁신 이론을 토대로(2015), 국내 스마트 헬스케어 기업들의 파괴적 비즈니스 혁신 연구: 파괴적 혁신 이론을 토대로 (2015) , 빅데이터를 활용한 통신기업의 혁신 전략(2014), 망중립성 갈등의 대안인 비즈니스 모델 연구: 양면시장 플랫폼 전략의 6가지 전략 요소를 근간으로 (2013), 비즈니스 모델 혁신 관점에서 살펴본 스마트TV 진화에 관한 연구 (2012), 플랫폼 흡수 사례로 본 미디어 플랫폼 전략 연구: 플랫폼 흡수 이론을 토대로(2010), IPTV의 오픈형 플랫폼 전략에 대한 연구: 플랫폼 유형화 이론을 기반으로(2010), DMB 사업자의 경쟁 전략 방향 연구: 산업구조 분석을 토대로 (2003), IT혁명이 문화콘텐츠산업구조에 미치는 영향(2002), 양방향 서비스의 주요 특징인 상호작용성(Interactivity)의 이론적 개념화(2002), 다채널 시대의 상업적인 공익 프로그램 공급 가능성에 대한 연구(2001), 인터넷 콘텐트산업의 경제적, 사회적 파급효과 연구(2000), 유료(有料)TV 산업의 경쟁전략: 클러스터 이론(Cluster theory)과 연계하여 살펴본 BSkyB 사례를 중심으로(2000) 등이 있다.

크리에이터 미디어 실전

초판발행	2023년 4월 14일
지은이	김용순·송민정
펴낸이	안종만·안상준
편집자	배규호
마케팅담당자	김한유
디자이너	BEN STORY
제 작	고철민·조영환
펴낸곳	(주)**박영시**
	서울특별시 금천구 가산디지털2로 53, 210호(가산동, 한라시그마밸리)
	등록 1959. 3. 11. 제300-1959-1호(倫)
전 화	02)733-6771
f a x	02)736-4818
e-mail	pys@pybook.co.kr
homepage	www.pybook.co.kr
ISBN	979-11-303-1726-7

정 가   20,000원